인간중심적 관점의

발달/학습장애 미술치료

인간중심적 관점의

발달/학습장애 미술치료

스테파니 불 · 케빈 오파렐 편저
주하나 옮김

圖書出版 하나醫學社

Art Therapy and Learning Disabilities

"Don's guess my happiness"
Edited by Stephanic Bull & Kevin O'Farrell

Authorized translation from the English language edition published
by Routledge, a member of Taylor & Francis Group.

KOREAN language edition published

인간중심적 관점의
발달/학습장애 미술치료

스테파니 불Stephanie Bull과 케빈 오파렐Kevin O'Farrell은 영국 동시대의 미술치료를 통해 발달/학습장애를 가진 사람들에게 통찰insight을 돕는 임상전문가들을 공동 편집자로 초대하였습니다. 이 책은 발달/학습장애를 갖는 사람들의 진정한 내면의 목소리를 중심으로, 다양한 임상의 사례와 생각의 단상, 대화 내용, 내담자의 미술치료 사진과 작품을 제공하면서 각 주제에 해당되는 목소리를 전달하고 있습니다. 이 책에서 다루고 있는 주요 내용은 다음과 같습니다.

- 발달/학습장애를 갖는다는 것
- 상실과 사별
- 애착과 분리
- 유아화
- 두려움
- 무력감
- 자아와 정체성

이렇게 누구나 접근이 가능하며 깊게 생각해 보도록 하는 이 책은 발달/학습장애를 가진 사람들과 함께하는 미술치료사, 심리치료사, 상담자, 학생과 보호인들에게 필수적입니다.

스테파니 불 Stephanie Bull은 1994년부터 발달/학습장애를 가진 성인과 함께하는 미술치료사입니다.

케빈 오파렐 Kevin O'Farrell은 발달/학습장애를 가진 성인과 함께, 2001년 1월부터 영국 남부 보건부 산하 국가보건의료서비스 트러스트*Southern Health NHS Foundation Trust의 뉴 포레스트 지역사회팀New Forest Community Team 소속 사회복지사로 근무하고 있습니다.

* 영국 노동당에 의해 1943년 국가보건의료서비스법이 제정되고, 1948년 국가보건의료서비스(National Health Service)가 설립되었음. '지불능력에 상관없이 모든 국민은 무상으로 의료서비스를 받을 수 있도록 한다'는 설립 원칙을 갖음.

역자 서문

2013년 6월 시애틀에서 있었던 제44회 미국미술치료학회American Arts Therapy Association(AATA)의 도서 판매부스에서 이 책을 처음 접했던 것으로 기억합니다. 영국의 인권법 제정에 따른 장애관련 복지제도와 장애에 대한 대중의 인식변화를 다루고, 그에 따른 미술치료 임상사례를 다루고 있는 이 책의 내용이 제게는 인상적으로 다가왔습니다.

이 책의 공동 저자인 스테파니 불Stephanie Bull과 케빈 오파렐Kevin O'Farrell은 보편적인 주제들로 구성된 각기 다른 사례들을 통해서 인간중심적인 관점을 고려해 볼 수 있도록 촉진하고 있습니다. 장애를 가진 사람들의 말과 글을 직접 담아서, 그들이 가지는 생각들을 고스란히 느낄 수 있기 때문에 임상환경을 경험하게 하고, 치료사들의 통찰과 반영을 통해 슈퍼비전을 받는 것과 같은 도움을 주고 있습니다. 그들의 글은 종종 발음 나는 대로 적고 있어서 맞춤법이 틀리기도 하지만, 삶 속에서 '배우고자'하는 동기와 '주체적'인 삶의 동기는 우리와 같은 성인으로서 지니는 삶의 태도가 느껴집니다. 각 장에서 다루고 있는 대상자들의 임상사례는 우리가 학교 및 지역사회에서 만날 수 있는 친구, 이웃, 지인일 수도 있는 발달/학습장애를 가진 사람들일지도 모르겠습니다.

현재, 의료환경에 속한 미술치료사로서 발달/학습장애와 정서행동장애를 가진 아동,

청소년 및 가족들을 만나다 보면, 실제로 선진 의료복지제도 및 치료적 환경에 대한 정보, 실질적인 조언, 인식향상의 관점은 국내의 임상환경으로 충분히 반영될 수 있다고 여겨집니다. 예를 들면, 영국의 보건복지전문가위원회[1]Health and Care Professions Council(HCPC)에서 예술 및 미술치료에 관한 이해의 증진과 더불어, 보건전문가에 미술치료사를 포함하여 자격의 관리, 감독 및 교육 등을 90년대부터 꾸준히 수행하며 발전해 오고 있다고 합니다. 미국 또한 단일의 미술치료위원회Art Therapy Credential Board(ATCB)를 설립하여 자국 내 미술치료사의 윤리 및 자격관리 실무를 담당하고 있습니다. 양국은 미술치료사를 보건의료 전문가로서 공인된 자격관리와 임상환경의 적절한 수준유지를 위해 노력하고 있으며, 이와 같은 사회적인 흐름으로 발달/학습장애 대상 미술치료의 인식향상을 도모하고 있습니다. 이러한 국제적인 흐름이 국내에도 제도적으로 도입되어 정착되길 기대합니다.

이 책에서는 발달/학습장애를 가진 사람들이 겪는 실질적인 어려움들을 여섯 가지의 보편적인 주제로 상세하게 분류하고 있습니다. 이것은 발달/학습장애를 가지고 있는 것, 상실과 사별, 애착과 분리, 유아화, 두려움, 무력감, 자아와 정체성이 포함되며, 함께하는 친구, 가족, 돌봄인, 치료사와 의료진 및 그들이 속한 사회에서 정서적인 어려움들을 보편적인 것으로서 인정받고, 수용되며, 이해 받을 수 있도록 하는데 도움이 되고자 이 책을 번역하게 되었습니다.

번역을 하면서, 가장 쟁점인 사안은 '학습장애Learning Disability'란 용어의 정확한 범주의 해석과 전달이었습니다. 이 책에서 다루는 '학습장애'란 용어는 영국에서 자폐성 장애Autism Spectrum Disorder(ASD), 주의력결핍 과잉행동장애Attention Deficit Hyperactivity Disorder(ADHD)와 다운 증후군Down syndrome, 취약한 X증후군

1) 2002년 국가보건법개정안 및 보건복지전문가 법National Health Service Reform and Health Care Professions Act이 통과된 후, 2003년 보건전문가위원회Health Professions Council가 설립되었음. 2012년 사회복지사가 포함되어 보건복지전문가위원회Health and Care Professions Council로 명칭을 변경함.

Fragile X syndrome 등 선천적이고 발달상의 다양한 장애가 포함된 범주입니다. 하지만, 우리나라에서는 그와 같은 범주는 '학습장애'라기보다, 사람이 성장하면서 경험을 이해하고 습득하는 데에 어려움이 있다고 진단하는 '발달장애Development Disability'란 용어에 더 가깝습니다. 게다가, 우리나라와 유사한 미국의 '학습장애Learning Disorder'란 진단 범주는 읽기, 쓰기, 셈하기 등에서 어려움이 있는 특정한 학습의 영역에 어려움을 의미하기 때문에 영국의 '학습장애'의 범주와 진단기준과는 차이가 있습니다. 따라서, 이 책에서는 영국의 학습장애는 우리나라의 발달장애의 범주와 의미를 통합시키는, '발달/학습장애'란 용어로 국내실정에 적합하도록 의역상 병기하게 되었습니다.

또한, 원저자의 용어와 뜻을 되도록이면 그대로 옮기고자 노력하였습니다. 다만, 문화적이고 제도적인 차이에서 비롯된 내용은 우리 실정에 맞게 쉽게 풀어서 전달하고자 하였으며, 역자의 해석이 별도로 필요한 경우는 괄호를 두었고, 미술치료 중요 용어는 원문 그대로 표기하였습니다. 또한 이름 및 고유명사는 각 장의 맨 처음에 영자와 한글로 병기하여 이해를 도왔으며, 문화적인 차이나 전문영역에서 별도의 이해가 필요한 경우는 각주를 두었습니다. 이 책을 접하는 학생, 임상 수련생, 치료사 및 의료진, 관련분야 전문가와 발달/학습장애를 가진 사람들과 그의 가족, 돌봄 선생님들이 용이하게 다가갈 수 있도록 최대한 쉽게 풀도록 노력하였습니다.

마지막으로, 인간중심적인 관점에서 발달/학습장애를 가진 사람들이 사회에서 분리되거나 소외되지 않고, 더불어 살아갈 수 있도록 사회속으로 포용하려는 노력에 이 책이 도움이 되었으면 합니다. 그동안 본인이 걸어가고자 하는 길에 아낌없는 지원 및 응원을 보내주고 있는 사랑하는 가족들과 동료 및 지인들 그리고 지도교수님들과 수퍼바이저, 이 책이 출판되도록 애써 주신 하나의학사에게도 감사를 전합니다.

2019년 역자 **주 하 나**

추천 서문

발레리 시나손 Valerie Sinason

대화와 시를 활용하는 심리치료사로서 책의 서문을 써 달라는 요청을 받았을 때, 이 책이 지닌 넓은 포용정신을 짐작할 수 있었다. 아동과 성인 대상의 심리적 외상 및 정신장애 분야 정신분석 심리치료사로서 비록 본인은 예술가는 아니지만, 예술가 및 같은 분야의 동료인 미술치료사, 슈퍼바이저, 수련생, 삽화가, 전업 작가와 문화적이고 임상적인 환경을 알리고 풍부하게 만드는 여러가지 공헌으로 깊은 영향을 받았다.

스테파니 불과 케빈오파렐이 함께 쓴 이 책은 우리에게 매우 중요하고 필수적이다. 지금은 비록 작은 시작에 불과할지라도, 지적장애Intellectual Disability를 가진 사람들을 위한 치료접근법의 서적으로 거듭날 것이다. 그들은 공저자들과 함께 취약성, 상실, 의존성, 수치심, 희망, 두려움, 폭력, 낙인, 창의성의 주요 영역을 성공적으로 다루었다. 저자들은 심리 내적이며, 환경적이고, 정치적으로 명확히 증명하고 있는 이론적 관점에서 그 과정들을 면밀히 검토하였다. 그들은 내담자의 목소리를 듣고 존중하고자 하였고 해리적 방어dissociative defence를 갖지 않았으며, 이론의 이해를 도모하기 위해 오롯이 노력하였다.

진심 어린 아담Adam의 이야기인(케빈 오파렐의 마음을 무장해제 시키며) '내 행복을 추측하지 마세요!'는 매우 적절한 부제로서, 이 책의 전체적인 정서를 내포하고 있다. 이는 인간중심적이고 정신 분석적인 진실한 이야기를 내포하며 둘 사이를 통합하고 있다. 사회가 부과하고 있는 내재화된 이차적 장애secondary handicapping의 가면의 굴레를 벗으려는 진정한 자아에 강력한 지지를 보내는 바이다.

저자들은 미술치료의 중요성과 그 공헌에 대하여 내외적인 면을 신중하게 조망하고 기술하고 있다. 책에 담긴 미술작품은 역사적인 중요성과 책이 가진 넓은 포용성을 구체적으로 강조하고 있다. 지적장애 분야의 치료도서의 수는 적은편이고(본인은 저술의 쓰임에 대해 매우 영광스럽게 생각한다), 심지어 이 책과 동일한 미술치료 관점의 도서는 그 수가 더 적다(Rees 1998). 그러므로 이 책이 몇 배로 중요하게 환영받고 있는 것이다.

케빈 오파렐과 스테파니 불은 공동편집자로서 다양한 범주의 독자들과 임상가에게 다가가기 쉬운 주제를 중심으로 한 목표를 달성하였다. 이 책은 좀 더 지적장애를 이해하고자 하는 다양한 전문분야의 팀에게 도움이 되며, 또한, 누구라도 정서적 발달과 성장을 돕는 매체로 미술치료의 접근방법을 이해하려는 사람에게 유용하다.

정치적 환경과 그 영향을 살펴보기 위해 스테파니 불은 별도로 서비스 사용자, 매튜Matthew의 인터뷰를 검토하면서, 독자들에게 국가의 법률과 개입에 대해 소개하고 있다. 존경스럽게도 제인 캐번Jane Caven은 임상에서 오페라의 유령의 흉터와 가면의 의미에 대해 임상적이며 이론적으로 조망하고 있고, 킴 디Kim Dee는 상실감과 사별의 중심 사항을 면밀히 살펴보고 있다. 그리고 케빈 오파렐은 보호인 자넷Janet의 보고서에 담긴 목소리를 통해 우리의 치료 업무에서 거의 공론화되지 않았던 사항에 대해 우려를 표하고 있다.

신체적 장애에 관하여 스테파니 불과 엠마 쉘크로스Emma Shallcross가, 션트shunt(뇌척수액으로 인한 뇌 내 압력증가를 방지하고자 뇌척수액 통로에 설치된 튜브형의 수술적인 치료)의 문자 그대로와 상징적인 의미에 관심을 두고 있다. 그리고 그것이 젊은 여성의 삶에서 어떻게 애도 과정grief process으로 나아가게 하는지 진솔하게 탐색하고 있다. 스테파니 불은 한 남성이 '야수beast'를 만드는 과정을 통해 사회에서 받은 동물적인 투사의 처리 방법을 찾아가는 탐색을 하였다. 이 책은 매우 다양하게도 언어적 영역뿐만 아니라, 회화적 영역을 조심스럽게 다루고 있다. 산드라 스토리Sandra Storey는 질리언 클라크Gillian Clarke의 시를 활용하여 언어화의 발달과정을 질적으로 추적하고 있다. 산드라 구디Sandra Goody는 임상적이고 이론적으로 폭넓은 관점에서 유아화Infantilisation와 의존성이 내포된 정서의 함정을 다루고 있다. 죠Jo는 두려움과 분노에 대해 저술하고 있으며, 엘리자베스 애쉬비Elizabeth Ashby는 역전이counter-transference의 두려움과 폭력성에 관한 임상적이고 이론적인 지식을 소개하고 있다. 쿠엔틴 브룩클린Quentin Bruckland은 무력감과 수치심이 공존하는 뇌전증epilepsy을 다루고 있다.

마치 미술의 라이트 모티프leitmotif(반복되는 주제 선율)처럼 이 책의 다양한 저자들이 여러가지 방식으로 서로 영향을 주고받으며, 신중한 선택으로 인해 주제가 더욱 뚜렷해지는 것을 알 수 있다.

이 책이 미술을 교육받지 않은 전문가들에게 꽤 유용하고 중요한 이유는 무엇인가? 특히 취약한 대상의 결핍을 보상하는 다양한 중재를 풍부하게 제공하기 위해서 아마 우리 모두가 문화적응의 관점에서 선택, 다양성, 욕구를 발달시키고 있기 때문이다. 지적/학습장애 분야에서 일하는 장점 중 하나는, 오로지 하나의 접근법만이 정답이 아니라는 것을 누구나 알고 있다는 것이다. 이것은 장애를 다루지 않고서는 성장할 수 없다는 것을 의미한다. 하지만 우리가 증인이 되어서 그들을 존중하고 기다려주면, 그들의 삶의 질은 극대화될 수 있다.

비록 정신과 의사, 사회복지사, 간호사, 심리학자와 성인 심리치료사, 그리고 지적장애를 갖지 않은 성인의 상담전문가들은 언어words를 폭넓게 활용하고 있지만, 취약한 사람들과 함께하는 전문가들은 오히려 미술의 힘이 효과적이라는 사실에 대해 오늘날 더욱 잘 인식하고 있다. 예를 들면, 극도의 정신적 외상traumatized을 겪거나 심한 장애로 고통에 시달리는 성인들에게는 무슨 일이 벌어졌는지 말로 설명하는 대신에, 어쩌면 그리기 또는 만들기를 통한 표현방법이 수월할지도 모른다. 또한, 신경과학Neuroscience은 정신적 외상 상태에서 창의적 활동에 도움이 되는 방법으로 언어적인verbal 의견교환 방식과는 다른 방법에 관해 입증하고 있다.

물론, 아동과 함께하는 전문가들에게 있어서, 보다 정확히 미술 그 자체만을 인정하고 이해하는 것 이외에, 다른 발달을 촉진하기 위한 전이환경transitional space으로서 미술의 중요성은 결정적으로 항상 강조되고 있다. 이 책은 미술가가 아닌 사람에게 실제로 만들기, 실행하기, 좌뇌와 우뇌의 협력관계, 의식과 무의식 과정의 긴밀한 작용을 이해하도록 돕고 있다.

성 조지 병원St George's Hospital의 셰일라 홀린스Sheila Hollins 교수와 장애를 다루었을 당시, 비록 우리는 미술치료사가 아니지만, 정서에 다가가는 미술의 중요성을 깊이 이해하게 되었다. 실제로 우리는 다양한 시간대에 진행되는 지적장애를 가진 장기 성인 그룹 심리치료의 일부 회기에 미술치료사를 공동치료사co-therapist로 초빙하였다. 단지 단순히 창조한 작품의 시각적인 깊이를 의미하거나, 무언가를 만들 때 물리적, 정신적, 창조적 영향만을 일컫는 것이 아니며, 환각을 반복적으로 경험하는 현상Flash back 때문에 정신병리 상태의 이슈를 가진 한 남성이, 페인팅 작업에 온전히 뇌활동과 정신을 쏟고 있을 때 그가 평소에 했던 어떤 말보다 언어사용이 명확해진 것을 목도하였던, 실로 놀라웠던 경험을 우리는 결코 잊지 못할 것이다.

이 책을 읽으면서 다양한 분야의 전문가와 협력했던 도왔던 장애를 가진 미술치료사, 데보라 스티클랜드 에반스Deborah Stickland Evans가 떠올랐다. 당시 우리는 매주 직원들을 위한 슈퍼비전 워크샵에서 고빈도로 언어를 활용하는 점토 가면 만들기 그룹을 함께 참여할 수 있었고, 덕분에 만들기의 즐거움을 경험할 수 있었다. 지적장애를 가진 사람들이 꽤 자주 박탈되었던 문화생활 경험을 내면화 하기 위해 미술관과 갤러리 방문하기와 관련된 아웃사이드 인Outside In이란 자선 단체를 훗날 조직하였다. 미술 문화에 노출하는 것이 우리 모두의 사회적 정체성과 안녕감을 위해서 중요하다고 설명했다. 우리는 성 조지 병원에서 글자가 없어도 진정한 이해를 돕는 책, Books Beyond Words(글자를 넘어서) 시리즈를 활용한 심리치료의 진행을 함께 참관하였다. 그 책들은 모두(글이 없고) 그림만으로 구성되었지만, 특별히 이해하기 쉽도록 이야기 형식으로 제작되었다. 책의 형식 속에 담긴 미술의 전이환경을 활용하며, 전반적 영역의 중요한 이슈가 돌연 해결될 수 있었던 것이다.

2011년 4월 런던의 영국 미술치료협회가 주관한 연례학회에서 예술가 킴 노블Kim Noble과 미술치료사 에이미 우즈Ami Woods의 발표에 감동을 받아, 치료 매체로서 미술을 활용하는 것과 더불어 공간을 갖고, 미술활동 그 자체의 질을 높일 수 있는 방법을 통합시키고자 하였다. 최근 킴의 전시회를 슬라이드로 보여주면서, 킴과 에이미는 정신과적 문제와 신체적이고 지적인 장애를 가진 사람들을 위한 스프링필드 병원Springfield Hospital의 그룹에 대해서 발표하였다.

형태(모양)를 가진 모든 미술은 지적장애의 문화적인 역사에서 일부를 차지한다. 내가 어렸을 때, 아버지 스탠리 시걸Stanley S. Segal 교수는 지적장애를 가진 어린이와 성인들을 위한 책에 그림을 형편없이 제공하는 것은 수치심으로 인해 영혼을 파괴하고 갉아먹게 만든다고 주장하는 것을 들었다. 그는 사회적인 의의에 애착을 보였으며, ≪Space Age Readers(우주시대의 독자들)≫ (1963년 출간)에서 밝은 컬러로 된 유리 가가린Yuri Gagarin과 스푸트니크Sputnik의 삽화를 매우 좋아했으므로, 아마도 이-스트림E-stream(멀티미디어적 요소를 활용한 강의 교수법) 강의를 수치스럽게 생각하지 않았을 것이다. 그는 매우 일찍부터 창의성이 소중한 인적 자원이라는 것, 미술과 음악이 정서적으로 접근한다는 것, 지적장애를 가진 사람들에게 글자와 다른 매우 다른 방식의, 때로는 그림이 더 깊이있는 방법으로 상호작용을 도울 수 있다는 가능성을 인식하고 있었다(Segal 1967; 1991).

이 책에는 그림과 글자가 함께 담겨있다. 그리고 울음, 비명, 소극적인 미소, 희망의 날갯짓, 수치심을 가진 흉터 역시 담고 있다. 행복 혹은 슬픔이건 간에 진정한 정서에 도달할 수 있는 가능성을 이론과 임상을, 글자와 그림을, 사고와 감정을 서로 통합하며 제시하고 있다.

참고문헌

Noble, K.(2011). *All of Me. The Extraordinary Story of the 20 Personalities Who Share My Body.* London: Little Brown/Piatkus.

Rees, M.(ed.)(1998). *Drawing on Difference: Art Therapy and People with Learning Disabilities.* London: Routledge.

Segal, S. S.(1967). *No Child is Ineducable.* Oxford: Pergamon Press.

Segal, S. S.(de.)(1991). Creative Arts and Mental Disability. London: A.B. Academic.

감사의 글

자신들의 글과 이야기를 기꺼이 공유 해 준 아담Adam, 매튜Matthew, 패트릭Patrick, 폴Paul, 사라Sarah, 레일라Leila, 헨리Henry, 쥬디Judy, 루쓰Ruth, 죠지George, 캐서린Catherine, 조Jo, 토니Tony, 셰릴Cheryl, 로라Laura, 토마스Thomas, 데이비드 B David B, 윌리엄William에게 감사의 마음을 전한다.

또한, 이 책을 저술하는데 아낌없는 지지를 보내준 다음과 같은 분들에게 고마운 마음을 보낸다: 필 프로빈스Phil Province, 샤론 오파렐Sharon O'Farrell, 죠 코헨-불 Zoë Cohen-Bull, 스탠 로만Stan Roman, 맷 심스 박사 Dr Matt Symes, 클리프 프리 Cliff Free, 크리스 펙햄Chris Peckham, 마가렛 힐Margaret Hill, 마리안 리버만Marian Liebmann, 발레리 시나손Valerie Sinason, 카렌 프릭커Karen Fricker, 데이브 퍼거슨 Dave Fergusson, 데이브 스몰만Dave Smallman, 리차드 베이트만Richard Bateman, 네일 스프링햄Neil Springham, 발 휴잇Val Huet, 배리 다마렐Barrie Damarell, 프란츠Frances, 마즈Maz, 해톤 럿지 도서관 Hawthorn Lodge의 마리안Marian, 루퍼스 럿지 도서관 Rufus Lodge의 스텔라 스캇Stella Scott, 시몬 해켓Simon Hackett, 하나 데이비슨Hannah Davison, 스티브 카빌Stive Cavill, 엘린 캄프만Eileen Chapman, 맷 링

Matt Ring, 캐이시 블레어Kathy Blair, 브라이언Brian, 줄리엣 불Juiet Bull, 로나 브라이스Lorna Brayce, 마리 비비스Mary Beavis, 줄리 런트Julie Lunt, 포브 로만Phoebe Roman, 스텔라 조엘Stella Joel, 베브 피어슨Bev Pearson, 테리 놀란Terri Nolan, 로라 브룸머Laura Brummer, 캐롤 그레이Carol Grey, 프랭키 브로드웨이Frankie Broadway, 수잔 도미니Suzanne Dominy, 힐러리 린센Hilary Linsen, 줄리아 브루인Julia Brewin, 도미닉 화이트Dominic White, 니콜 화이트Nicole White, 셰릴 존스 박사Dr Cheryl Jones, 아리Ari와 크리스 차보-헤밍스Chris Szabo-Hemmings, 나오미 인슬리Naomi Insley, 케이트 홀네스Cate Holness, 핍 코컬Pip Coker, 해리엇 샐츠먼Harriet Salzman, 조이 디Joy Dee, 도라Dora 그리고 다르코 모실니카Darko Mocilnikar, 테리 말로이Terry Malloy, 수잔 윌슨Suzanne Wilson, 애샤 데이비스-자마Asha Davis-Jama, 앤젤라 차링톤Angela Charrington, 로빈 티플Robin Tipple, 그리고 우리를 지지하고 응원하였던 수 많은 동료들과 남부 국가보건의료서비스 재단 트러스트의 관계자들에게 진심 어린 감사를 표하고 싶다.

이 책 표지의 그림, '창문'은 짐 윈터리지Jim Winteridge 작품으로, 수록을 허락한 미샤 박사Dr Micha와 제인 재즈Jayne Jazz에게도 감사를 보낸다.

스테파니 불과 케빈 오파렐

목 차

제1부
발달/학습장애를 갖는다는 것

제2부
상실

제3부
애착과 분리

제4부
유아화

제5부
두려움

제6부
무력감

제7부
자아와 정체성

삽화 목차

그림

사진

'내 행복을 추측하지 말아요!'

아담 Adam

'음, 내가 말하고 싶은 건, 태어났을 때 나는 숨을 잘 쉬지 못했는데 그냥 숨을 쉬지 않았기 때문이야 그래서, 이젠 점점 나이가 들면서, 숨을 쉴 수가 없어, 내가 장애를 갖고 태어났거든 또 나를 도와주는 사람들 때문이거든, 그런데 그들이 나를 도와줄 때, 나를 도와주고 있다고 그들이 생각할 때, 실례한다고 말할 때, 집안일을 돕거나 쇼핑을 도와줄 때, 정말이지 이런 건 전혀 나를 돕는 것이 아니야, 왜냐면 그들이 실례라고 말하거나 넌 잘하고 있다고 내게 말을 해도, 나는 계속 공격적이면서 여전히 화가 치밀지 그런데 나는 잔인한 사람이 아닌데, 사실은, 그들이 내게 가르치는 것들이나 나를 가르치고 있다고 생각하는 것이 다 헛소리라는 거야.

… 내 친구들, 가족, 친척들, 그들은 항상 나를 벌어먹을 것처럼 대하지, 나는 매우 꼭지가 돌면서 화가 나. 그들이 내게 하는 행동이나, 말하는 방법 그런 건 문제가 안 되는데, 그들이 내게 뭐라고 하냐면, 아- 역시 그들은 나를 무시하지, 그들이 실례한다고 말하거나, 이렇게 했어야지 라고 말하거나, 옳지 아주 잘했다고 말하면 나는 진짜 돌아버릴 것 같아. 나는 배우가 되고 싶고, 가수도 하고 싶고, 운전도 배우고 싶고, 그리고 글을 읽을 수 있다면 좋겠거든, 그런데 여태껏 하루하루 내가 배워온 건 정말이지 그들의 벌어먹을 것이라는 거지…

… 왜 내가 사람들이 내게 자비를 베풀 때 공격적이 되는지 알아? 왜 그들은 내게 도움을 줄 때

예의를 갖춰 실례한다고 말하지? 왜 사람들이 나를 돕고 있다고 착각하지? 왜 사람들은 자기들의 방식 때문에 내 자신의 행복을 알지 못하게 방해받는데, 그들의 방식은 너무 바보 같은데, 내게 자신들의 방식이 더 나을 것이라고 생각하는 걸까? 내 머릿속은 상처로 가득해, 그들이 내게 저질러 놓은 것 때문에, 머리에 빌어먹을 것으로 가득 차 있어서 나는 배우는 방법도 모르고, 심지어 내가 뭘 하고 있는지도 모르고 어디로 가는지도 모르겠어. 그냥 나 스스로 배울 수 있도록 해줘.

… 내가 하고 싶은 전부는 배우는 거야 어떻게 읽고 쓰는지, 노래하고, 배우고, 운전하고, 대사를 익히고, 기타 등등 그래서 나 스스로 컴퓨터를 살 수 있고 그래서 게임도 할 수 있고, 사진도 찍을 수 있고, 촬영도 진짜로 할 수 있고, 인터넷도 설치하고 그리고 유명해지는, 그런 모든 것들, 그런데 그들이 한다는 말은, "오 미안해, 실례지만" 그리고 "대신에 이렇게 해봐" 그리고 그들이 그렇게 말한다면, 나는 꺼져버려 왜 나를 귀찮게 하냐고 말할 거야… 그것은 마치 모노폴리Monopoly(규칙이 쉽고 단순한 놀이방식의 게임) 같은 거야… 메이페어Mayfair 또는 폴몰Pall Mall(규칙이 다양하며 주체적 역할이 가능한 놀이방식의 게임)로 되도록 빨리 바꿔버려- 네가 돈을 지불하면 괜찮지만, 그러나 만약 네가 자신을 위해 무언가 하려고 한다면, 그들은 이렇게 말하겠지, "아이고 실례지만- 넌 그건 필요없어, 없어도 괜찮을 거야", 그러나 [나의 돌봄인들]이 너를 돕는다고 해도, 사실 너를 돕고 있지만 그건 단순히 그들 만의 방식대로지.

그들이 네가 하는 말을 들었을 때, 그들은 네 말을 들어줄 수 있을 거야, 그런데 너보다 더 중요한 건 그들이 생각하는 대로 하는 것이야, 왜냐면, 음 이유는 그들이 너보다 더 어른이라고 여기니까, 그리고 너보다 더 잘 안다고 생각하니까. 그들은 네가 스스로 자신에게 하는 말을 들을 수 없지. 그건 항상 그들이, 이런 빌어먹을 그들… 이건 내 장애에 대해서 말하는 것이 아니야(내 영혼에 대해 내 정신에 대해서 말하고 싶은 거야). 그리고 대부분 그들은 내게 빌어먹을 것들을 베풀지, 그리고 그들은 내가 행복하다고 믿고 싶어 하지. 제발 나한테 이것저것 시도하고 마음대로 도와주는 것 좀 하지마, 그럼 진짜 나는 미쳐 돌아버릴 것 같거든.

… 나는 사람들에게 내가 행복하지 않은 것에 대해 이야기 해 봤거든, 그런데 사람들은 내 불행에 대해 알고 싶어 하지 않더라, 사람들은 모두 다 기분 좋아지는 것만 바라고, 알고 싶어 하지.'

서문: 발달/학습장애, 미술치료, 보편적 주제

케빈 오파렐 Kevin O'Farrell

'내 행복을 추측하지 말아요!'

앞장에서 소개한 *'내 행복을 추측하지 말아요!'*는 이 책에서 가장 중요한 주제를 담고 있다. 자기 인생의 목적과 의미를 찾으려 노력하는, 젊고 카리스마 있는 20대 남성인 아담Adam의 깊은 내면의 절규를 함축적으로 전한다. 이 강렬하고 정돈된 문장은 자신의 미술치료사인 필자를 포함해 관계된 사람들 모두에게 향한다. 그가 느끼는 분노와 좌절, 그리고 자신의 행복을 위해 외치는 강렬한 항변은 '이 문장을 통해 정확히 **그***he*가 말하고자 하는 것이 무엇인가?'라는 생각과 함께 나의 마음을 사로잡았다. 미술치료 관점에서 이 문장을 이해해 보려고 노력했었고, 그 당시의 선임 관리자에게 정확하고 간단하게 미술치료를 알리는 방법 찾으려고 애쓰고 있었다. 이 두 가지 노력의 결실은 필자로 하여금 예상하지 못했던 방향으로 나아가게 하였다.

이 '간단한' 책이 시작된 배경

그 여정은 '간단한simple'이란 전혀 지적이지 않은, 여섯 개의 알파벳으로 이뤄진 한 단어에서 시작되었다. 나는 한 시간 정도 떨어진 장소로 가야 했는데, 예정된 시간이 다가왔다. 반질반질하게 손질한 구두를 신은 채로 떨며 긴장하고 있었고, 불안감에 커피를 두 잔째 마시고 있었다. 그러한 시간 속에서 나는 간단하면서도 정확하게 말하려는 바를 준비하고 있었던 것이었을까? 미시적인 사안을 너무 복잡하게 만들어 사람들을 지루해 죽을 것처럼 만드는 건 스스로도 용납되지 않았다. 발달/학습장애 영역의 다양한 임상사례에 미술치료를 적용해 왔다는 것은 대중적으로 잘 알려지지 않았지만, 영국의 국가보건의료서비스NHS에서는 그다지 특별한 것도 아니었다. 그러나 나는 이 여섯 개의 알파벳에 보다 더 나은 의미를 부여하고, 신뢰해야만 했다. '간단하면서도 흥미롭게' 이렇게 스스로 계속 되뇌었다. 20여분도 채 안 되는 시간에 국가보건의료서비스의 선임 관리자들에게 '미술치료란 무엇인가?'에 대해 발표한다는 것은 정글 속 인생에 큰 시련을 맞닥뜨린 것처럼 느껴졌다. 그러나 이와 같은 경험을 바탕으로 미술치료사의 업무를 간단하게 의사소통 할 방법의 윤곽을 잡을 수 있었다.

지난 몇 년 동안 발달/학습장애를 가진 사람들과 함께했던 주요한 주제들을 담으려 노력했고, 점차 '방사형'의 도식(그림 1.1)과 같은 결과를 도출하였다. 동료인 스테파니 불과 매트 심스 박사Dr Matt Symes, 임상심리사와 함께 이 주제들에 대하여 논의하였다. 이후, 미술치료 발달/학습장애 전문가 그룹(ATLD SIG)에서 주최하는 교육에 참여하게 되면서 주제에 점차 확신이 생겼다. 초기에 각 주제들은 무작위로 나열되어 있었는데, 스테파니와 이 책을 함께 쓰기로 준비하면서 주제를 간단히 분류할 수 있었다. 함께했던 발달/학습장애를 가진 사람들의 내면의 목소리가 가능하면 대부분의 주제에 직접 반영되길 바랐다. 더욱이 지난 12년간 영국에서 이와 같은 주제들을 살펴보고 기술한 미술치료 전문서적이 출간된 적이 없다는 사실을 알았다. 따라서 우리는 조심스럽게 이 책을 출판하기로 생각을 모았고, 어떤 피드백이 돌아올지 기다려 보고자 했다.

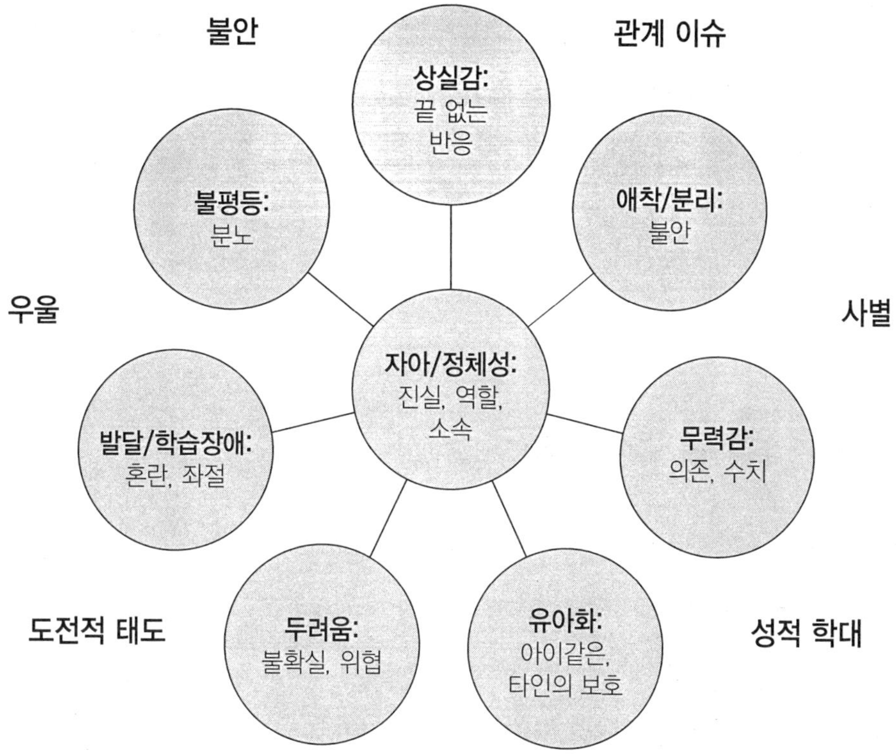

그림 1.1 보편적 주제

메이어부터 이 책까지

메이어 리즈Mair Rees(1998)는 그의 책, ≪Drawing on Difference(다르게 그리기)≫에서 발달/학습장애를 가진 사람들과 함께하는 미술치료사에게 슈퍼비전을 통해 보편적이고 반복된 주제를 구별하는 것이 도움을 준다고 보았다. 이 책에서는 각 장마다 발달/학습장애 분야의 보편적 주제를 나누어 정립하고자 한다. 이제 막 자격을 부여받은 미술치료사에서부터 숙련된 미술치료사까지 다양한 미술치료사들의 임상연구로 얻어진 보편적 주제에 관한 관찰, 생각, 경험을 공유하고 있다. 이러한 임상연구들은 치료사들의 슈퍼비전에 유용하게 활용될 수 있을 것이며, 또한 이 책은 보호자, 관리자, 수련을 받는 치료사, 관심 있는 독자를 위해 쓰였다. 만약 이 책을 아기에 비유한다면, 우리는 생각지도 못한 출산을 한 것과도 같다. 스테파니와 나는 리즈Rees와 같이 우리보다 좀 더 학구적인 저자가 먼저 저술했어야 한다고 생각하기에, 이제 나온 이 책은 마치 마감기한을 넘긴 것처럼 이상하게 느껴졌다.

1998년부터 일어난 변화는 무엇인가?

획기적인 전자기술의 변화처럼, 책 ≪Drawing on Difference(다르게 그리기)≫가 출간된 이후에 큰 변동이 있었다. 미술치료사의 국가적인 공인제도와 슈퍼비전을 의무화함으로써 전문적인 경계를 강화하여 온 것이다. 미술치료는 오늘날 보건복지전문가위원회[2]Health Professions Council(HPC)에 소속되어 기관의 규제 및 보호와 전문성의 감사를 받게 되었다.

그 동안 노동당 정부Labour Government(1997-2010)에 의해 신규 법안과 정책이 통과되면서, 발달/학습장애 관련 분야의 의미있는 다양한 변화가 진행되었다. 스테파니 불은 제1장에서 1998년 인권법Human Rights Act의 제정 이후에 왕성한 정책입안 증가율을 보다 자세하게 설명하였다. 새로운 법의 제정으로 신조어가 등장했고, 정치적인 영향력 하에 '발달/학습곤란learning difficulty'은 '발달/학습장애learning disability'라는 명칭으로 변경되기에 이르렀다. 이 책에서 독점적으로 이 신조어를 쓰고자 한다. 대부분의 신조어에는 그 바탕에 인간중심적인 관점 및 접근이 깔려 있다.

2) 2012년부터 보건복지전문가위원회Health and Care Professions Council(HCPC)로 명칭 변경됨. 보건복지계열 전문직군으로 예술치료사(미술, 음악, 드라마), 작업치료사, 물리치료사, 임상심리사, 방사선사, 사회복지사, 언어치료사 등이 이에 해당됨(알파벳순) http://www.hcpc-uk.org/

포스트모더니즘(탈중심적이고 다원적인 사고가 특징인 사회 문화적인 움직임)에서 작가의 발언을 믿지 않는 것처럼, 또한 의사의 단독 권한에 의구심을 갖는다. 이것은 15명을 살인하고 실형을 살게 된 2003년 의사 헤롤드 쉽맨[3]Dr. Harold Shipman 사건에서 너무나도 잘 강조되고 있다. 점차 인간중심적 관점으로 힘의 중심이 바로잡혀 가는 것을 지역사회의 보건복지전문가들은 경험하고 있다. 만약에 오늘날 '서비스 이용자service users'가 더 나은 서비스를 받고 있다면, 과연 이러한 관점을 위해서 이 책을 쓰고자 하였을까? 사회통합의 인식과 이해가 점차 늘어남에 따라 점점 더 다양한 분야에서 협동은 증가하고 당연시된다. 처음부터 스테파니와 나는 이 책의 내용에 발달/학습장애를 가진 사람들의 목소리가 포함되기를 원했다. 이런 이유로 발달/학습장애를 가진 사람의 실제 말(책의 부제를 포함하여)을 포착하여 문장으로 재현했다.

'내 행복을 추측하지 말아요!'

치료시간에 의미를 찾은 이 문장에서, 미술치료실 외부로 향하고 있는 또 다른 목소리가 갖는 중요성을 깨닫게 되었다. 그리하여 '행복happiness'이란 관점을 기반으로, 구조적이며 이념적인 방식으로 그 문장을 해석해보고자 한다.

행복은 점차 정치, 소비성향, 문헌, 미디어를 통해 증명되듯이 서양에서는 동시대 사회의 관심과 목표가 되고 있는 것처럼 보인다. 2010년 11월 15일자 BBC 홈페이지에 따르면, 통계청National Statistics은 새로운 정부계획의 일환으로 '국민들의 행복을 측정하기to measure people's happiness'에 관한 질문사항을 고안하겠다고 보도하였다. 나의 자리에 놓인 홈 가구 대기업 이케아Ikea의 2011년 카탈로그에서는 '가정에서 더 행복해진 인생'을 살아감으로써 행복을 만들어 갈 수 있다고 하였다. 지난 10년간 조립식 가

3) 영국 맨체스터 하이드 지역 보건의가 23년간 200명 이상의 환자에게 치사량의 모르핀을 투여, 살해한 사건.

구로 얻게된 것들은 넘쳐나는 TV프로그램, 자원, 책의 정보와 다를 바가 없다. 일부만 예로 들면, 길버트 Gilbert(2007), 하이트Haidt(2006), 레이야드layard(2005), 맥마혼 McMahon(2007), 스카치Schoch(2007)는 제목으로 '행복'을 강조하여 출판하였다. 노동당 정부의 자문위원인 리차드 레이야드Richard Layard는 국내총생산(GDP)에만 주력할 것이 아니라 국민총행복(GWB)에 초점을 맞출 필요가 있다고 제안하였고, 그는 '행복의 황제Happiness Tsar'라는 타이틀을 갖게 되었다. 2006년에 상영된 ≪The Pursuit of Happiness(행복의 추구)≫라는 영화의 제목은 토마스 제퍼슨Tomas Jefferson이 작성한 미국의 독립선언문에서 비롯되었다. 최근 경제적인 어려움과 불확실성에도 불구하고 이와같은 주제에 대한 심도깊은 탐구는 지속적으로 요구되고 있다. 위의 영화에서 제퍼슨이 사용한 단어인, '추구pursuit'를 주인공이 직접 언급하며 행복을 추구할 기회, 접근성, **모든 사람의 권리***right of everyone*를 강조하였다.

*'내 행복을 추측하지 말아요!'*는 역설적이게도, 서비스 제공자가 보다 향상되길 바라는 아담의 메시지이다. 지난 100년 동안 발달/학습장애는 의료, 행동, 사회, 교육적 영역의 모델(모형)로 자리를 굳혀왔다(Kay 2003). 오늘날 협력적인 동반자협의회, 서비스 사용자 평가단, 인간중심적 계획, 사회적 행동연구 참여자들은 **권리***rights*가 반영된 인간중심적 이념과 접근에 주목하고 있다. 다시 말해, 힘있는 정책의 변화로 발달/학습장애를 가진 사람들도 운전이 가능하며, 삶의 많은 부분이 확대되면서 대부분은 주거임대로 살고 있지만, 일부는 내집마련을 하게 되었다. 과거에 발달/학습장애의 영역에서는 금기시 된 주제였으나, **권리***rights* 덕분에 개인이 결혼해서 아이를 함께 양육할 수 있도록 확장되었다(Sheppard 2003). 이러한 선택을 하고, 목표를 추구하는 이유는 틀림없이 행복을 가져올 것이라고 믿기 때문이다. 과거의 '복지의무duty of care' 모델과 오늘날의 정신능력법Mental Capacity Act(2007)은 서로 우열을 가릴 수가 없게되었다. 그것은 인간능력을 심판하면서 현명하지 못한 선택의 **권리***rights*까지 합법화되도록 만들었기 때문이다. 그렇다면 '과연, 누구의 시각에서 볼때 현명하지 않은 선택인가?' 라는 돌봄인과 전문가 모두를 시험에 드는 질문이 따라온다. 이러한 질문은 새롭고 발전적으로 이끈다.

제공된 방대한 문헌자료를 통해 우리는 아마도 어떻게 하면 행복하게 잘 살 수 있는가에 대한 정의나 유지 방법에 정확한 합의점이 없다는 결론에 도달할 것이다. 발달/학습장애를 가진 사람들의 대화에 어려움이 발생하고 인생경험에 차이가 나는 경우에 잠재적으로 행복하기란 더 어렵다. 카이Kay의 말에 따르면 '물론, 전문가의 지원을 받고자 하는 대상자가 정확히 무엇을 열망하고, 원하며, 필요로 하는지를 파악하는 것이 가장 어려운 것이다'라고 하였다(Kay 2003: 183). 여러 인간 중심의 계획person centred plans(PCPs)을 실행하다 보면, 사람을 위한 제안을 하기도 하지만, 아담의 주장처럼 '추측guesses'을 갖게 된다.

권한부여empowerment 이전에는 모든 권리, 현명하지 못한 선택수준, 인간중심적인 계획, 자기 주도적인self-directed 도움 및 서비스 접근의 평등성을 갖게 된다. 하지만, 발달/학습장애를 가진 사람들에게 적합한 행복을 위해 단지 '전문가들'이 최상의 노력을 기울이고 '추측'하는 것을 의미하는 것인가? 정책 수립을 통해 권한을 부여받는 것이 행복추구의 궁극적인 목표인지, 아니면 우리가 좀 더 연구하고 고찰해야 할 것이 있는 것인가?

차이를 유념하시오

만약 우리가 *'내 행복을 추측하지 말아요!'*를 조금 더 주의 깊게 살펴보면, 아담Adam이 스스로 행복을 깨닫지 못하고, 행복이 무엇인지 설명할 수 없다는 것을 암시하고 있다. 만약 행복을 이해하고 효과적으로 의사소통 할 수 있었다면, 그를 돌보는 사람들의 추측만으로 가득한 그 **차이***gap*는 발생되지 않을 수도 있다. 아니면, 자신의 '행복'을 정확하게 알고 분명히 설명할 수 있다고 하더라도 아무도 그것을 지켜줄 수 없다는 것을 의미한다. 행복을 정의내리거나 추구하는 입장에서 차이가 발생되므로, 두 가지 상황 모두 추측하도록 이끈다. 물론 보호인은 행복추구의 목표를 이루기 위해 분별력 있는 추측(예를 들면, 선택이나 제안)을 할 것이다. 대부분의 보호인이 발달/학습장애를 가진 사람들의 입장을 대변하지 않으려고 하기 때문에, '현명하지 못한Unwise' 결정은 거의 찾아보기 힘들다. 따라서 이러한 이유는 보호인들에 의해 관계가 단절되고, 전문가로부터, 복지 의무의 차원에서, 지원을 받는다는 특성으로 인해 발달/학습장애를 가진 사람들은 종속적인 관계가 되기 때문이다. 사람을 가치 있게Valuing People(Department of Health 2001)라는 정부백서White Paper에서 그들은 종종 사회적인 고립을 경험한다고 밝히고 있고, 최근의 연구를 통해서 '친목 활동'이 저조하다는 것이 지속적으로 보고되고 있다(Emerson and McVilly 2004; Robertson *et al.* 2001; Stancliffe 2007). 따라서 고압적인 보호인과의 관계는 현명하지 못한 선택조차 할 기회를 잠재적으로 빼앗겨 버릴 수 있고, 그 결과로 실수를 통해 배우지 못하게 될 수도 있다. 그래서 보호인들이 현명한 선택과 제안을 할 경우, 당사자들이 시행착오를 통해 배울 수 없는, 반드시 긍정적인 결과만을 낳게 되는 것이다. 아담은 내게 이렇게 말하고 싶었을 것이다. *'난 그들이 최선이라고 여기는 걸 해야하죠. 절대 스스로는 배우지 못해요.'*

차이를 좁히려는 미소

당사자나 보호자가 의식적으로 인식할 수 없을 때 그러한 **차이***gap*를 좁히려는 시도는 더욱더 큰 고통과 좌절의 결과를 불러올 수 있다. 이러한 좌절은 너무 자주 지치게 만들기 때문에, 그 상황에서 더욱 가식적으로 행동하고 모른척 할 수 있다. 치료에서 내담자와 치료사 모두 이러한 미소와 농담은 종종 더 심각한 상황을 초래하게 된다. 이 현상에 대해 시나손Sinason(1992)은 상실과 정신적 외상과 관련한 '장애의 미소Handicap smile'로 칭한다. 그리고 '일차적 장애primary handicap(즉, 발달/학습장애 같은)'의 결과로서 이러한 '이차적 장애secondary handicap'가 '어떻게 다뤄지지 않고 있는지'(1992: 21)를 설명하고 있다. 달갑지 않은 차이점에 대응하려고 서로가 미소를 보이는 모순된 결과를 가져오는 다수의 임상사례를 제시한다. 이것은 잠재의식적으로 알아볼 수 있는 발달/학습장애가 있는 사람에게 조차도 그 기저에는 차이에 대한 고통이 깔려 있다는 것을 의미한다. 어쩌면 생애 첫 경험에서 아이를 바라보는 부모의 사랑스러운 눈맞춤과 긴장감 있는 미소의 차이와도 같은 것이다. 예를 들어 정신건강처럼 다른 의료환경에서는 회복하기 위해 치료를 받지만, 성인기에 발병된 발달/학습장애를 가진 사람들의 뇌가 발달을 멈추었을 때, 발달/학습장애 그 자체를 회복하기란 거의 불가능하다.

바바라 에른리히Barbara Ehrenreich(2009)의 책 ≪Smile or Die(미소 짓거나 죽거나)≫는 긍정적인 생각이 미국과 세계를 어떻게 속이고 있는가*How Positive Thinking Fooled America and the World*라는 부제를 달고 있다. 그녀는 항암치료에서 암을 물리치는데 긍정적인 마음가짐을 갖는 것이 도움이 되었다고 말한다. 고통을 회피하거나 부정하고자 할 때, 우리는 자기 자신과 지키고자 하는 것으로 분열된다. 의식적으로 대처하기 어렵기 때문에, 내면적으로 힘이 드는 사람들은 점점 더 고통에 직면하지 않으려 하고 문제를 회피하려는 경향을 보이는 것이다. 그래서 당신이 미소를 보내면, 나도 미소 짓게 된다. 이것은 참으로 가슴 아픈 일이다. 정확하게 어떤 방식인지 말로는 설명할 수가 없다. 적절한 단어를 찾기란 어렵다. 만약 우리가 서로 미소를 짓고 있으면, 순간적으로 행복한 것처럼 보이지만, 당신이 사라지면 바뀌는 것은 아무것도 없다. 나는 당신이 돌아오길 바라기 때문에 불행하지 않았으면 한다. 나는 속으로 외롭다고 느끼고 여전히 상처받는다고 느낄지라도 당신이 언짢아 하지 않았으면 좋겠다고 생각한다. 사람들이 나의 권리를 강조하며 선택권을 부여할런지도 모르겠지만, 과연 그 누가 나의 슬픔을 들어주겠는가?

내가 아는 바로는 그런 완전한 슬픔을 감당할 수 있는 발달/학습장애를 가진 사람은 아무도 없다는 것이다. 베아트 외(Beart *et al.* 2005)의 문헌검토를 제외하면 발달/학습장애를 가진 사람들이 그러한 라벨명label을 인식하지 못한다는 연구결과가 있다. 문헌검토는 '타인과 상호작용을 통해' 많은 사람들이 사회적으로 정체성에 낙인찍히게 되고 정서적으로 고통 받는다고 언급한다(2005:54).

시나손(Sinason 1992: 43-46)은 사회적 정체성의 정의를 책임질 수 있는 사람들의 '상호작용interactions'이란 측면에서, 유익한 라벨명을 찾기 위해 역사적으로 중요한 투쟁들에 주목하여 도식화하였다. 그것은 지난 400여년 정도 '발달/학습장애learning disability'를 설명하는 40가지 이상의 공통적인 용어를 정리하여 '간략한 언어의 역사' 를 발표하면서 이루어졌다. 이는 평균적으로 용어의 사용이 십여 년마다 변화한다는 것을 뜻한다. 최근 '지적장애intellectual disability'란 용어는 대부분 바다 건너 미국의 연구 측면에서 활용되고, 한편 영국에서는 `학습곤란learning difficulty'이란 용어를 실제로 쓰고 있지만 정치적으로는 `발달/학습장애learning disability'란 용어가 사용된다. '지적장애'란 용어는 뇌가 학습 능력을 지니고 있다는 의미를 내포하기 때문에 보다 정확하며 진화적인 설명이라고 여겨질지도 모른다. 하지만 시나손은 역사적으로 변천되어 온 용어에 숨겨진 함축적인 의미에 대해 경고한다. 새로운 용어를 발견하기 위해서 사회적이며 행동적인 요구가 끊임없다는 것은 생물학과 신경학의 발전에도 불구하고 완치될 수 없는 고통을 강조하고 있는 것이다. 시나손은 직설적인 용어를 사용하여 제목을 붙인, ≪Metal Handicap and the Human Condition(정신장애와 인간상태)≫라는 책에서 '어리석은 Stupid' 용어가 '슬픔에 억눌린numbed with grief'이란 의미를 역사상 최초로 우리에게 (세대가 바뀌며 잊혀지기 때문에) 상기시키고 있다(1992: 43). '어리석은'이란 용어는 그밖에 학대 또는 차별과 연관되어 설명이 차츰 변질되어 갔다. 시나손은 초기의 사전에서 '차별discrimination'은 긍정적이며 부정적인 의미를 모두 지닌 용어였으나, 최근에는 특히 좀 더 부정적인 의미와 밀접해지고 적대적인 입장에서 편견을 뜻하는 용어로 변질되었다고 서술하였다. 용어가 중립적인 의미이거나 격식을 갖춘 있는 수준이더라도 고통 또는 불편함과 연관되는 경우는 결과적으로 변질되어간다. '인간상태human condition'가 바로 여기에 속하는 것 같다. 마치 더 이상 사람들의 발길이 끊겨버린 고인 연못처럼, 더 이상 사용하기에 거리감이 생겨버린 언어language는 결국 선택되지 못하고 멀어지게 된다. 용어는 천천히 표류하며 한데 모이고 결국 소멸된다. 어쩌면 우리는 '발달/학습장애'와 '지적장애'가 가장 최근의 경향이 반영된 설명이라는 합리적인 결론을 도출할지도 모르며, 다음과 같이 질문하게 된다. 이 용어들은 과연 언제까지 존재할 것인가?

발달/학습장애: 무엇이고 누구를 말하는가?

발달/학습장애란 무엇인가? 어쩌면 복잡한 질문이다. 이러한 질문에 가능하면 간단한 설명이나 이미지로 대답하고자 할 것이다. 우리는 모두 복잡한 영역을 이해하기 위해 서류함같은 분류본능과 경제적인 도구를 활용한다. 그렇지만, 모든 추정을 유보해 보도록 하자. 그 대신 백지 상태의 큰 캔버스가 우리 앞에 놓여 있으며 무슨 선이라도 그릴 준비가 되어있다고 상상해 보자. 여러분을 위해서 매우 빠르게 발달/학습장애에 대해 이미지 스케치를 하고 싶지만, 창의적인 패션처럼 좀 더 새로운 관점과 형식을 활용해 보고자 한다.

미술치료사로 정기적으로 일하면서 나는 다양한 발견에 놀라워 하였고 종종 독특했던 도전에 속으로 웃으며 기뻐했다. 내가 속한 팀내 조용했던 대기실에서 발달/학습장애를 가진 사람들과 그들의 '보호인'을 맞이할 때 나의 관찰과 추측만으로 어느 누가 대상자인지, 대상자의 선별의 오류를 유추했던 일부 사례가 있었다! 나는 혼자만 느낀 그 사실에 당황스러웠지만, 표지만으로는 책의 내용을 다 판단할 수 없다고 생각하며 마음을 다잡았다. 오해의 완벽한 사례는 어느 날 한 남성이 내게 이렇게 말했을 때 증명되었다. *'케빈 Kevin, 당신에게 말할 게, 치료가 필요한 사람은 내가 아니라 우리 아빠라고!'*

한 번은 경찰에 실종 신고된 적이 있는 말이 없는 남성을 내담자로 만난적이 있다. 그의 취약함이 극도로 우려되고 상황이 심각해지자, 저녁 6시 지역 TV뉴스에 사건이 보도되었다. 얼마 지나지 않아 그 도시에서 가장 유명한 고급호텔 담당자에게 연락이 왔고, 그 사람이 이곳에 묵고 있다고 알렸다! 평상시에 마카톤Makaton(수화의 한 종류)을 사용하는 사람이 어떻게 의사소통을 하여 개인 신용카드를 소지하도록 도움을 받았는지 대단히 놀라울 따름이다. 게다가 나는 홀로 호주로 비행기를 타고가서 휴일을 보낸 후, LA를 거쳐 집으로 돌아왔던 한 여성을 만난적도 있다.

앞에서 개별적인 상황들은 결코 일반적이지 않으며, 어쩌면 우리가 발달/학습장애가 그와 같이 빠르고 능숙한 이미지를 갖는 모습으로 비춰지도록, 또는 그러한 의미로 생각되도록 유도하는 것인지도 모르겠다. 그렇지만, 당신이 사는 지역에서 당신은 발달/학습장애를 가진 사람들을 스쳐 지나갈 것이고, 전혀 눈치채지 못할 것이라고 확신한다. 영국 발달/학습장애협회(BILD) 홈페이지 상에서 발달/학습장애는 사용하기 쉬운 라벨명일 뿐이지만, '**사람이 언제나 우선이다***People are always people first*'라는 사실은 변함이 없다. 이 문장은 우리에게 누구나 개인적으로 대접받을 권리가 있다는 것을 유념하도록 하며, 라벨명을 만드는 것에 주의하도록 만든다.

발달/학습장애는 뇌의 발달상에 문제로 발병되며, IQ 70미만에 해당되는 점수 그리고/혹은 일반적으로 18세 이전에 일상생활 기능의 명백한 어려움이 있는 경우에 분류된다. 다양한 발병 요인들 중에서 대부분은 출생 이전 발달 과정에서, 출산 과정 중에, 또는 유년기의 심각한 질병에 의해 발병한다. 유전적인 발병요인 측면에서, 확인된 유전자 결합만 약 750가지라는 놀라운 결과를 보인다(Harris 2006: 103). 그 중 가장 장애를 구별하기 쉬운 것은 다운증후군Down's syndrome이다. 그러나 여타의 장애에 대해 규명하기 어려우며, 출산 시 발생되는 뇌의 저산소증과 같은 문제로 설명되거나, 또는 시나손(Sinason 1992)의 의견처럼, 아동학대 그리고/또는 심리적 외상의 결과로 발병할 수도 있다. 학습, 이해, 의사소통 측면에서 생애 전반에 걸쳐 치명적인 여파를 불러온다. 멘캡Mencap(지적장애인 인권단체)은 영국에 백 오십만 명의 사람들이 발달/학습장애를 가지고 있다고 추산한다.

정신건강

발달/학습장애를 가진 사람들은 유독 정신건강 장애에 대해 상당히 민감하다. 한 연구에서 유병률은 27~40%정도로 추정하고 있다(Raghaven and Patel 2005: 38). 이것은 발달/학습장애에 특별히 해당되는 것인지, 궁금해지거나 또는 보건의료연구협회 Institute for Health Research(Lancaster University, UK)의 에머슨과 해톤(Emerson & Hatton 2007)의 연구처럼, 사회경제적인 약점과 더불어 그밖에 더 무엇이 있는가? 라는 결론에 도달한다. 영국의 소아청소년 발달/학습장애에 관한 광범위한 연구는 우리의 관심을 불러일으키고 해당 집단의 정신건강 수요와 그들의 사회경제적 환경의 필요성을 강조한다.

미술치료

*'내 행복을 추측하지 말아요!'*는 불만스러운 항의가 되고 선입견을 걷어내어 오롯이 누군가와 함께 하는 것을 의미한다. 이것은 치료에서 '여행 동반자'로서 공동 여정의 기본을 구성하는 의뢰(리퍼referral라고도 말한다)의 유형을 말한다(Yalom 2002: 8). 미술치료에서 다음과 같은 요소들과 밀접한 연관이 있다. 안정적인 치료적 공간과 환경을 제공하고 안아주기holding/이미지, 매너리즘, 전이transference와 역전이counter-transference를 통해 내담자의 언어 이해하기/내담자의 매체활용과 탐색을 촉진하기/스스로 자신을 표현하거나 이해하기 위한 새로운 관점과 방법을 제공하기/끝으로, 치료적 관계 이외의 실질적인 삶에 참여하도록 발달과 준비를 돕는 것이다.

불행

일반적으로 누군가와 치료 환경에서 만난다는 것은 삶에서 그가 결핍을 경험했음을 의미한다. *'내 행복을 추측하지 말아요!'*는 우리가 잘못된 방향으로 향하고 있다는 것을 미묘하게 드러낸다. 아담은 우리로 하여금 공교롭게도 자신의 불행을 바로 보도록 하였으며, 좀 더 진중하게 생각 해 주길 바랬다. 자신의 행복을 돌봄인들이 추측한다는 사실로 더욱 당황스러워지고 아무도 자신의 불행을 바로보려 하지 않는다고 믿게 되었다. 더욱이 사람들이 자신을 결코 이해할 수 없을 거라고 느꼈다. 이러한 그의 시나리오에서는 그동안 전혀 말로 표현되지 않거나 관심갖지 못했던 중요한 문제가 놓여있다는 것을 깨달았다. 몇 달 또는 일년 여간 발견되지 않은 채 지하 늪지대에 잠들었던 불덩이와 같이, 거의 알려지지 않았던 사실을 일컫는 것이다. 오로지 표면에서 펼쳐지는 상황만 생각해서 제3자의 행복을 추측하는 것은 전체적인 상황을 놓쳐버리게 되어서 마음 아파할 수도 있다. 스튜어트 제프리Stuart Jeffries는 사회가 행복에 너무 집착하는 것이 '해결책solution이 아닌 문제점problem'이라고 믿는 정신분석학자 아담 필립스Adam Philips와 나눈 인터뷰에서 '행복은 언제나 허상delusion이다'라는 결론을 지었다(가디언 지*Guardian* 2006.7.19일자). 필립스는 '행복, 자발적 유희, 또는 성공이 오늘날 문화적인 수요가 되었다. 당신의 불행은 포기되어야만 한다…'라고 제프리에게 언급했다. 불행을 숨기도록 강요받는 것이다. 아담은 그저 행복을 느끼기 위해서 또한 삶에 의지가 되는 사람들이 계속 함께하길 바라기 때문에 빈번하게 행복한 척을 할 것이라고 언급했다. 그렇게 '장애의 미소'는 메아리가 되어 다시 돌아오게 된다(Sinason 1992).

문화적인 수요와 집착에 관한 필립스의 분석이 일부 사실이라고 한다면, 영향력 있는 도움을 주는 보호자들에게 발달/학습장애를 가진 사람들은 크게 의존적일 수밖에 없는 결과를 초래한다. 사람들의 불행에 대해 치료에서는 표현되고, 다뤄지고, 공유하고, 경청하고 이해한 결과를 허용한다. 하지만 발달/학습장애의 치료적인 여정은 힘찬 목소리가 가진 계곡 지점을 살펴봐야 한다. '내담자client'의 행복을 훌륭히 추구하도록 도우면서, 동시에 내면의 다른 이야기를 듣는 것은 실패할지도 모른다. 아담과 함께했던 치료 여정은 우리를 늪지대의 표면 아래 불덩이가 숨고 타버린 지하세계로 이끌었다. 그 깊게 파인 계곡 줄기를 따라가, 그의 불행을 초래한 보편성을 경청하고 이해하게 되었다. 하지만 보편적인 주제의 치료 여정은 치료로 의뢰되어야 비로소 시작할 수 있다.

늪지대 표면: 치료 의뢰가 이뤄지는 곳

치료 의뢰는 모든 형태와 규모로 진행되며, 일반적으로 다음을 포함한다. 성적/신체적인 학대, 도전적 행동, 사별, 관계적 이슈, 분노조절, 섭식장애, 자해. 이와 같은 항목이 치료

의뢰의 전부가 아니다. 치료 의뢰를 대변하는 것은 그림 1.1에서 원 바깥의 둘레에 해당되는 것들로, 늪지대 표면을 설명하고 있다. 불덩이가 표면 아래에서 타버리게 되면 증상이 개선될 가능성이 있는 반면, 논쟁의 소지가 있다. 일부 국가에서는 늪지대에 불을 지피는 것을 제한한다. 그 이유는 지하에서 타버리고 난 뒤, 몇 미터 떨어진 표면 위에서 다시 나타날 수 있으며, 최초의 불덩이는 한참 후에나 눈에 띄게되어 처리되고 연소될 수 있기 때문이다. 역사적으로 볼 때, 삶의 질과 관련된 정신건강의 치료 의뢰는 상당히 보편적이었다. 현재 진행중이거나 또는 문서화된 사례를 통해서 아직 사라지지 않은 불덩이에 대해 강한 우려를 나타내는 비슷비슷한 치료 의뢰들을, 우리는 매우 빈번하게 마주하게 된다. 대부분의 치료의뢰는 결코 당사자 스스로가 아닌, 전문가나 보호자들에 의해 이뤄지기 때문에 이렇게 묻혀버린 사례들은 그다지 놀라운 것이 아니다. 다시 말해서 그 표면적인 상황을 '추측' 하며 다른 사람의 시각으로 바라보는 것을 의미한다. 이 책에서는 표면을 폭넓게 바라볼 수 있는 시각확장을 위해 '보편적 주제common themes'라고 일컫는 늪지대 아래 깔려 있는 불덩이들의 지형도를 그려보고자 한다. 그리고 제2장에서부터 10장까지는 임상 연구사례를 통하여 살펴보고자 한다.

늪지대 아래 보편적 주제

치료 경력이 길던 짧던 간에 우리는, 미술치료사로서 내담자의 보편적 주제를 파악하고, 그것이 지면아래에서 타고 있다는 것을 결국 알아보게 된다. 쿠자크Kuczaq(1998)는 참관하였던 미술치료의 두 가지 주제에 대해 언급하고 있다. 두 가지 모두 상실과 관련이 있으며, 그 중 하나는 특별히 발달/학습장애의 차이점과 연관이 있다(1998: 156-161). 그가 말한 상실과 발달/학습장애는 모두 우리가 분류한 보편적인 주제에 해당된다. 이 보편적인 주제를 강조하다 보면 모든 전문가, 치료사, 보호자와 서비스 제공자들이 지표면 아래에서 불타고 있는 지점을 알아차릴 수 있을 것이라 믿는다. 그러므로 자신이 함께하는 대상자를 위해 더 나은 '추측'을 갖기를 희망한다. 미술치료사와 학생들이 그와 같은 새로운 지형으로 보다 효과적이고 효율적인 치료환경을 형성하기를 고대한다.

이 책에서 다루고 있는 각각의 주제들은 서로 연결되며 관계한다. 그리고 서로 다른 인식의 수준에서 주제를 깨닫게 될 수 있다. 예를 들면, 좀 더 잠재의식적 주제로서 두려움은 행동을 통해 나타날 수 있는 반면, 좀 더 의식적인 주제로서 불평등은 기회가 주어질 때에 분명히 불만을 표현할 수 있게 된다. 아마도 이 부분이 발달/학습장애의 '중증severe'에서 '경증mild'까지를 분류하는 기능과 발달 수준의 명확한 차이를 반영하고 있는 것이다.

마지막으로, 각 장에서 발달/학습장애를 가진 사람들이 경험할 수 있는 가능성들을 순차적으로 구성하였다. 상당히 기초적이며 주관적으로 보일 수도 있겠지만, 그럼에도 불구하고 각각의 장들 사이의 관계성과 흐름이 생겨나기를 바란다.

제2장: 발달/학습장애를 갖는 것

이 장은 발달/학습장애를 갖는 사람들의 인식awareness에서 시작한다. 발달/학습장애는 초기 아동기에 발병하며, 특수학교에 진학하는 것처럼 여러 민감한 사건에 의해 방해받게 되는 사실에 의심의 여지가 없다. 어느 운명적인 날, 정규 학교생활에서 배제된 사실을 기억하는 사람들은 일부 특수한 경우이다. 데이비드David와 젠킨스Jenkins(1997)의 성인기로의 과도기 관찰연구에 따르면 다른 또래 친구나 형제자매의 청소년기 말에는 자연적으로 자신만의 날개를 펼치고, 운전을 하거나 대학을 다니거나 구직활동에 점차 익숙해진다고 하였다. 이와 같은 개개인의 차이는 점차 분명하고 뚜렷해진다. 물론 일부 사람들은 이런 상황을 다루고 수용할 수도 있지만, 또 다른 사람들에게는 그러한 차이가 불행과 고통을 가져오는 원인이 되기도 한다.

이번 장에서 제인 캐번Jane Caven은 **오페라의 유령**과 **킹콩**의 이미지로 위와 같은 고통의 차이를 상징화한 패트릭Patrick의 치료적 과정을 다루고 있다. 직접적으로 언제 그리고 어떻게 발달/학습장애에 대해서 말해야 하는가에 대해 연구하였다. 쿠자크(1998: 154)에 따르면, 차이는 '평범한normal' 인생의 상실 경험 때문이며, 다음 두 장에서 상실에 관한 주제를 다룬다.

제3, 4장: 상실감

상실이란 주제를 들었을 때, 매우 짧은 기간의 치료였음에도 강렬했던 첫인상의 헬렌Helen(가명)이 즉흥적으로 떠올랐다. 커다란 크기의 A2 종이에 그녀 자신을 포함하여 14개로 분리된 '가족' 그룹을 그렸다. 그러한 상실과 분리 속에 친부모, 입양가정 부모, 수양부모, 형제, 거주시설의 교사, 사회복지사를 배치하고 있다.

우리는 이 주제의 방대함으로 이 책에서 2장이나 할애하여 다루고자 하였다. 킴디Kim Dee는 이 주제의 첫 서문을 여는 방법으로 이론과 상실에 관한 문헌연구를 소개하였다. 킴은 임상사례로 아버지의 애도와 죽음을 대하면서 폴Paul이 섬세하게 경험한 여정을 소개하고 있다. 또한 킴은 전형적인 발전을 도모하는 미술치료의 역할에서 벗어나, 한 걸음 더 나아가 혁신적인 실천 가능성을 보여주고 있다.

제4장에서는 스테파니 불과 엠마 셀크로스가 가족에게 신체적 학대를 당하여 '보호 가정'에 살았던 레일라Leila의 사례를 고찰한다. 한 개의 이미지에 관한 토론을 글로 풀어서 다루었고, 독자들에게 슈퍼비전 과정 상의 분위기를 전달한다.

제5장: 애착과 분리

헬렌의 사례에서 보듯이 발달/학습장애를 가진 사람들이 겪는 상실의 특징 중 하나는 다중적인 분리이다. 쿠자크(1998: 165)는 '"안녕Goodbye"이라고 말하기'라는 책에서, 치료에서 내담자가 '다른 사람을 믿는 것이 매우 어렵다' 고 언급하였다. 이처럼 분리가 진행될 때, 대다수의 사람들이 알아차리고 대비하기란 거의 어려운 것으로 판단한다. 부분적으로 실패를 예견하고 위험을 대비하여 완충 응급용 매트를 깔아놓는 지대가 되는 것을 의미한다. 좋지못한 분리 경험은 새로운 인간관계를 형성하는 데에 지대한 영향을 미칠 것이 분명하다. 헬렌은 치료시간 마다 미쉐린 맨Michelin Man(프랑스 타이어회사 광고 캐릭터) 같이 매우 두툼한 점퍼를 입고 참석했다. 그것으로 인해 그녀는 마치 내가 자신을 안아주도록 바라는 듯 느껴졌으며, 앞으로의 상실과 분리로부터 자신을 지키기 위한 보호막을 형성하는 것으로 여겨졌다. 헬렌의 상실 경험은 친부모와 최초 분리에서부터 시작되었다. 그동안 잘 알려지지는 않았지만, '장애' 진단을 받은 자녀가 부모님에게 미치는 영향과 어려움에 관한 통찰력 있는 연구는 꾸준히 있어왔다(Marvin & Pianta 1996; Oppenheim *et al.* 2007). 제5장에서, 산드라 스토리는 애착과 분리의 질적인 경험이 매우 중요한 모녀관계의 역동dynamics을 탐색한다. 그리고 조지George가 주변 환경 및 가정의 변화를 통해 받은 영향과 그가 겪었던 분리에 관해 좀 더 깊게 다루고 있다.

제6장: 유아화

스탁Stack(1998: 102)은 빅넬Bicknell(1983)의 말을 인용하여 자신이 더 이상 4살짜리 소년이 아니라는 사실에 힘겨워했던, 44세의 중년 남성의 유아화infantalisation를 직면한 여정을 다루었다. 치료사에게 이와 같은 현상은 매우 강력한 것이다. 빅넬은 부모가 '장애 아동handicapped child'을 인정하면 유아화 과정이 일찍 진행되지만, '장애 성인 handicapped adult'으로 인정하는 것에 저항이 발생되면 뒤늦게 그 과정을 다루게 된다며 역설한다(1983: 171). 저마다 아동은 어떤 수준에 머무르고 싶어하며, 성인기 동안 그 수준을 유지하도록 인정받으려는 시도를 할 수 있다고 보았다. 이 점은 스탁이 다루었던 경험과 맞닿아 있다.

시나손(Sinason 1992)은 심리적 외상과 학대의 결과로 '어리석은' 아동이 될 가능성을 주장하고 있다. 나의 경험에서 비춰볼 때, 더 심한 학대와 시련으로부터, 그리고 고통스러운 기억을 차단하면서 자신을 지키기 위한 방편으로 어리석어지는 것이다.

제6장에서, 산드라 구디는 유아화에 대해 캐서린Catherine의 임상 사례 연구를 들어 설명하고 있다. 이 장에서 가족 밖의 삶은 불안하고 보호받기 어렵다는 어머니가 가진 생각이 고스란히 드러난다. 우리 모두는 그것이 현실이라고 생각하겠지만, 발달/학습장애를 가진 사람들은 좀 더 보호받기를 원한다.

불평등

스테파니와 함께 이 책의 초고를 맨 처음 집필진에게 부탁할 때, 불행하게도 불평등이란 주제를 다뤄줄 사람이 없었다. 그 중에 관심을 표명한 분들도 다른 연구에 매진하고 있어서 시간을 내기 어려웠을 것이다. 따라서 다른 주제들처럼 따로 장으로 분류하지 않고, 도입부에 포함시켜 간략하게 이 주제를 다루고자 한다.

다양한 지역사회의 권익단체에 의뢰되는 환자가 증가하고 있어서, 성인들의 권익보호는 오늘날 사회복지서비스의 중요한 관심사로 떠올랐다. 무엇보다도 보호 및 교육을 담당하는 시설환경에서 학대와 따돌림으로부터 자유로운 보호장치가 선행되어야 한다. 다른 일각에선, 많은 지역사회의 잔인한 살인마들이 저지른 범죄로 인하여 형사정책법Criminal Justice Act(2003) 146조, '혐오 범죄hate crime' 법이 제정되기에 이르렀다.

노 시크릿No secrets(Department of Health 2000)을 통해 학대를 바로 알고, 인식 개선을 위한 보건의료진들의 교육 및 가이드라인과 표준화 방법은 점차 증가하고 있다고 밝혔다. 그러나, 발달/학습장애 영역의 관련 법안의 통계적 수치와 발전은 그만큼 그들이 학대 위험에 노출되어 있음을 증명한다. 발달/학습장애를 가진 사람들이 빈번하게 겪는 학대관련 연구는 점차 주목받고 있지만(Beail and Warden 1995), 그에 따른 확실한 수치가 없는 실정이다. 윌리엄스Williams(1995: 101-102)가 그의 저서 ≪Invisible Victims

(보이지 않는 희생자)≫에서 돌봄 환경 속에서 발달/학습장애를 가진 사람들이 눈에 띄지 않으려는 경향을 포함하여, 그들이 범죄적인 학대를 인식하고 고발하는 데에 한계가 있다는 점을 고려해야 한다고 주장한다. 범죄에 대한 혐의와 고발의 건수가 유죄판결의 수치와 동등하지 않다. 따라서 나와 함께한 많은 발달/학습장애를 가진 사람들은 그들이 겪었던 불평등에 화를 낼 뿐만 아니라, 학대에 두려움을 표하고 있다.

시설에서 일어난 학대 사건은 어두운 면으로 치부되고 어쩌면 과거로 잊혀질지도 모른다. 그러나, 이를 방지하기 위해 콘월Cornwall(Department of Health 2006) 및 써톤Sutton과 머혼Merton(Department of Health 2007)은 오늘날 투쟁을 하고, 더 나은 전략과 가이드라인의 제공이 긴급사항임을 상기시켜주고 있다. 발달/학습장애를 가진 아동은 따돌림과 같은 상황에 노출된 고위험 희생군(Mishna 2003)이며, 자선단체 멘캡은 사회에 속하여 삶을 살아가는 발달/학습장애를 가진 성인에 관해, 두려움을 안고 살아가기Living in Fear(2007)란 캠페인을 활용하여 지속적으로 '혐오 범죄'을 알리고 있다.

발달/학습장애를 가지고 있는 가해자라고 한다면, 불리한 처우로 인해 더욱 사법절차에서 심각하게 불평등을 겪을 수 있다. 그들은 '자신의 권리를 포기'하기 쉽고, 권위자에 의해 거짓자백을 강요받을 수 있으며, 보석 기준에 부합하지 않을 수 있고, 그래서 대부분은 유죄 선고를 받게 된다(Griffiths & Fedoroff 2009: 355). 영국 정부차원에서 형사사법제도를 검토한 브래들리 보고서The Bradley Report(Department of Health 2009)는 발달/학습장애를 가진 사람들의 취약성을 인식해야 한다고 강조하고 그들이 경찰에 의해 구금되기 쉬운 경향은 거의 9%에 달하는 매우 높은 추정치로 밝혀졌다(2009: 48-49). 또한, 공공장소에서의 자위나 부적절한 스킨십, 혹은 대중적 노출처럼 특별히 경미한 범죄 수준의 유죄판결을 받는 발달/학습장애를 가진 사람들에 대한 성적 불쾌감을 너무 과도하게 보도되고 있다고 전했다(Griffiths 2003: 677-690). 발달/학습장애와 같은 사례가 형사사법제도권 내에서 자주 발생되기 때문에, 영국 국가보건의료서비스를 포함한 복지 서비스 제공기관에서는 점차 법의학 서비스Forensic Services를 마련해 나가고 있으며, 이러한 영역에서 미술치료사가 속하여 일하고 있다. 발달/학습장애를 가진 피해자와 가해자 모두에게 법의학 서비스 영역 안팎의 경험은 실로 불평등에 처하고 있으며, 현재도 진행중인 이슈이다.

제7장: 두려움

멘캡의 캠페인, '두려움을 안고 살아가기Living in Fear'(Mencap 2007)에서 당했을지도 모르는 불평등과 학대의 위험성을 부각시켰다. 그러나 더 밝혀지지 않은 수준의 또 다른 두려움이 존재할 수도 있다. 이 장에서 엘리자베스 애쉬비는 세 가지 사례연구를 들어 두려움이란 주제를 다루고자 한다. 치료사를 포함한 모두에게 두려움이 어떻게 엄습해오고, 무력화시키며, 확산되는지에 대하여 설명하고자 한다.

제8장: 무력감

이 장에서는 뇌성마비cerebral palsy 또는 뇌전증epilepsy의 신체적 제약이 있는 사람들이 겪기 쉬운 상호작용의 어려움과 무력감에 대해 다루고 있다. 쿠엔틴 브루클랜드는 난치성 뇌전증refractory epilepsy을 가진 토마스Thomas가 생활 속에서 겪었던 무력감과 수치심은 무엇인지, 그리고 그의 자기정체성self-identity에 어떠한 영향을 끼쳤는지 살펴본다.

제9장: 자아와 정체성

이전에서 다루고 있는 주제들은 눈물과 땀에 의한 노력으로 약화되었다고 한다면, 마지막 장의 임상 연구는 가득한 희망을 담는 노력을 통해 만회시키고자 한다. 스테파니 불은 이번 장에서 데이비드 비David B가 충실히 자신의 글로 표현하고 있는 흥미로운 임상연구로 결론을 맺는다. 쟁점적인 이슈와 보편적 주제들을 통과하여 치료적 향상을 보이면, 일반적으로 진실된 자아와 정체성의 탐색을 촉진한다. 빅넬(Bicknell 1983)은 발달/학습장애를 가진 사람들의 다섯가지 중요한 인생사건 중 하나로 성생활의 '시작점dawning'에 대해 논하고 있다. 이러한 대상자들에게 성 경험은 매우 제한적이다. 데이비드 비가 치료에서 자신이 가진 다운증후군에 맞서고, 성적 인식의 발달을 갖는 과정, 그리고 그가 어떻게 자신의 역할과 소속감을 갖게 되었는지를 임상연구에서 밝히고 있다.

참고문헌

Beail, N. and Warden, S.(1995) 'Sexual Abuse of Adults with Learning Disabilities', *journal of intellectual Disability* Research 39,5: 382-387.

Beart, S., Hardy, G. and Buchan, L.(2005) 'How People with Intellectual Disabilities View Their Social Identity', *Journal of Applied Research in Intellectual Disabilities* 18: 47-56.

Bicknell, J.(1983) 'The Psychopathology of Handicap', *British Journal of Medical Psychology* 56:167-178.

Davies, C. and Jenkins, R.(1997) 'She Has Different Fits to Me: How People with Learning Difficulties See Themselves', *Disability and Society* 12: 95-109.

Department of Health(2000) No Secrets. London: HMSO.

Department of Health(2001) Valuing People. London: HMSO.

Department of Health(2006) The Cornwall Report. London: HMSO.

Department of Health(2007) The Sutton and Merton Report. London: HMSO.

Department of Health(2009) The Bradley Report. London: HMSO.

Ehrenreich, B.(2009) *Smile or Die: How Positive Thinking Fooled America and the* World, London: Granta Books.

Emerson, E. and Hatton, C.(2007) 'Contribution of Socioeconomic Position to Health Inequalities of British Children and Adolescents with Intellectual Disabilities', *American Journal on Mental Retardation* 112, 2: 140-150.

Emerson, E. and McVilly, K.(2004) 'Friendship Activities of Adults with Intellectual Disabilities in Supported Accommodation in Northern England', *Journal of Applied Research in Intellectual Disabilities* 17, 3: 191-197.

Gilbert, D.(2007) *Stumbling on Happiness,* New York: Vintage Books, a division of Random House, Inc.

Griffiths, D.(2003) 'Sexuality and People with Developmental Disabilities: From Myth to Emerging Practices', in I. Brown and M. Percy(eds) *Developmental Disabilities in Ontario,* 2nd edn, Toronto, ON: Ontario Association on Developmental Disabilities.

Griffiths, D. and Fedoroff, J.(2009) 'Persons with Intellectual Disabilities Who Sexually Offend', in S. M. Saleh, A. J. Grudzinskas, J. M. Bradford and D. J. Brodsky(eds) *Sex Offenders: Identification, Risk Assessment, Treatment, and Legal Issues,* New York: Oxford University Press.

Haidt, J.(2006) *The Happiness Hypothesis,* New York: Basic Books.

Harris, J.(2006) *Intellectual Disability: Understanding Its Causes, Clarification, Evaluation and Treatment,* Oxford: Oxford University Press.

Kay, B.(2003) 'Changing philosophy in Learning Disability', in A. Markwick and A. Parish(eds) *Learning Disabilities: Themes and Perspectives,* Edinburgh: Butterworth Heinemann.

Kuczaq, E.(1998) 'Learning to Say "Goodbye"', in M. Rees(ed.) *Drawing on Difference,* London: Routledge.

Layard, R.(2005) *Happiness: Lessons from a New Science,* London: Penguin Books.

Marvin, R. and Pianta, R.(1996) 'Mothers' Reactions to their Child's Diagnosis: Relations With Security of Attachment', *Journal of Clinical Child Psychology* 25: 436-445.

McMahon, D.(2007) The Pursuit of Happiness, London: Penguin Books.

Mencap(2007) Living in Fear.

Ministry of Justice(2003) Criminal Justice Act: HMSO.

Mishna, F.(2003) 'Learning Disabilities and Bullying: Double Jeopardy', *Journal of Learning Disabilities* 36, 4: 336-347.

Oppenheim, D., Doley, S., Koren-Karie, N., Sher-Censor, E., Yirmiya, N. and Salomon, S.(2007) 'Parental Resolution of the Child's Diagnosis and the Parent-child Relationship', in D. Oppenheim and D. Goldsmith(eds) *Attachment Theory in Clinical Work with children,* New York: Guilford Press.

Raghaven, R. and Patel, P.(2005) *Learning Disabilities and Mental Health,* Oxford: Blackwell Publishing.

Rees, M.(1998) *Drawing on Difference,* London: Routledge.

Robertson, J., Emerson, E., Gregory, N., Hatton, C., Kessissoglou, S., Hallam, A., and Lineham, C.(2001) 'Social Networks of People with Mental Retardation in Residential Settings', *Mental Retardation* 39, 3: 201-214.

Schoch, R.(2007) *The Secrets of Happiness,* London: Profile Books.

Sheppard, N.(2003) 'Relationship Issues: People with Learning Disabilities as Parents', in S. Hodges(ed.) *Counselling Adult with Learning Disabilities,* Basingstoke: Palgrave Macmillan.

Sinason, V.(1992) *Mental Handicap and the Human Condition,* London: Free Association Books.

Stack, M.(1998) 'Humpty Dumpty's Shell', in M. Rees(ed.) *Drawing on Difference,* London: Routledge.

Stancliffe, R.(2007) 'Loneliness and Living Arrangements', *Intellectual and Developmental Disabilities* 45, 6: 380-390.

Williams, C.(1995) *Invisible Victims: Crime and Abuse Against People with Learning Disabilities,* London: Jessica Kingsley.

Yalom, I.(2002) *The Gift of Therapy,* London: Piatkus Books.

제1장

발달/학습장애 복지를 위한 개별적유연화와 새 지평

스테파니 불 *Stephine Bull*

들어가며

1992년 미술치료 교육과정을 마치고 치료 환경으로 자리잡게 되면서, 발달/학습장애를 가진 내담자와 함께하였다. 개별 상담으로 내담자와 만나며 차츰 그들을 이해하게 되었고, 발달/학습장애에 대한 선입견은 점차 사라지게 되었다. 또한, 장기체류 보호시설의 폐쇄결정을 듣게 되었고 각 지역사회에서 보호받도록 하는 대안을 마련한 주요한 정부시책의 변화를 접하게 되었다(House of Commons 1990). 그 후, 발달/학습장애를 가진 사람들을 위한 영국의 복지서비스 제공에 비약적인 발전이 있었다. 그것은 바로 과거에 팽배했던 서비스 주도형 접근법에서 벗어나, 개인 맞춤형의 개별적유연화 보장을 위한 변화였다. 특히 주거, 고용, 사회적 기회의 영역에 걸쳐 발달/학습장애를 가진 사람들의 인생에 지대한 영향을 미쳤다. 이번 장에서는 이 책의 임상사례들에 담긴 정치적이고 사회적인 변화의 분위기에 집중하고자 한다.

정부 백서에서 언급한, 사람을 가치 있게Valuing People(Department of Health 2001)라는 중요성을 기점으로 하여, 이와 뜻을 같이하는 여러 문헌들 중 일부를 발췌하여 소개하고자 한다. 문헌은 다음과 같은 주제에 주목하여 선별하였다.

- 보건과 안녕
- 존엄과 안전
- 선택과 통제
- 포섭과 공헌
- 삶의 질[1]

이것은 특히 중요한 영역을 부분적으로 다루었다는 것이 파악되었고, 방대한 문헌자료가 매우 압도적으로 느껴졌기 때문에 이와 같은 분류를 통해 중요 영역을 보다 체계적으로 다루고자 하였다. 또한, 각 주제의 마무리에 참고문헌을 적어 두어 특히 수련생에게 도움이 되고자 하였다.

이 장의 마지막에서는 '**개별적유연화***personalisation*' 가 의미하는 바는 무엇인지, 이와 같은 접근방법이 이후 제공될 서비스로 어떻게 자리매김 해 나갈 수 있는지 살펴본다.

사람을 가치 있게

1998년 ≪Drawing on Difference(다르게 그리기)≫란 책이 출간되었으며(Rees 1998), 같은 해에 인권법Human Rights Act이 통과되었다. 법률은 인종, 성별, 성적취향, 장애의 구별없이 모든 시민이 갖는 존엄, 보호, 평등, 자유를 보호하기 위해 총 16가지 조항으로 구성된다(Department of Health 1998). 이후 정신장애를 위한 더 나은 서비스Better Services for the Mentally Handicapped(Department of Health and Social Security 1971)를 공표하였으며, 발달/학습장애 영역에서 가장 핵심적인, 사람을 가치 있게Valuing People(Department of Health 2001)라 일컫는, 정부백서를 발표하였다.

'21세기 발달/학습장애를 위한 새로운 전략'으로 사람을 가치 있게를 홍보하고 있다. 발달/학습장애를 가진 사람들이 충실히 그들의 인생을 살 수 있고, 시민권을 존중받을 수 있으며, 지역사회를 사는 어느 누구든 동등한 기회를 갖는 의미있는 변화에 목표를 두었다.

확정된 4가지 실행 원칙은 다음과 같다.

- 발달/학습장애를 가진 사람들이 법적권한과 시민권리를 인식해야 한다.
- 독립적인 삶은 장려되고, 지지받아야 한다.
- 발달/학습장애를 가진 사람들의 삶의 전면에 현실적인 결정을 갖도록 지원받아야 한다.
- 발달/학습장애를 가진 사람들은 사회의 주류에 포함되어야 한다.

발달/학습장애를 가진 사람들의 목소리를 지속적으로 경청하겠다는 정부의 맹세와 아울러, 이를 성취하기 위하여 발달/학습장애인포럼Forum for People with Learning Disabilities과 국제발달/학습장애대책위원회the National Learning Disability Task Force와 같은, '서비스 사용자 단체'를 설립하였다. 돌봄 계획의 핵심은 인간중심적 접근법으로, 그 계획을 실행하기 위해 사회복지서비스와 보건의료서비스 간의 협업은 필수적이었다. 잉글랜드와 웨일스 지방에 발달/학습장애협력협의회Learning Disability Partnership Boards(LDPB)가 설립되었다. 기관은 각 지역의회를 이끌고, 인간중심적 접근의 활성화를 목표로 하며, 더불어 발달/학습장애를 가진 사람들을 대변하는 모든 중요한 사안들을 아우르고 있다. 이러한 방식을 통해서 모든 서비스 단체들은 발달/학습장애를 가진 사람을 위한 책임을 다하게 되었다.

7년 후, 인권특별위원회The Joint Committee on Human Rights에서는 보통사람과 같은 삶A Life Like Any Other(House of Commons 2008)을 발간하였다. 이 보고서는 발달/학습장애를 가진 잉글랜드 지역의 성인들의 인권존중으로 확장되어 수행했던 연구를 바탕으로 작성되었다.

중요한 연구결과는 다음과 같았다.

- '사람을 가치 있게'는 유용한 정책적인 틀을 제공하고 있지만, 발달/학습장애를 가진 성인들의 인권은 여전히 지켜지지 않는 실정이었다.
- 공공기관은 '사람을 가치 있게'를 실현하기 위하여 온전한 노력을 기울이지 않고 있었으며, 제한된 자원 때문에 그러한 시도가 저평가되고 있었다.

다음과 같이 제언하였다.

> 위원회는 공공기관의 인권 존중을 장려하기 위해 긍정적 책무의 도입을 권고한다. 인권문화 형성을 위한 긍정적이고 예방적인 접근법을 취하는 것은 부정적인 태도를 벗어나도록 할 것이며 과거 발달/학습장애를 가진 성인을 '비인간적dehumanised'으로 여겼던 고정관념으로부터 탈피하도록 권고한다.
>
> 인권특별위원회(Joint Commission on Human Rights 2008)

당시에 정부는 '사람을 가치 있게' 보고서를 검토하고 있었고, 2009년 위에서 언급한 상황을 설명하고 개정된 3개년 계획을 개시하고자 '2009 Valuing People Now(오늘날 사람을 가치 있게)'를 공표하였다(Department of Health 2009b).

주요문헌

Human Right Act(1998)

Valuing People(2001)

A Life like Any Other(2008)

Valuing People Now(2009)

보건과 안녕

세계보건기구World Health Organisation(WHO)에서는 보건Health을 '단지 질병이나 질환이 없는 수준만이 아니라, 신체적, 정신적, 사회적으로 완전한 안녕의 상태'로 정의한다. 1946년에 이 정의를 발표하였는데, 당시 대중의 인식으로 볼 때, 정신적이고 사회적 안녕을 포함하고 있다는 것은 매우 진보적인 개념이었다. 오늘날에는 정의를 수정해야 한다는 주장과 영적측면spiritual dimension을 포함해야 한다는 주장을 펼치고 있다(Larson 1996).

보건과 복지는 결코 정적인 개념이 아니라, 역사적으로 이 두 개념은 하나의 문화에서 다른 하나로 서로 다양하게 펼쳐져 왔다. 예를 들면, 서양문화에서 오랫동안 데카르트의 인간 신체에 관한 관점이 무의식적으로 이어져오다, 1970년대에 중요한 패러다임의 전환이 있었다. 그것은 보건과 복지의 개념에 보다 전인적인 사고방식이 확산되었으며, 정신과 신체와 영혼이 서로 온전하게 관계 맺는 것을 고려하게 되었다(Capra 1983).

정부는 사람을 가치 있게 보고서에서 불이익과 차별을 비롯하여 여러가지 사유로 발달/학습장애를 가진 사람들이 질 좋은 건강상태를 유지하는데 많은 어려움을 겪는다는 것을 인정하였다. 따라서, 2004년 6월까지 모든 발달/학습장애를 가진 사람들이 지역보건의GP(general practitioner)에 등록되도록 하고, 2005년 6월까지 개개인의 보건실행계획Health Action Plan을 갖도록 추진하였다.

보건실행계획은 발달/학습장애를 가진 당사자와 보건 의료진/조력자가 함께 설계하는 개별적인 계획이다(Department of Health 2002). 개인의 주호소가 반영된 보건의료의 향상과 유지를 위한 필요한 수행이 이 계획의 주된 목적이다. 또한, 보건실행계획으로 당사자와 보호인이 질 좋은 보건서비스를 받고 유지관리 방법을 교육받거나 정보제공의 기회를 가질 수 있을 것으로 기대한다.

멘캡Mencap의 바르게 대해주세요Treat Me Right(2004)라는 보고서에 따르면 일반 사람들에 비해 발달/학습장애를 가진 사람들은 좋지 않은 건강 상태와 짧은 생애주기 경향을 갖는다고 주장한다. 발달/학습장애를 가진 사람들이 질적으로 낮은 수준의 보건서비스를 받고 있다는 사실을 매우 중요하게 강조하고 있다. 멘캡은 보고서에서 보건서비스를 받은 사람들의 현실적인 경험을 다루고 변화가 필요하다 판단되는 영역에 대해 서술하였다.

주요 추천사항은 아래와 같다.

- 건강관리 직원은 발달/학습장애에 대하여 교육받아야 한다.
- 보건 서비스는 학습장애를 지닌 사람들의 욕구에 부응해야 한다.
- 발달/학습장애를 지닌 사람들에게 여유 있는 진료시간이 제공되어야 한다.
- 건강정보는 접근하기 쉬워야 한다.
- 발달/학습장애를 갖고 있다면 인적사항 정보를 제시해야 한다.
- 발달/학습장애를 가진 사람의 건강문제 향상을 위해 진료의는 보다 최선의 노력과 주의를 기울여야 한다.
- 매년 건강검진은 제공되어야 한다.
- 기타 건강검진 기준을 제공해야 한다(예, 암 검진).
- 발달/학습장애를 지닌 사람들의 평균수명이 짧은 이유를 조사하고 밝혀야 한다.

멘캡(Mencap 2004)

멘캡은 무관심에 의한 죽음Death by Indifference(Mencap 2007)이란 또 다른 보고서를 통해 여섯 명의 발달/학습장애를 가진 사람들의(Emma Kemp(26), Mark Cannon(30), Martin Ryan(43), Edward Hughes(61), Tom Wakefield(20), Warren Cox(30)) 이야기를 기술하고 있다. 그들 모두가 이른 나이에 세상을 떠난 것은 국가보건의료서비스의 질 낮은 복지의 결과로 보고, 그 혐의를 주장하고 있다. 멘캡은 적절한 의료와 치료 서비스가 있었더라면 그들의 죽음은 면할 수 있었을 것이라고 주장하고, 우리의 복지체계 속에서 발달/학습장애를 가진 사람들이 위협받는 방식에 '심각한 우려'를 보이고 있다. '폭넓은 문헌을 통해서 보건이 불평등 하다는 것이 증명되고, 그 해결책은 분명하게 제시되었는데… 아무것도 이뤄진 것이 없다'라고 명시하고 있다.

이 보고서는 국가보건의료서비스의 실행촉구를 위해 '경종을 울리는' 역할을 하였으며, '정부는 새로운 장애 평등법 아래에 놓인 법적인 어려움을 직시해야 한다'고 권고하였다.

그 주요사항은 아래와 같다.

- 발달/학습장애를 가진 사람들은 우선 순위에서 멀어지게 되었다.
- 대부분의 복지 전문가들은 발달/학습장애에 대해 이해하지 못했다.
- 대부분의 복지 전문가들은 대상자와 친숙한 가족이나 보호자에게 연락을 취하지 않았다.
- 대부분의 복지 전문가들은 능력법과 치료의 합의에 대해 이해하지 못했다.
- 보건 전문가들은 치료계획을 위해 부적절한 자신의 방식으로 대상자의 삶의 질을 추측했다.
- 국가보건의료서비스의 항의 절차는 대부분 비효율적이었으며, 소요시간이 길고, 접근하기에 쉽지 않았다.

멘캡은 정부에게 독립된 수사의 실행을 요구하였고 여섯 명의 사례를 분리하지 않고, 통합적으로 수사하였다. 또한 멘캡은 복지체계에 대한 항의와 관련한 수사과정의 개선을 요구하고 있다(2007).

무관심에 의한 죽음의 대응책으로, 정부 고충처리위원회의 보고서로 일컫는, 여섯 명의 인생: 발달/학습장애를 가진 사람들을 위한 서비스 제공Six Lives: The Provision of Services to People with Learning Disabilities이 2009년 2월 국회에서 발표되었다. 발달/학습장애를 위한 보건과 사회복지에 관하여 검토의 필요성을 시급히 요청하였다. 보고서는 몇 차례의 커다란 실패가 있었음을 밝혔다. 한 사례는 공공 서비스의 실패가 직접적인 요인으로 증명되었고, 다른 사례는 더 나은 돌봄의 기준이 마련되었더라면 안타까운 죽음을 면할 수도 있었다는 것이 밝혀졌다. 더군다나, 그들이 오랫동안 고통받아 왔었다는 사실이 드러났고, 존엄성이 매우 크게 평가절하되었다는 것이 증명되었다. 사랑하는 이를 잃은 가족들이 제기한 불만에 불충분하게 대응했던 방식을 강조하며 언급했다.

정신건강 서비스의 필요성

신체건강의 목표치에 부응하기 위해서는 사람을 가치 있게Valuing People는 발달/학습장애를 가진 사람들의 정신보건 요구에 맞춰가는 것이 중요하다고 강조하였다. 발달/학습장애를 가진 사람들은 일반 사람들에 비해 정신보건 향상에 어려움을 갖는 고위험군이다(Hardy and Bouras 2002). 2004년에는 사람을 가치 있게 옹호팀Valuing People Support Team과 영국의 국가정신보건협회The National Institute for Mental Health는 함께 정신보건을 위한 그린라이트Green Light for Mental Health라는 조직을 구성하였다(Department of Health 2004). 이 조직은 발달/학습장애를 가진 사람들의 정신건강에 대한 요구에 잘 부응하고 있는지 평가방향을 제공한다. 서비스 향상을 위한 툴킷toolkit으로 실행될 수 있도록 고안되었다. 서비스에 대한 정부의 기대와 발달/학습장애가 있거나 정신건강 상의 어려움을 가진 대상자 및 보호인의 입장에서 질적인 서비스 요구를 목표로 하였다. 그리고 서비스 목표를 달성하였는지 검토하는 데에 그 목적을 두었다.

주요문헌

Treat me Right(2004)

Death by Indifference(2007)

Six Lives: The Provision of Services to People with Learning Disabilities(2009)

Green Light for Mental Health(2004)

존엄과 안전

사람을 가치 있게가 발간되기 바로 직전에 2000년 3월 보건부의 비밀 없음: 취약한 성인을 보호하기 위한 다자기관 개발과 실행 지침서No Secrets: Guidance on Developing and Implementing Multi-agency Policies to Protect Vulnerable Adults from Abuse가 발표되었다(Department of Health 2000). 인권법의 이상적인 부분과 현실과의 괴리를 보여주는 발달/학습장애를 가진 몇몇 성인들의 삶에서 발생한 심각한 사건의 결과, 위와 같은 지침이 제정되었다. 지침서는 모든 취약한 성인들과 연관 있는 기관(예로, 경찰서, 보건 복지기관, 사회복지 그리고 자원봉사 기관)의 발전을 꾀하며, 더욱 실행 가능한 정책과 방향성을 갖도록 하고 있다. 그래서 효과적으로 다자기관의 협력적 대응을 위해 모든 기관에서 고려 해야 할 사항이나 학대의 잠재적 가능성을 파악하는 것을 목표로 하였다. 발생 가능한 학대를 예방하는 것이 가장 중요하지만, 사건이 발생된 이후에는 위와 같은 기관들이 '강경한 공식절차robust procedures'를 갖고 필요에 대처할 수 있는 행동을 갖추고 있다는 것을 증명해야 한다.

지침서는 아래와 같이 정의하고 있다.

> **취약한 성인Vulnerable adult** - *정신 혹은 기타 장애, 나이 혹은 질병의 사유로 지역사회의 돌봄 서비스를 받고 있거나, 필요한 자. 그리고 자기 돌봄이 불가능하거나, 또는 심각한 위협이나 착취로부터 자기 보호가 불가한 자.*
>
> **학대Abuse** - *개인의 인권과 시민권에 가해지는 타인으로부터의 폭력. 학대는 단발적이거나 지속적인 행위에 의해 발생할 수 있고 또한 신체적, 언어적, 정신적으로 가해질 수 있다. 이는 무관심으로 방치하거나, 조치를 취하지 않은 행위에 의해서 발생할 수도 있다. 취약한 사람에게 경제적인 압력을 가하거나, 상호합의가 없이 또는 합의할 수 없는 불가능한 상태인 대상자에게 성적거래 압력을 가할 때 발생할 수도*

있다. 학대는 모든 관계에서 발생할 수 있으며, 학대로 인한 결과로 희생자에게 심각한 위해나 착취를 유발할 수 있다.

자문보고서 '결정권자'에서 인용함, 보건부
(Department of Health 2000, drawing on
Consultation Paper 'Who Decides' 1997)

이러한 사례에 개입하는 시기와 방안의 지침을 설정하였다. 그리고 모든 학대 사건의 심각성을 평가하는 방법을 다루었다. 오늘날 다음과 같은 정황에 따라서 평가방법을 제안한다.

- 피해자의 취약성
- 학대의 특성과 수준
- 학대 발생기간
- 피해자가 받은 충격
- 재발의 위험성, 혹은 기존의 피해자나 취약한 타인에게 가하는 행위 강도의 심각성

제시카 챔프만Jessica Chapman과 홀리 웰스Holly Wells 살인사건의 가해자인 이안 헌틀리Ian Huntley에게 유죄가 선고된 후, 비처드 감사보고서 Bichard Inquiry Report(Bichard 2004)를 통해 일련의 권고 지침이 내려졌다. 이 같은 조치의 결과로, 독립안전규제청Independent Safeguarding Authority(ISA)이 설치되었고, 2006 취약계층 보호법의 법안이 통과되었다(Department of Health 2006b). 이로서 새로운 심사절차를 위한 입법체계가 틀을 갖추었다. 이전에는 아동과 취약한 성인 관련된 고용 또는 자원봉사로서 부적합자를 심사하는 세 가지의 명부가 존재하였는데(POCA, POVA and List 99), 오늘날 두 개로 축소되었다. 한 명부는 아동과 관련된 일에 부적합하다 판단되는 사람들의 명단이고, 다른 하나는 취약한 성인과 관련된 일에 부적합하다고 판단되는 사람

들의 명단으로 구성된다. 관련 대상자는 한쪽 또는 양쪽 모두에 기재될 수 있다. 독립안전규제청ISA은 중점 서비스를 이행하고 적합한 자격 여부를 결정한다. 현재 진행중인 사안에 근거하여 각각의 명단에서 제외된 자를 구별하고, 명확한 그림을 반영하기 위해 지속적으로 확인하고 검토하고 있다. 일련에 발생된 형사상의 범죄로 인하여, 이러한 새로운 제도를 시행하게 되었다.

그와 동시에, 콘월Conwall 지역의 발달/학습장애 서비스에 대한 보건복지위원회Healthcare Commission(HC)와 사회복지조사위원회Commission for Social Care Inspection(CSCI)의 사회서비스 감독기구의 감사가 시행되었다. 그 결과는 2006년도에 보고서로 제출하였다(Commission for Healthcare Audit and Inspection 2006). 이 보고서를 통해 기관의 만연한 학대, 질 낮은 복지의 일반적인 기준, 사람의 행동을 조절하기 위해 활용되는 약물처방 의존도에 관해 매우 불편한 인상을 표현한 바 있다. 인권법률과 사람을 가치 있게에서 설정된 기본원칙들은 지켜지지 않았고, 사람들의 존엄과 안전은 점차 방치되고 있었다. 이듬해인 2007년, 보건복지위원회는 써톤과 머튼 일차 진료 트러스트Sutton and Merton Primary Care Trust(PCT)의 사회복지서비스를 조사한 뒤, 우려했던 상황과 유사하게 발생되었음을 보고하였다. 그 결과로 영국 내 200개의 국가보건의료서비스 전국적인 회계감사를 촉발시켰으며, 민간부문 발달/학습장애 서비스까지 감사가 확대되었다.

그럼에도 불구하고, 일부 보호기관에서 현재 지속되고 있는 조직적인 학대를 방지하지 못했다. 그리고, 2011년 5월, BBC의 '파노라마Panorama' 프로그램은 브리스톨Bristol 지역의 윈터 본 뷰 병원Winterbourne View Hospital에서 발달/학습장애를 가진 성인들의 학대 상황을 비밀리에 조사하여 보도하였다. 방영 직후, 폭행 혐의로 병원 직원들 중 네 명이 체포되었고, 열세 명은 집행유예를 선고받았다.

2009년 의료질위원회Care Quality Commission(CQC)는 기존에 존재하였던 세 개의 위원회를 재정비하였고(CCI, HC, MHAC(Mental Health Act Commission)), 그들의 역할은 모든 보호기관을 사전에 조사하고 감사하는 데에 있었으나, 윈터 본 뷰 병원에서 벌어진 사건을 파악하는 데에 명백하게 실패했다. 프로그램이 방영된 지 24시간 내로, 의료질위원회의 회장 댐 조 윌리엄스Dame Jo Williams는 이와 같은 '용서받을 수 없는' 실패에 대해서 전적으로 사과문을 발표하였다(guardian.co.uk/2011년 6월 7일).

짐 먼셀Jim Mansell 교수는 가디언 지(guardian.co.uk/2011년 6월 1일)의 기사에서 '단지 악한 직원들이나 관리부실 때문만이 아니라, 병원에 항의적인 태도를 지닌 사람들은 제명되었고, 지역 보건의료와 사회서비스는 지역사회에서 필요로 하는 도움을 제공하지 못했기 때문에 그릇된 방향의 의료복지 사례이다.'라고 밝혔다. 그는 '이러한 종류의 기관을 전적으로 폐쇄 조치하는 것이 실질적인 해결이다'라고 말을 이어갔다.

혐오 범죄

지역사회에서 발달/학습장애를 가진 사람들은 평등한 구성원으로서, 보호받고 있음을 느끼고, 원하는 때에 적절한 도움을 받는다는 것이 중요한 것이다. 최선을 다해서 독립적인 삶을 살고자 하는 일부 사람들은 충분한 서비스를 제공받지 못하고 있다. 그 결과로 그들은 극도로 취약해질 수 있다. 스티븐 호스킨Steven Hoskin(39), 브렌트 마틴Brent Martin(23), 로라 밀른Laura Milne(19), 키이스 필포트Keith Philpott(36), 레이먼드 애덜튼Raymond Atherton(40)의 사건은 전국적으로 발표되었으며, 고통스럽게도 발달/학습장애를 가진 사람에 대한 혐오 범죄 사실이 증명되었다. 이들 모두는 자신의 지역사회에서 스스로의 힘으로 살아가고자 한 사람들이었다. 일부는 그렇지 않은데 반해 일부는 법정 서비스를 받고 있던 중이었다. 그들 모두는 지역의 청년들을 매우 친근하게 대하였지만, 상당기간 동안 이들을 사악하게 따돌리고 착취하였던 청년들에 의해서 결국 잔인하게 살해당했다. 이와 같은 사례는 스스로 독립적인 삶을 원하는 사람들을 비롯하여 서비스 체계에서 벗어나 있는 사람들에 대한 서비스 제공의 적절한 시기와 방법의 문제를 까다롭게 만들었다.

위험 관리

삶에 있어서 독립성을 갖고 폭넓은 선택을 경험하게 되면서, 슈퍼비전이 감소하게 되는것은 발달/학습장애를 가진 사람들의 취약성을 증가시킨다. 그리고 주관적으로 일부는 어리석은 선택이라고 여겨지는, 결정의 기회를 갖게 되는 것 역시 취약성을 증가시킨다. 독립성과 자기결정권의 댓가가 최우선적 원칙의 보호인지 아닌지는 심사숙고해야 할 중요한 논제이다. 발달/학습장애를 갖는 성인의 안전을 보장하면서 동시에 사람을 가치있게의 주요원칙을 충실하게 유지하는 서비스를 제공하는데에 현실적인 어려움이 따르는 것은 분명하다.

삶에서 무엇이든 실행하다 보면, 어느 정도의 위험성은 분명히 따라오게 마련이다. 하루종일 결정을 해야하는 경우, 우리 모두는 무의식적으로 위험을 평가하고 관리한다. 오늘날 법정 서비스 소속의 많은 전문가들이 위험성의 공적평가 완성도에 지배적으로 힘을 쏟고 있는 이유는, 고소 및 대중매체의 관심에 따른 두려움으로 인하여 위험을 기피하는 문화를 만들었다는 의미일 것이다. 닐 외Neill *et al.*(2009)는 위험성의 평가와 관리를 위해 인간중심적 접근을 선호할 것을 주장하고, 당사자와 그들의 친족이 전반적인 과정에 긴밀하게 참여할 것을 제안한다. 예를 들면,

- 정보를 취합하는 것
- 더욱 분명하게 위험성을 정의하는 것
- 해결책에 대해 창의적으로 생각하는 것
- 해결책을 평가하는 것
- 행동을 취하는 것

그들의 주요 핵심사항은 '모든 위험 평가의 목적은 그들의 안전에 있는 만큼, 서비스 대상자와 그들의 가정, 그리고 사회의 행복에 목적을 두고 있다'는 것이다(2009).

주요문헌

No Secrets(2000)

The Safeguarding Vulnerable Groups Act(2006)

The Cornwall Report(2006)

The Sutton and Merton PCT Review(2007)

선택과 통제

상대적으로 어떤 브랜드 커피를 구입할지 같은 사소한 것부터, 어디서 살지, 누구와 함께 살지 같은 실로 방대한 영향을 미치는 큰 결심까지 사람들이 취하는 선택은 다양하다. 일부 선택은 쉽게 결과가 바뀔 수도 있는 반면에 다른 선택의 결과는 영구적일 수도 있다.

서양 문화권에서 개인이 빈번하게 선택권을 갖는 것을 오늘날 좀 더 긍정적으로 여겨진다. 하지만 매우 제한된 선택권으로 인해 당황하거나, 너무 많은 선택권에 압도되는 경우도 있다. 사람의 인생에서 다양한 측면에서 결정을 내린다는 것은 개인의, 문화의, 경험의 제약과 조건의 복잡한 범주를 결정하는 것을 의미한다.

현재의 (영국)법률은 사람이 만 16세가 되면, 삶의 다양한 측면에 대해 스스로 결정할 수 있다는 가능성을 명시하고 있다. 그 나이가 되면 스스로의 선택에 능숙하고, 충분히 책임을 질 수 있다고 여겨진다. 그럴 수 있는 능력이 없다는 것을 스스로 입증하지 않는 한, 개인의 인생에서 보호나 복지, 그리고 경제적인 부분과 연관된 결정은 항상 자기 스스로 하게 된다. 이와 같은 사례를 판단하는데 정신 능력 평가Mental Capacity Assessment가 필요하다.

정신능력법(MCA)은 2005년 통과되고 2007년 시행되었다(Department of Health 2005b). 그로 인해 능력에 부합하지 못한 대상자의 치료에 관한 과거에 행하였던 관습법을 대체하였고 이 법은 근본적으로 중요한 사람의 능력을, 별다른 증명이 없다면,

추정하도록 하였다. 이에 따라 독립적인 정신능력 대리인 서비스Independent Mental Capacity Advocate Service는 자신을 지지할 가족이나 친구가 없는 취약한 성인을 돕고, 그들의 삶에서 판단이 필요한 핵심적 의사결정을 돕기 위해 설치되었다.

정신능력법은 보호, 치료, 재정과 관련된 결정을 포함하고 있다. 여기서의 결정이란, 예를 들면 결혼을 할지 말지, 성적관계를 가질지 또는 어느 정당에 투표를 할지 같은 **결코** 타인이 대신하여 결정을 내릴 수 없는 것을 말한다. 스스로 결정할 능력이 되지 않는 사람들을 방치하거나 가혹하게 대하는 것은 불법이다. 또한, 개인 스스로 결정을 내리는 것이 어떤 경우에는 한 지점에서 적절한 시점에 다른 지점으로 확장될 수 있으며, 능력을 갖는 것이 하나의 결정에서 또 다른 결정을 낳는 여러가지 가능성에 대해 파악해야 한다.

만약, 법에서 주요 결정 능력의 잠재적 결핍에 대해 명시하고 있다면, 능력 평가는 필수적이다. '의사 결정자'는 당사자와 그의 가족, 그리고 기관관계자와 함께 결정을 내릴 수 있도록 상담을 의뢰하게 될 것이다.

만일 당사자가 전혀 의사결정 능력이 없다고 평가받게 된다면, 정신능력법은 적절한 전문가와 그들의 편에 서서 의사결정을 돕는 대리인의 가이드라인을 제공한다. 어떠한 결정이라도 반드시 당사자의 최대 이해관계에 따라 이뤄지며 정신능력법에서 세운 가이드라인에 따라 행해져야 한다. 인간의 자유와 인권은 가능한 최대로 보호되어야 한다.

복잡한 사례 또는 능력에 대해 상반된 평가가 내려질 경우, 보호법원Court of Protection의 최종판단에 사례를 의뢰할 수 있다. 법원은 세부적인 영역을 아우르며 '최대 관심사'에 이르는 결정을 내릴 수 있는 대리인을 임명할 수 있다(2005).

정신능력법은 자유박탈 보호조치Deprivation of Liberty Safeguards(DOLS)라는 이름으로 개정되어 2008년 공표되었다. 이는 거주시설 환경의 매우 취약한 자를 보호하는 사람들에게 업무상 규약을 제공하도록 하고, 사람이 혹은 위험에 처한 자들이, 언제 그들의 자유를 박탈당하는지 명확히 규명되도록 제도화되었다. 그리고 자유의 박탈을 피하는 방법에 대해서도 기술하고 있다(Ministry of Justice 2008).

발달/학습장애를 갖는 사람들이 그들의 삶에 있어서 모든 측면을 현실적으로 결정할 수 있도록 도움을 받는 것은, 이전에 말했듯이, 사람을 가치있게의 주요 기본원칙을 말한다. 그러나 사실 발달/학습장애를 가진 사람들에게 있어서 '선택하는 것'은 매우 어려운 것임은 분명하다. '선택의 문제에 가능한 대안 또는 결정에 따른 변화 과정을 스스로 통제할 수 없다고 느낄 때에는, 선택의 동기가 줄어들게 되어 결과적으로 질낮은 선택을 보이는 경향이 있다'(Harris 2003:4).

사회적이며 환경적인 요인들은 발달/학습장애를 가진 사람들의 결정에 종종 영향을 미친다. 그 요인들은 아래와 같다.

- 돌봄 직원의 태도- 지지하고 선택하도록 돕기보다, 직접적인 영향을 행사한다.
- 서비스 구조와 제한된 자원이 결정을 위한 선택권 축소를 불러올 수 있다.
- 상호작용의 어려움.
- 만약 '잘못된' 또는 비선호 선택의 결과에 대한 두려움.
- 융통성 없는 틀에 박힌 일과.

주요문헌

The Mental Capacity Act(2005)

Deprivation of Liberty Safeguards(DOLS)(2008)

포섭과 공헌

발달/학습장애를 가진 사람들에게 포섭inclusion이란 개념은 1970년 교육법이 통과되면서 처음으로 공론화되었다. 이 법률은 일부 아이들이 전혀 교육을 받지못하고 있는 인상을 종식시키기 위해 제정되었다. 인지적 능력과 상관없이 이 시점부터 모든 아동은 교육받을 자격을 갖는다고 명시하고 있다(Department of Education 1970). 장애를 가진 아동이 정규 교육과정에 함께 통합되는 방안은 1978년부터 논의하여 왔으며, '특수교육'에 대해 조사한 워녹 보고서를 출간하였다(Warnock 1978). 발달/학습장애를 가진 사람들의 삶의 모든 측면에서 포섭은 이제 정부의 정책을 바꾸고 사회의 변화를 꾀하기에 이르렀다.

최근 몇 년간 영국에서 시민 모두가 나이, 인종, 성별, 성적취향, 장애와 상관없이 자신의 인권과 정의 그리고 삶의 기회를 기대할 수 있는 보다 평등한 사회를 바라는 열망으로 가득 찼다. '평등한' 것은 '동일한' 것과 매우 다름을 인식하는 것이 중요하다. 평등은 근본적으로 인간본성의 일부인 유사성과 권리를 인정하면서 동시에 그 차이를 알아보는 것이다. 그리고 이것이 바로 법제정을 통해 본질적으로 도달하려는 목표이다.

장애인차별금지법Disability Discrimination Act(DDA)은 근간이 되는 1995년 기본법을 정비하면서 2005년도에 개정되었고, 보건과 사회복지 서비스로까지 범위가 확장되었다(Department of Health 2005a). 새로운 법률은 고용, 교육, 부동산 매매/임대, 공공단체의 기능, 재화와 서비스의 접근성에 대해 다루고 있다. 2005년부터는 모든 공공 단체가 장애인에게 평등한 기회와 서비스를 제공하였는지 확인하도록 하였다. 개인이 보호 기관에 적응하는 것이 아니라, 장애를 지닌 사람들을 기관에 포함시키며 적응을 돕는 보호기관들의 변화를 꾀하였다. 이는 매우 중대한 전환으로 구조적인 변화를 수립하도록 이끌고, 서비스 전달에 있어서 변화를 촉구하며, 사람들에게 정보를 제공하는 여러가지 방식을 활용하도록 하였다.

이 글을 쓰는 시점에서 2010년 평등법Equality Act은 보다 평등한 사회로 가기 위한 정부의 가장 최신의 변화였다. 이것의 주된 목적은 모든 차별금지 입법에 관한 중요 핵심을 한데 모으는 것이고 다음과 같은 영역을 포함한다.

- 직접적인 차별
- 간접적인 차별
- 직접적으로 장애와 관련된 차별
- 괴롭힘
- 동일한 임금

주요문헌

The Disability Discrimination Act(1995 and 2005)

The Equality Act(2010)

삶의 질

'삶의 기준standard of living'에서, 혹은 행복이라는 관점과 더불어 삶의 질을 설명하기란 난해하다. 개인의 인생에서 그들이 살아온 삶의 질을 결정하는 부분을 즐기는 여덟 가지 측면의 조합에 대해 문헌연구를 토대로 아래와 같이 열거하였다.

- 대인 관계
- 정서적 안녕
- 물질적 안녕
- 개인적 발전
- 신체적 안녕

- 자기 결정권
- 사회적 포섭
- 권리

샤록 외(Schalock *et al.* 2002에서 발췌)

사람들의 삶의 질을 정량화하고 평가하는 것은 어렵다고 알려졌다. 연구자들은 기대수명, 교육, 삶의 물리적 기준의 측정 수치를 통합하여 활용하면서 개인적이고, 사회적인 양측면 모두를 주목하고자 하였다(예를 들면, 인간개발지수Human Development Index 또는 삶의신체적조건지수Physical Quality of Life Index 와 같은). 개인의 발달 및 정서적 안녕은 주관적인 요소들로서 더욱 측정하기 어려우며, 따라서 그러한 정보는 누락되기 쉽다. 게다가 삶의 질에 있어서 사람들의 욕구(따라서 그들이 기대하는 바)가 지속적으로 증가하고 있다. 특히 오늘날 발달/학습장애를 가진 대상에게도 해당되는 사실이다.

2003년, 다양한 기관에서 온 구성원들로 포함된 인 컨트롤In Control이라 불리는 사회적 기업은 작은 모임에서 발족되었다. 그 기업은 오늘날 유한책임회사가 되었고 자선단체로 등록되었다. 그들의 임무는 타 기관과 협력적 업무를 유지하며 발달/학습장애를 가진 사람들이 진정한 선택을 할 수 있도록 그리고 자신의 삶을 조절할 수 있도록 돕는 것이다. 사회적 기업인 인 컨트롤은 돌봄 체계에 변화를 갖는 것이 매우 중요하다고 믿는다. 그리고 자기 주도적인 현실적 도움을 갖는 것(자기 스스로 필요를 자각하고 도움을 결정할 수 있는 것)은 궁극적으로 사람들의 삶의 질 향상에 기여할 것이라고 믿는다. 목표 달성을 위한 일곱 단계의 모델을 다음과 같이 설정하였다.

- 개인 예산을 수립한다.
- 대상자는 예산 내 지불용의가 있는 돌봄 서비스에 대해 스스로 계획을 계발한다(지방 정부의 자격 기준에 적합해야 하고, 자금의 운용계획을 명시해야 한다).
- 계획안은 지방 정부의 합의를 구한다.

- 합의안은 예산 관리방안과 일치해야 한다. 반드시 대상자 자신이나 지방정부 소속 대리인이 관여해야 한다.
- 대상자나 가족 또는 대리인이 돌봄 계획을 짜야 한다.
- 대상자는 충실히 생활을 한다.
- 이에 대한 검토를 하며, 필요한 경우에는 적절히 수정한다.

인 컨트롤의 모델은 적절한 돌봄의 접근으로 대상자의 실질적인 예산구성과 현실적인 선택을 할 수 있는 기회를 마련하였고, 궁극적으로는 당사자의 삶의 질이 향상되었다고 인정받고 있다. 이번 장에서 지금껏 다루었던 모든 주제들과 삶의 질이 서로 연결되어 있으며, 개별적유연화의 개념으로 향하도록 이끌고 있다.

개별적유연화

> 시민의 요구와 선호에 맞춰진 서비스 절차를 개별적유연화라 한다. 정부의 종합비전은 시민이 자발적으로 삶의 틀을 형성하고 자신이 받을 서비스를 결정하도록 자율권을 부여하는 것이다.
>
> 영국정부(HM Government 2007: 33)

개별적유연화는 본질적으로 존재하는 서비스에 대상자들을 맞추기보다는 서비스가 사람에게 맞춰야 한다고 설명한다. 이것은 우리가 개별적으로 대상자와 함께, 그들의 강점과 선호를 고려하고, 가족이나 친구 등 긍정적인 지지관계망을 포함한 것을 의미한다. 개별적유연화는 개별적으로 사람이 최우선이며, 그들의 요구를 파악하고 최선의 방법으로 요구를 충족해야 한다는 것을 우리가 인식하는 것을 일컫는다. 이는 대상자들 자신을 위해 스스로 책임을 지도록 하고, 반드시 그렇게 할 수 있도록 해야만 적절한 정보의 제공과 돌봄의 가능성을 보장하게 되는 것이다.

많은 사회복지사들과 보건의료 전문가들은 개별유연화가 여러 해 동안 그들의 접근을 뒷받침하고 있었으나, 정책 방향이 자리 잡히지 않고 있었기 때문에, 개별적 유연화의 서비스를 실행하는 것이 대부분 힘겨운 싸움이었다고 언급한다. 그리고 서비스 공급에 활용된 모델의 궁극적 변화 없이, 개별적유연화는 결단코 완벽하게 성취할 수 없을 것이라고 주장한다.

몇 해 동안, 아래와 같은 '전문적 증여Professional Gift' 모델은 서비스 공급을 주도해 왔다.

- 사회는 정부에 세금을 납부한다.
- 정부는 벌어들인 재정의 일부를 지방 정부로 분배한다.
- 지방 정부는 자체적으로 우선권을 확보한 후에 다른 부처에 기금을 할당한다.
- 사회 복지서비스(정부의 부처 중 하나)는 지방 정부로부터 기금을 할당 받는다.
- 사회 복지사와 돌봄 관리자는 수요를 판별하여 가장 필요한 대상자에게 서비스를 할당한다.

보다 공정한 방법의 서비스 제공을 위한 대안적인 모델이 있다. 이는 다음과 같은 '시민권 모델Citizenship Model'로 알려져 있다.

- 돌봄이 필요한 대상자는 지역사회에서 돌봄을 받을 수 있는 중요한 일원으로 간주한다.
- 스스로 자신의 요구를 파악하도록 대상자를 지원한다.
- 요청이 있을 경우에 개인 대상자는 '구매자Purchasers'와 협상할 수 있으며 '제공자Providers'는 적절한 자원과 돌봄을 확정하여 제공될 수 있도록 한다.

'서비스 전달 체계가 당사자를 제한하고, 억제하며, 약화시키거나 그들을 지역사회와 단절시키는 방식으로는 돌봄을 제공할 수 없다'고 더피Duffy는 주장한다. 그러나, '그 대신 당사자를 지역사회 내에서 충분한 시민으로 기능하게 하는 것이 중요하다'고 역설한다(Duffy 1996: 14).

이러한 관점의 영향으로 2006년 1월 정부백서는, '우리의 보건, 우리의 돌봄, 우리의 발언: 커뮤니티 서비스를 위한 새로운 방향Our Health, Our Care, Our Say: A New Direction for Community Services' 이란 제목으로 발간되었다. 보고서에는 네 가지의 '폭 넓은 방안'을 다음과 같이 설정하고 있다.

- 당사자는 자신의 건강과 안녕을 지키기 위한 책임을 갖는다. 그리고 더 나은 정보들과 함께 그들이 지킬 수 있도록 도와야 한다.
- 서비스는 사람들이 무엇을 요구하는지 진정으로 경청하도록 한다.
- 서비스는 가능한 많은 장소와 편리한 예약시간으로 접근하기에 쉽도록 한다.
- 장기 요양을 요청하는 사람들에게 받고 있던 서비스를 더욱 선택 가능할 수 있도록 한다. 사람들을 향한 여러 기관을 포함한 과업과 돌봄 계획이 향상되도록 한다.

정부 백서는 서비스 현금지급제도Direct payment와 개인예산제도Personal budget를 활용하여 보다 개별적으로 적합한 서비스를 받을 수 있도록 홍보하고 있다. 이것의 핵심은 부차적인 것에서 근본적인 요양으로 서비스의 변화를 꾀하는데 있다(Department of Health 2006a).

이듬해인 2007년, 소위 '사람이 우선한다Putting People First'라는 정부 프로그램을 시행하였다(HM Government2007). 성인 복지서비스의 방향을 제시하고 보호 방법을 정립하였다. 발달/학습장애를 가진 사람들이 이 과정의 모든 단계에 참여하도록 하는데 의미를 두면서, 이 프로그램은 공동생산, 공동개발, 공동평가를 주장한다. 개인 맞춤 서비스를 더욱 향상하기 위해 다음과 같이 네 가지 주요 영역을 구분하였다.

- 일반적인 서비스(예, 보건, 교육, 교통, 여가, 주거)
- 조기 개입과 중재(즉, 가능한 오랫동안 독립적으로 삶을 영위할 수 있도록 필요한 지원의 제공)
- 선택과 통제(즉, '서비스에 의한' 것이 아니라 '필요에 의한')
- 사회적 자본(즉, 친구, 이웃, 커뮤니티 지원의 자원 활용)

개별적유연화는 저마다 다른 요소를 지니고 있어서, 때때로 약간 혼란을 가져올 수 있다. 다음과 같은 항목들의 조합과 관련될 수 있다.

- 사회복지 부처로부터 할당 받은 개인 예산의 소유.
- 자기주도적 지원.
- 서비스 현금지급Direct payments- 개인에게 바로 현금이 지급되므로 의회를 통해 복잡한 절차를 거치기 보다, 사람들이 직접 자신에게 필요한 지원을 구매할 수 있다.
- 인 컨트롤In Control- 일곱 가지 모델의 활용.
- 인간중심 계획- 개별적유연화의 실질적인 부분. 사람에 대한 배려는 항상 결정의 중심에 두어야 하며, 향후의 지원 계획에 직접적인 영향을 미친다.
- 지원 방안- 인간중심계획이 대상자의 개인 예산과 통합되는 경우.

나의 동료들과 보건 및 사회 복지 서비스에 대해서 논하다 보면, 개별화 주요원칙들에 물론 동의하지만, 다음과 같은 중요한 의문점을 갖게된다.

- 개인예산을 넉넉히 갖기 위해서 서비스를 필요로 하는 모든 사람들에게 자원이 충분히 제공될 것인가?
- 지원서비스가 지역마다 달라지는가, 즉, 사는 지역에 따라 받는 의료의 질적 차이가 발생할 것인가?

- 만약 대상자 스스로 지원을 구매할 경우에, 범죄기록국Criminal Records Bureau (CRB)의 조사와 같은 심사절차를 받는다면 과연 어떤 일이 발생할 것인가?
- 만약 돌봄서비스의 변경이 필요하다면?
- 만약 당사자들이 가족구성원으로부터 설득당해 자신에게 적당하지 않거나 부적절한 지원을 제공받게 된다면?
- 개별적유연화 정책은 모두에게 적용될 수 있을 것인가?

결론

1992년에 미술치료사로 근무를 시작하면서 영국의 발달/학습장애 서비스 지평의 큰 변화가 있었다. 그리고 내가 은퇴할 때까지도 변화를 지속하며, 보다 앞서갈 것이란 사실에는 의심의 여지가 없다. 이 글을 쓰는 시점에 새로 출범한 연립정부Coalition Government는 1년의 임기를 갖게 되었고, 정부백서인 '형평성과 탁월함: 국가보건의료서비스의 해방Equity and Excellence: Liberating the NHS'은 2010년 7월에 발간되었다(Department of Health 2010a). 아마도 가장 두드러진 특징으로는 보고서에 1차 지역 보건의와 컨소시엄 소속 보건팀에게 시범운영의 권한이 포함된 개혁안을 담고 있다는 점이다. 비록 우리 모두가, 한번 더, 서비스가 구조화되고 공급되는 방식에 큰 변화가 불가피하다는 것을 알고 있지만, 발달/학습장애 서비스의 영역에서 이 보고서가 미친 영향은 여전히 올바른 방향으로 작용하고 있다는 것이다.

발달/학습장애를 가진 사람들과 함께하는 미술치료사들에게도 정말로 변화가 일어나고 있는가? 모든 미술치료사가 법에 명시된 서비스에 소속되어 일하는 것처럼, 변화와 불확실 속에서 살아남기 위해 우리는 지속적으로 창의적인 관리방법이 필요하다. 미술치료사로서 항상 인간을 중심에 두고 임했기 때문에, 따라서 우리에게 '인간중심적person centred'이라는 명제는 그다지 새로운 개념이 아니다. 우리에게 당사자의 이야기가 필수적인 측면으로 자리잡아 온 것처럼 꾸준히 지속될 것이다. 그리고 발달/학습장애를 가진 사람들의 표현에서 긍정적인 의미를 찾는 것이 거의 불가능했지만, 그들에게 목소리를 낼 수 있도록 도와주는 우리의 역량은 변치 않을 것이다.

미술치료사들은 타분야의 전문가와 관리자에게 미술치료를 알리는 방법에 지속적으로 유연하게 대처해야 할 것이다. 우리는 치료 임상의 근거와 측정을 필요로 하며, 그들이 이해할 수 있는 언어로 설명해야 할 것이다. 그러나 주변에서 어떤 일이 일어나든지 간에, 우리는 결코 주요한 우리의 책무를 놓지 않도록 치료 회기에서 항상 사람에게, 그리고 대상자가 가져오는 이야기에 귀 기울이는 것을 절대로 잊어서는 안되는 것이다.

노트

1 이 주제는 보건부의 성명서정책수립위원회Position Paper Making Policy Count에서 처음으로 사용되었다(Department of Health 2009a).

참고문헌

Bichard, M.(2004) The Bichard Inquiry Report. Cambridge. HMSO.

Capra, F.(1983) *The Turning Point.* London. Flamingo.

Commission for Healthcare Audit and Inspection(2006) Joint Investigation into Services for People with Learning Disabilities at Cornwall Partnership NHS Trust. London.

Commission for Healthcare Audit and Inspection(2007) Investigation into the Service for People with Learning Disabilities Provided by Sutton and Merton PCT. London.

Department of Education(1970) Education Act. London. HMSO.

Department of Health(1998) The Human Rights Act. London. HMSO.

Department of Health(2000) No Secrets-Guidance on Developing Multi-agency Policies and Procedures to Protect Vulnerable Adults from Abuse. London. HMSO.

Department of Health(2001) Valuing People. London. HMSO.
Department of Health(2002) Good Practice Guidance on Implementation for Learning Disability Partnership Boards. PP. 5-6. London. HMSO.
Department of Health(2004) Green Light for Mental Health. London. HMSO.
Department of Health(2005a) The Disability Discrimination Act. London. HMSO.
Department of Health(2005b) The Mental Capacity Act. London. HMSO.
Department of Health(2006a) Our Health, Our Care, Our Say. London. HMSO.
Department of Health(2006b) Safeguarding Vulnerable Groups Act. London. HMSO.
Department of Health(2009a) Making Policy Count. London. HMSO.
Department of Health(2009b) Valuing People Now. London. HMSO.
Department of Health(2010a) Equity and Excellence: Liberating the NHS. London. HMSO.
Department of Health(2010b) Personalisation Through Person Centred Planning. PP. 3, 33-38. London. HMSO.
Department of Health and Social Security(1971) Better Services for the Mentally Handicapped. London. HMSO.
Duffy, S.(1996) *Unlocking the Imagination.* London, Choice press.
Government Equalities Office(2010) The Equality Act. London. HMSO.
Hardy, S. and Bouras, N.(2002) 'The Presentation and Assessment of Mental Health Problems in People Learning Disabilities'. *Learning Disability Practice* 5, 3: 33-38.
Harris, J.(2003) 'Time to Make Up your Mind: Why Choosing is Difficult'. *British Journal of Learning Disabilities* 31: 3-8.
HM Government(2007) Putting People First: A Shared Vision and Commitment to the Transformation of Adult Social Care. London. HMSO.
HM Government Policy Review(2007) Building on Progress: Public Services. P. 33. London. HMSO.
House of Commons(1990) The NHS and Community Care Act. London: HMSO.
House of Commons(2008). A life like any other. London: HMSO.
Larson, J.(1996) 'The World Health Organization's Definition of Health: Social Versus Spiritual Health'. *Social Indicators Research* 38, 2: 181-192.
Mencap(2004) Treat Me Right. London.
Mencap(2007) Death by Indifference. London.
Ministry of Justice(2008) Deprivation of Liberty Safeguards. London. HMSO.

Neill, M., Allen, J., Woodhead, N., Sanderson, H., Reid, S. and Irwin, L.(2009) 'A Positive Approach to Risk Requires Centred Thinking'. *Tizzard Learning Disability Review* 14, 4: 16-23.

Parliamentary and Health Service Ombudsman(2009) Six Lives: The Provision of Public Services to People with Learning Disabilities. London. HMSO.

Rees, M.(ed.)(1998) *Drawing on Difference.* London. Routledge.

Schalock, R., Brown, R., Cummins, R., Felce, D., Mastikka, L., Keith, K. and Parmenter, T.(2002) 'Conceptualization Measurement and Application of Quality of Life for Persons with Intellectual Disabilities: Report of an International Panel of Experts'. *Mental Retardation* 40, 6: 457-470.

Warnock, H. M.(1978) Committee of Inquiry into the Education of Handicapped Children and Young People. London. HMSO.

발달/학습장애 서비스에 대하여

매튜 Matthew

15년 전과 달리, 현재 자신의 인생에서 기대하는 것은 무엇인가요?

어려운 질문이네요. 인생에서 무엇을 하고 있는지에 따라 다른 것 같은데요.

월급을 받는 직장이 있다면 좋겠네요.

스스로 인생과 운명을 통제할 수 있다면 좋겠어요.

오늘날 보건과 사회복지서비스는 많은 변화를 보였다고 생각합니까? 만일 그렇다면, 왜 그렇게 생각하게 되었는지요?

이제 좀 더 현대적이지요.

15년 전에 비하면 접근방법이 많이 달라졌어요. 이제 인간중심적 계획PCP(Person Centred Plans)을 하고 있어요. 전에는 단지 내가 할 수 있는 수준에만 관심을 가졌었거든요.

'사람을 가치 있게'가 당신에게 의미하는 바는 무엇인가요?

그건 자기 삶을 더욱 관리하고, 좀 더 많은 사람들이 삶에서 원하는 것을 보다 스스로 결정할 수 있는 것을 의미해요. 그 가치를 위해서 최선의 서비스로 공공기관과 커뮤니티 그룹이 함께 일하고 있어요.

'인간중심적 계획'이 당신에게 의미하는 바는 무엇인가요?

전에는 전혀 시도하지 않았던 인생의 주인으로서 어떠한 삶의 변화를 가져올 수 있는 것을 의미해요.

사람들은 자신의 삶을 바꾸고자 노력할 수 있잖아요. 휴가를 떠나는 것, 독립을 하는 것, 새 직장을 얻거나 직업을 바꾸는 것 같은 거죠.

사람들에게 최선을 다하기 위해 함께 일하는 것을 말하지요.

지난 15년 간 발달/학습장애를 가진 사람들의 의료복지는 향상되었다고 생각하나요?

대답하기 어렵네요. 상황에 따라 다르죠. 전반적인 측면에서는 나아지도록 노력해왔는데, 모든 사람에게 의료복지가 적용되지 않아요. 그래도 요즘은 더 나은 방법을 찾아서 올바른 지도를 받을 수 있는, 보다 많은 기회가 있어요.

오늘날 발달/학습장애를 가진 사람들은 보다 안전 해 졌다고 생각하나요?

어느 지역에 사는지, 일하는 곳은 어디인지, 어느 대학 출신인지에 따라서 모든 상황마다 다 다르겠지요.

난 좀 더 안전하다고 느끼는데, 순찰도 자주하고 있고, 지역사회의 도움도 더 받고 있거든요. 그런데 모두에게 항상 좋은 것은 아니지요.

혐오 범죄는 세대를 걸쳐서 지속되고 있고, 아마 다음 세대에도 발생할 거예요.

오늘날 간호사나 복지관리자의 업무 관련 정보에 대한 이해가 더 쉬워졌다고 생각하나요?

아니요- 여전히 어렵고, 이 분야에 더 많은 노력이 필요하다고 생각해요.

기관들은 협력할 필요가 있고, 상투적이지 않으면서 대상자들이 보다 쉽게 이해할 수 있도록 해야 해요.

15년 전과 비교하여 당신은 삶이 보다 평등 해 졌다고 생각하나요?

많이 나아졌지만, 더 향상될 필요가 있어요. 고령자나 이민자들을 포함하여 모두를 위해서 완벽에 가깝게 평등 해 지려면 오랜 시간이 걸리겠죠.

15년 전과 비교하여 당신은 좀 더 행복해졌다고 생각하나요?

일부는 나아졌는데, 또 일부는 그렇지 않아요. 업무/학업 능률은 나아졌고요. 15년이나 25년전에는 일자리가 없었어요. 보호시설 내 작업장 밖에 없었죠.

1995년에 좀 좋아지기 시작했고, 2000년에 들어서 제 업무 상황은 점차 더 괜찮아졌어요. 얻은 것이 있으면, 또 잃은 것이 있죠.

더 하고싶은 말이 있나요?

예를 들면, 토론이나 발전을 논의하고자 의회나 포럼을 주최하는 것처럼 사람들은 함께할 수 있죠. 확실히 감시단체 같은 것들이 생겨나고 있지요. 더 나은 처우개선을 위해 병원과 대학에서 노력하고 있고요.

확실히 모든 것을 제대로 하고 있는지 지켜보는 눈이 필요해요.

저는 생각에 자신의 개인예산을 소유하게 되면, 사람들이 자기 필요에 따라 지원을 선택할 수 있다고 생각해요.

발달/학습장애를 갖는 사람들과 보호자들을 직접 대면할 기회가 없는 대다수의 일반사람에게는 놀랄 만한 일이 아닐 수 없지요. 배경지식이 많지 않아도 대상자들이 올바른 결정을 갖도록 돕고 있으니까요.

이런 단체에 대해 매달 무슨 일이 있는지 지속적으로 감시하는 것이 저는 중요하다고 생각해요.

제1부

발달/학습장애를 갖는다는 것

제2장

발달/학습장애가 있다는 것

발달/학습장애를 설명하는 주제와 방법

제인 캐번 Jane Caven

들어가며

이 장에서는 발달/학습장애가 있다는 것에 대한 의미에 주목하고자 한다. 필자가 근무하는 도시 자치구 내 사회서비스 팀에 속한 발달/학습장애가 있는 사람들이 미술치료를 권고 받는 이유에 대해 살펴보고, 그들이 말하고 있는 이슈issues(상담에서 다루고자 하거나 불가피한 주제 또는 쟁점)를 다루고자 한다. 동일한 주제에 대해 다른 미술치료사들과 심리치료사들의 글을 살피고자 한다. 발달/학습장애 치료 세션에서 역전이counter-transference 반응을 탐색하고, 동시에 그들이 지닌 발달/학습장애로부터 치료사가 배울 수 있는 부분에 관한 이론적 검토도 다루고자 한다. 치료에서 발달/학습장애를 언급하는 것과 우리가 그것을 어떻게 다루는지에 관해 논하고자 한다. 그리고 발달/학습장애 경험의 고통스러웠던 이슈를 다룬 임상연구의 사례를 제시할 것이다. 사례는 내담자가 치료 세션에 가져온 대중문화와 특정 캐릭터 매체medium를 통하여 탐색하였다. 나의 경험에 비춰 보면, 미술치료에 의뢰되어 온 대다수의 발달/학습장애가 있는 사람들이 자신의 장애를 표현하며, 자기내면의 감정을 인식하는 통찰을 경험하는 것들이 미술치료의 질적인 접근성과 효용 가치임을 증명해 보고자 한다. 그 이후에 대중문화에 대해 정신분석 이론의 밑그림을 그려보고자 한다.

발달/학습장애가 있는 사람들에게 발달/학습장애를 갖는다는 것은 무엇을 의미하는가? 발달/학습장애를 경험한다는 것은 무엇인가? 물론, 사람마다 다를 것이다. 생각해보면 분명하게 어려움이 존재하고 있고, 일반 사람들에 비해 좀 더 복잡한 문제를 갖고 있을 것이다. 게다가, 발달/학습장애를 갖는 데에는 특별한 정서적 경험이 존재한다. '보통' 사람에서 분리된 슬픔을 경험했거나, 안정 애착을 갖기 어려웠을지도 모른다. 또한, 살아가면서 발달/학습장애라는 낙인이 찍히게 되고 반복되는 어려움들로 인해, 그 상황에 고착되어 있는 경우가 있다. 이러한 이유로, 발달/학습장애를 갖는 대부분의 사람들은 설명할 수 없는 수준의 정서적 고통을 감당해야 하는 상황에 처해있는 것이다.

미술치료 의뢰 사유

미술치료에 의뢰되는 데에는 다양한 배경이 있겠지만, 도입부에서 오파렐의 비유적 표현인 '토탄 늪peat bog'에 비춰서 생각해보면, 공통적인 이유를 파악할 수 있다. 발달/학습장애를 가진 사람들은 종종 '행동문제behavioural problems'로 인해 사회서비스 팀의 미술치료로 의뢰되는데, 중대한 사건/전환점, 예를 들면 대학진학이나 가정에서 거주시설로 이주, 또는 부모의 사별과 같이 강한 요인을 동반하고 있을 수 있다. 의뢰인(팀 소속 의료전문가, 사회복지사나 권익 옹호자, 부모님이나 친구, 혹은 대상자 자신이 될 수 있는)은 행동의 변화를 확신할 수 없지만, 정서적 어려움이 있음을 알 수 있다. 내담자의 정서표현을 돕는 접근법으로 미술치료는 내담자가 가지고 있는 정서적인 어려움을 이해하고 도울 수 있기 때문이다. 우선 평가/치료과정이 시작되면, '도전적인 행동challenging behaviour'을 통해 복잡한 상태의 문제와 어려움이 드러나는 것을 종종 마주하게 된다.

미술치료에서 내담자가 의식적 또는 무의식적으로 의사소통 하면서 내담자가 자신의 발달/학습장애를 받아들이고자 원하고, 빈번하게 그 과정에서 일어나는 자신의 정서를 탐색하려 한다. 발레리 시나손은 그녀의 저서에서 만약 치료사와 내담자가 지속적으로 발달/학습장애에 관해 무심하게 대응한다면, '치료 과정상 장애가 발생하기 시작한 것'이라고 주제를 강조하고 있다(Sinason 1992: 81). 그리고 스스로 발달/학습장애를 지닌 내담자의 심리치료 회기에서 그들이 한 단계 더 성장할 수 있도록 매우 직접적으로 돕고 있다고 설명한다. 개인적으로는 치료실에서 자주 주제가 존재함을 파악하지만, 때론 온전히 적대적으로 보이지 않는 태도를 갖추면서 **어떻게***how* 그 주제를 언급해야 할지 잘 모를 때가 있다. 비유적 표현으로 '토탄 늪peat bog'에 빗대어 말하자면, 부정해버린 장애와 고통이 부서져서 늪의 표면 어딘가에 위치하면, 토탄 늪의 표면 아래에 숨겨져 있던 문제점들이 치료 후반에 다시금 드러나게 된다.

몇 가지 이론적인 시각

담아주기

건강한 발달을 위해 생애 초기 유아가 부모와 맺는 관계에서 담아주는contained 느낌을 갖는 것이 중요하다(Bion 1959, in Sinason 1992). 이와같은 내담자의 경험이 치료 관계 속에서 비유적으로 나타난다. 참을 수 없고, 고통스러운 아동의 감정이 부모님의 보호아래 감당할 수 있게 되고, 수용하게 되며, 통제가 가능해지게 되면, 아동은 좀 더 참을성을 갖추고 더 이상 불안은 발달에 영향을 미치지 못한다. '충분히 좋은Good enough' 부모의 역할(Winnicott 1971)에서처럼, '치료적인 발달에 필수 전제조건은 담아주기라는 사실이다'(Sinason 1992: 81).

완벽한 자녀의 상실

대부분의 발달/학습장애를 갖는 아동의 부모님들은 매우 실망하게 되며, '완벽한 자녀perfect child'가 아니라는 상실(특히, 출생 시 나타날 수 있는 발달/학습장애)에 연민을 느낄 수 있을 것이다.

마빈Marvin과 피냐타Piñata(1996)는 발달/학습장애를 가진 아동이 태어날 때 부모가 충분히 겪을 수 있는 연민의 과정에 관한 보울비Bowlby(1980)의 이론을 발전시켰다. 발달/학습장애를 가진 아동의 부모는 자신의 자녀가 갖는 발달/학습장애에 대한 이유를 지속적으로 찾으려 하고 연민의 과정 중에 자녀가 '회복recover'될 수 있기를 바라며, 어쩌면 장애를 갖고 있다는 사실을 인정할 수 없을지도 모른다. 게다가, 자신들이 야기한 발달/학습장애를 떠올리면서 아동에게 죄책감을 갖게 될 수 있고, 이러한 사실은 과잉보호를 유발하게 하여 훗날 성인이 된 아동의 성장에 걸림돌이 될 수 있다고 언급하였다(Sinason 1992; Barnett *et al.* 2003).

'발달/학습장애를 갖는 것': 문헌연구

시보스Szivos와 그리피스Griffiths(1992)는 그들이 진행했던 낮은 자존감의 경도 발달/학습장애 그룹 경험에 대해 서술했다. 그 그룹은 발달/학습장애로 인해 겪게 된 정체성의 이슈와 상실에 관하여 탐색하였다. 퀴블러 로스Kubler-Ross(1970)의 상실의 수용과정에 대한 이론을 차용하며 긍정적인 정체성을 점차 다져가면서 발달/학습장애를 수용하기 위한 각각의 단계를 그룹에 적용하였다. 종결 시점에 저자들은 대부분의 그룹 참여자들이 덜 거부적인 태도를 갖게 되었고, 더욱 자신을 받아들이고 있다는 것을 파악하게 되었다.

쿠자Kuczaj(1998)는 그의 저서에서 상실과 연관된 발달/학습장애를 가지고 있는 것에 관하여 논하였다. 발달/학습장애를 가진 사람들과 함께하며, 일반적인 주제인 '유사성과 차이점'에 대해 언급하고 있다. 그는 치료 회기에서 내담자와 치료사의 차이점에 대해 내담자가 바라보는 관점과 인정의 방법은 상실과 관련되어 있지만, 직접적으로 장애를 언급하기 어려운 측면에 관하여 설명하였다. 쿠자는 발달/학습장애를 가진 내담자가 자신과 치료사를 비교하며, 치료사처럼 '똑똑한' 사람이길 바라는 점을 기록하였다. 그는 내담자가 발달/학습장애를 갖고 있음을 스스로 받아들이고, 발달/학습장애를 갖지 않은 사람들처럼 되고자 하는 바람을 접을 수 있어야 한다고 말한다. 쿠자는 빅넬Bicknell(1983)이 언급한 발달/학습장애를 갖는 의미를 인용하고 있다: '이와 같은 사람들에게, 그 장애를 갖고 있다는 것이 의미하는 바는 무엇인지? 오늘날 그들의 삶은? 보호인들과 함께하고 있는지? 이런 환경 속에서는? 그리고 또래그룹peer group의 환경은?'(Kuczaj 1998: 161).

역전이

치료 진행과 그 후에 자신의 역전이 반응을 설명함으로써 발달/학습장애를 갖는 경험을 이해하는 것에 관하여 글로 다룬 치료사들이 있다. 일부 미술치료사는 ≪Drawing on Difference(다르게 그리기)≫에서 치료 과정과 이후에 그들이 느낀 감정에 대해 솔직하게 말하고 있다. '어리석은stupid'듯, 기운을 빼앗긴(Hallas and Lomas 1998: 52-53), 불충분감, 자기회의감(Rees 1998: 240)은 역전이 반응에 공통된 감정들로써, 궁극적으로는 우리가 치료사로서 발달/학습장애를 가진 내담자의 기분이 어떠한 지 이해를 돕는 역할을 한다. 할라스Hallas와 로마스Lomas(1998)는 발달/학습장애를 가진 사람들을 위한 그룹 미술치료에 대해 이야기한다. 발달/학습장애의 경험은 그룹의 핵심 주제였고, 서로 다른 방식에서 의사소통 하였음을 설명한다. 주제에 관한 논쟁은 '쓸모 없는useless' 느낌을 치료사에게 주고 사고능력을 상실하게 만드는 일부 구성원들 사이에서 자주 발생한다. 따라서 솔직하게 드러내어 발달/학습장애를 직접적으로 언급하기란 어려운 것이다.

리스Rees(1998)는 슈퍼비전 환경 속에서 역전이counter-transference를 살펴보는 중요함에 대해 쓰고 있다. 치료 회기 중에 느낄 수 있는 '권태tedium'에 관하여 '마치 치료사가 내담자와 관계를 차단하기 위해 덮어놓은 두꺼운 담요와 같은 것으로, 치료사의 생존과 생명력을 좀 더 본질적인 수준에서 빼앗아 간다고' 솔직하게 고백하고 있다(1998: 241). 따라서 치료사는 치료 회기 안에서 내담자의 고통스러운 문제를 고려하지 못할 수도, 표현할 수 없도록 만들 수 있다고 인정한다. 더 나아가, 결정적으로 '질식suffocation 또는 익사drowning와 같이 단기간의 죽음'의 감정을 설명하였다(1998). 리스는 원하지 않는 내면의 거부감에서 비롯된 존재하지 않는 감정이 표출되는 것을 우려한다.

토마스Thomas(2001)는 보호시설 내의 역동을 다룬 보고서에서 발달/학습장애를 가진 사람들을 돕는 직원들의 업무에 '명백한 감각의 부재'(2001: 26)를 이야기한다. 작은 집단거주시설(그룹 홈) 내 직원들과 함께했던 한 여성의 업무를 예를 들며 설명한다. 직원들이 발달/학습장애를 가진 사람들에게 거주시설 교육을 할 때 겪었던 '지루함과 좌절감'(2001: 27)의 감정이 얼마나 그녀 스스로 분노하도록 만드는지를 묘사하였다. 그녀의 거주시설에 대한 정보는 지속적으로 제공되었지만, 어떻게 그 업무를 수행하는가에 관한 교육은 '이뤄지지 못한' 것이다. 직원들이 갖는 '우울한 무력감depressed helplessness'(2001)을 없애 주기를 바라며 그녀가 업무를 더 잘 수행하고 해결책을 갖도록, 토마스는 직원들에게서 압박을 느꼈다고 하였다. 분명한 것은 그들이 돕는 대상자들의 성취여부에 따라 팀 내 성공이 크게 좌우되기 때문이었다. 팀은 토마스가 부정하고 있는 감정에 지속적으로 연계되도록 보조하면서, 대상자를 위한 목표를 재정립할 수 있었다.

시밍턴Symington(1992)은 발달/학습장애를 가진 사람들에게 갖는 경멸감을 부정하게 만드는 감정에 관하여 논한다. 타비스톡 클리닉Tavistock Clinic에서 가졌던 그의 워크숍에서 학생들로 하여금 자신이 느끼는 경멸감을 짐작하게 하고, 발달/학습장애를 가진 사람에게 죄책감과 연민의 감정 반응을 통해 솔직하게 드러낼 수 있도록 도모하였다. 시밍턴은 우리는 각자 발달/학습장애에 대하여 이질적인 영역을 갖고 있으며, 그건 '감당할 수 없는' 것이라고 말한다. 따라서 우리 자신들에 비해 상처를 받았거나 상대적으로 불우한 사람들을 경멸감으로 대할 수도 있다(1992: 137). 경멸감은 발달/학습장애를 가진 사람들을 향하여 죄책감이나 동정심을 유발할 수 있고, 그렇게 되면 그들의 발달에 지장을 준다. 시밍턴은 즉각적인 퇴행을 보였던 내담자들의 치료사례를 다룬 클라크Clark(1933)

를 인용하였다. 만약 '탄생을 향한 촉진thrust towards birth'(Symington 1992: 138)이 따른다면, 우리가 '믿기 힘든 수준'의 정신적인 '고통'을 내담자들이 다룰 수 있도록 도모하게 되면서 치료사의 과업은 상당히 어려워진다. 치료에서 모든 발달이 좌절될 가능성은 존재한다. 그러므로 그는 첫 단계가 경멸감을 파악하는 것이고, 그 다음으로 우리 안에서 발달/학습장애를 인지하는 것이라고 언급한다.

결론적으로, 앞서 언급한 각각의 저자들은 우리 치료사들 스스로가 발달/학습장애와 관련한 고통스러운 감정 및 수반된 여타의 감정들을 부정하게 된다면, 결국 우리의 내담자를 부정하게 되는 것이고 진정으로 그들을 경청하고 이해하려는 데에 장벽을 쌓는 것이라고 주장한다.

다음은 패트릭Patrick이라 불리는 남성과 2년동안 함께했던 미술치료 회기를 다룬다. 부득이하게 그 작업을 집약적으로 보여주고자 하고, 치료가 진행되면서 인상적이던 주요 이슈와 분명하게 변화가 드러났던 치료 회기들을 골라, 소개하고자 한다.

패트릭

패트릭Patrick은 다운증후군Down's syndrome을 가진 백인 남성이다. 휴일에 거주시설에서 발생한 친구의 사망 이후, 그가 스스로를 고립시키고 점차 퇴행을 보이기 시작할 때 미술치료로 의뢰되었다. 사실 그들은 거주시설에서 매주마다 진행했던 그룹시간에 함께 참여했었다. 그들의 부모님들 모두는 그가 미술치료에 의뢰되기 몇 년전에 돌아가셨고, 몇 달 안에 폐쇄예정인 대규모 거주시설 단지unit에서 그들은 함께 살고 있었다. 대체 수용시설로 그곳의 거주자들은 이사하고자 하는 계획을 갖고 있었다.

커뮤니티 팀으로 의뢰되면서, 패트릭은 과거에 매우 사교적이었고 연기에 흥미가 있었으며, 대부분은 팝, 뮤지컬, 무서운 영화 같은 비디오 시청에 관심이 많았다고 보고하였다.

미술치료 회기

패트릭은 다양한 대중문화 캐릭터들을 치료로 가져왔다. 예를 들면 프랑켄슈타인, 드라큘라, 울프와 영화 **미이라의 저주** *The Curse of the Mummy*의 미이라 같은 무서운 영화의 캐릭터를 특별하게 그리곤 했다. 그리고 **오페라의 유령**[4] *Phantom of the Opera*(Leroux 1909-1910)의 유령과 킹콩의 두 가지 캐릭터를 선호하였다. 둘째 주 미술치료 회기에서 그 유령은 처음으로 등장하였다. 담당자인 에이미Amy와 함께 그는 그저 연극을 하고 있는 것처럼 보였다.

그는 초기 치료 회기에 무대극의 연극책자를 가져왔다. 그 연극책자 앞쪽의 가면 사진을 그가 손가락으로 지속적으로 가리키면서, 오페라같은 목소리로 노래 부르는 그를 바라보도록 내게 요청했다. 그는 유령이 총에 맞은 것처럼 흉내를 냈고, 이어서 검정색 펜으로 가면(그림 2.1)을 그렸다.

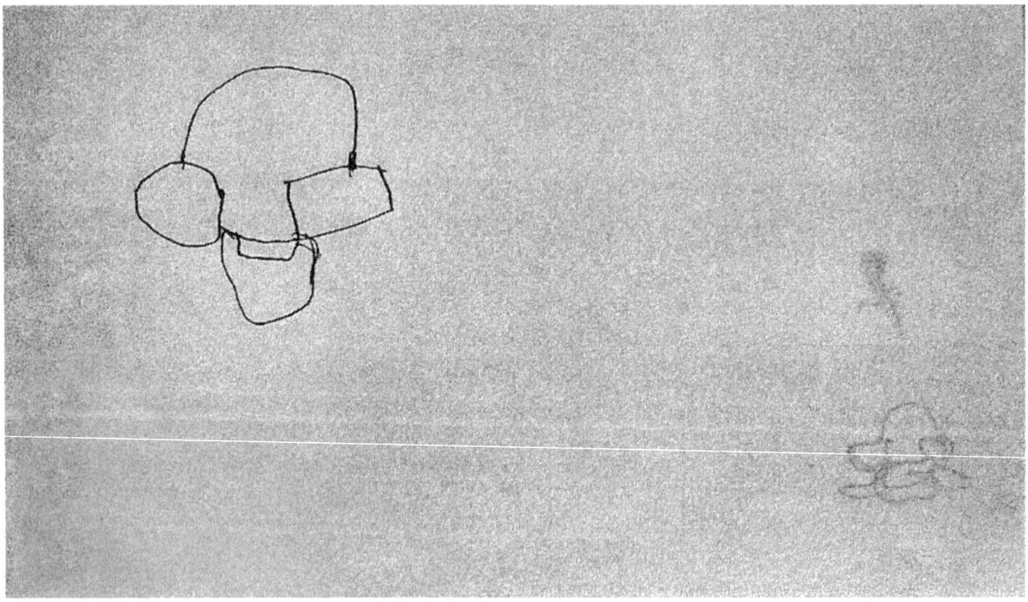

그림 2.1 패트릭: 가면 1

4) 1986년 런던에서 초연된, 프랑스 작가 가스통 르루(Gaston Leroux)의 원작 소설을 바탕으로 영국 작곡가 앤드류 웨버(Andrew Webber)가 만든 뮤지컬. 사고로 흉하게 변한 얼굴을 가면으로 가린 채 파리 오페라 극장의 지하에 숨어서 살고 있는 '유령'이 주인공.

그 당시에 나는 오페라의 유령의 줄거리에 익숙하지 않아서, 패트릭에게 물었다. '슬픈 이야기인가요?' 그는 그렇다고 대답했다. 그는 치료 회기 동안 다양한 가면들을 그렸다. 내가 그에게 물었다, '왜 유령이 가면을 쓰게 되었나요?' 그는 내게 말했다 *'흉터를 가리기 위해서'* 라고. 나는 '사람들이 그들의 무언가를 가리기 위해서 종종 가면을 쓰죠. 우리가 가면을 쓰면, 다른 사람들은 우리가 어떻게 느끼는지 모를 거예요.' 그는 내게 물었다 *'무슨 뜻인가요?'* 나는 다른 방식으로 설명하고자 했다. 그가 무언가 표현할 수 있다고 나는 확신할 수 없었기 때문에 패트릭이 어쩌면 가면 뒤로 숨어있는 것은 아닐지 고민이 되었다. 그는 말없이 계속 그림을 그렸다.

그 후로도 몇 주간 패트릭은 유령 연극책자를 치료에 가져왔다. 일주일 전에 있었던 회기에서 만든 가면을 자르도록 제안했고, 그가 눈과 입을 잘라낼 수 있도록 나의 도움을 요청했다. 작업이 끝난 뒤, 그는 그 가면을 얼굴에 대고 마치 유령이 된 듯 연기하였다. 그는 자리에서 일어나 자신만의 스타일로 '오페라'를 불렀다. 일부 가사는 이해하기 어려웠으나, 크고 분명한 목소리로 여주인공 '크리스틴Christine'의 이름은 굉장한 열정을 담아 노래 불렀다. 그리고 나서 그는 얼굴의 가면을 벗어 던지면서 '흉터'를 극적으로 드러냈다. 나는 그에게 줄거리를 묻고 싶었다. '유령이 크리스틴을 사랑했나요?', '크리스틴도 유령을 사랑하고요?' 이번 사례에서 패트릭은 빈번하게 나의 반응을 무시했으며 자신의 연극을 지속하였다. 그러므로 나는 차라리 입을 닫을 수밖에 없었다. 침묵이 느껴지는 순간, 과거 치료 회기에서 사람들의 시선을 원치 않는 패트릭은 자신을 숨길 수 있는 방법을 찾고 있다고 내가 말한 것을 되뇌었다. 그는 계속 나를 무시했다.

2주간의 치료 휴지기를 보내고, 다시 시작된 치료 회기에 패트릭은 모양 두개를 '가면'이라 칭하며 그리기 시작하였고, 나는 뚫린 구멍을 눈이라고 생각하였다(그림 2.2).

내가 휴가를 다녀온 동안에, 그는 자신의 담당자인 에이미가 그동안 부재했다고 내게 말했다. 사실 3주 동안 우리는 서로 볼 수 없었다. 그는 그림을 내려 놓고 가볍게 주먹을 쥔 뒤, 얼굴을 툭 치며, *'오페라의 유령의 가면', '흉터가 있지'* 라고 말했다. 이 치료 회기의 단계에서 고통으로 남은 흉터는 상실과 관련이 있다고 관계를 연결지었다. 돌이켜보면,

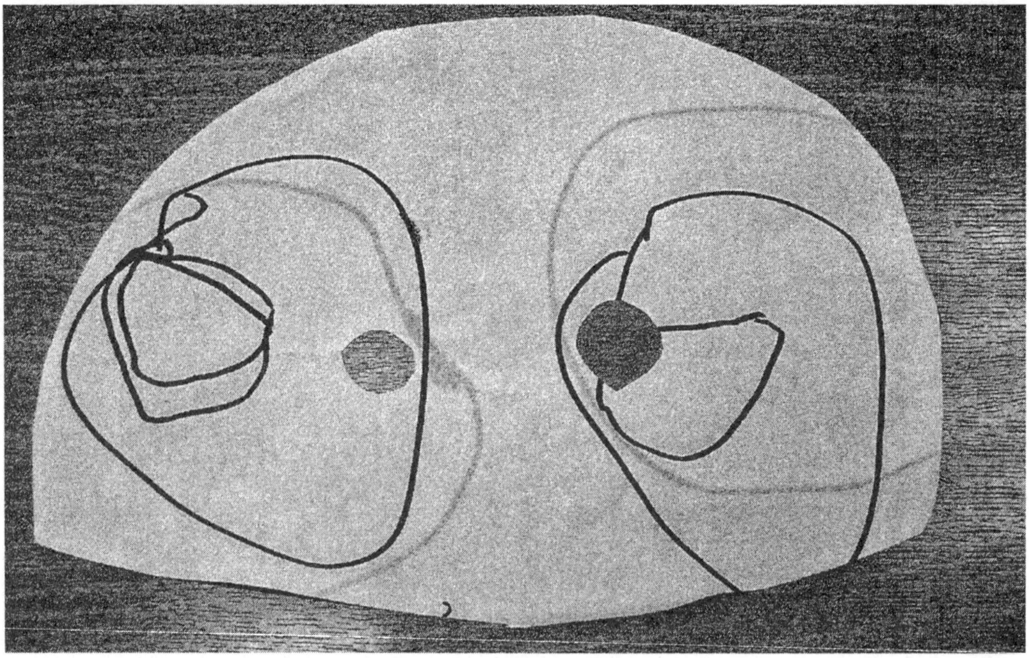

그림 2.2 패트릭: 가면 2

그가 자신의 장애를 내게 인정받기 위해서 애썼는지 궁금하였지만, 막상 나는 그러지 못했다. 내가 너무 섣부른 해석을 냈고 거기에 고착된 건 아니었을까? 뒤늦게 통찰하였다.

이후 몇 회기를 걸쳐서 패트릭은 가면을 만들고 연극하기를 지속했다. 그리고 얼굴에 가면을 쓰고 벗어 던지며 '흉터'를 드러내고, 그 후에 '유령은 그의 가면을 벗고 나서 총에 맞았다' 라고 말했다. 나는 가면을 벗는 것이 마치 스스로에게 위협적일 수 있기 때문에, 유령이 가면을 계속 쓰고 있어야 하지 않을까 라는 의견을 전했다. 단순히 그가 가면을 활용하면서 자아의 일면을 표현하기를 꺼리는 것처럼 느껴졌으나, 그에게는 보호의 형태로서 가면이 필요했던 것으로 보였다. 가면을 통해서 그는 무언가 자신의 장애와 연관된 것을 말하려고 했던 것인가? 어떻든 간에 장애에 대한 생각을 할 수 있었을지도? 그러면, 내가 그것을 견딜 수 있었을까? 나는 실제로 뮤지컬 관람 이후에 유령의 이야기의 핵심을 충분히 감상할 수 있었으며, 가면 활용의 중요성 또한 완전히 이해할 수 있게 되었다.

유령, 이 강력하고 규정하기 힘든 존재는 파리의 오페라 하우스 지하에 숨어있다. 그는 젊은 오페라 가수 크리스틴의 멘토이며, 그녀는 그에게 노래를 배우고 있다. 그녀는 그가 죽은 아버지가 보낸 천사라고 믿고 있다. 그는 그녀에게 몰입하였고 서로에게 강한 감정을 공유하는 것으로 비춰졌다. 결국 그녀는 그의 사랑을 거절하고 다른 사람을 선택하였다.

이사 직전과 이후의 치료 회기에서, 패트릭의 의사소통 방식은 보다 난폭해졌다. 그는 폭력적인 공포영화에서 여인을 배신하는 역할을 연기했다. 그의 의사소통은 매우 성적sexuality이고, 실망과 분노가 가득한 정서를 나타내었다. 개인적으로는 공격적인 수준으로 느껴졌지만, 그 당시에는 그런 느낌을 말하기 어려웠다. 나는 그가 거처를 상실한 점에 주목했으며, 그에게 슬픈지를 물었다. *'그래요.'* 라고 그가 말했다.

최근 치료 회기를 위해서 거주시설 단지를 방문하였을 때, 우리가 미술치료를 진행하던 장소가 패트릭의 침실로 바뀌었다는 사실에 경악을 금치 못했다. 그의 잡다한 소지품들은 주변에 널려 있었고, 그 방에는 이미 가구와 소품들이 옮겨져 있었다. 나는 왜 이렇게 되었는지 이유를 찾고자 했고, 패트릭이 좀 더 독립적으로 이사할 수 있도록 주거교육이 진행 중이라는 사실을 알게 되었다. 그동안 우리가 정체성을 갖고 꾸려왔던 미술치료 공간이 이제는 패트릭의 침실로 변해버린 장소라는 점에 매우 난감함을 느꼈다. 이전 회기에서 그는 특히 성적이고 폭력적인 이미지를 내게 표현 해 왔던 터라, 그도 역시 난감하였을 것이다. 패트릭은 부풀어오른 머리에 망토를 걸친, 위협적인 송곳니와 새빨간 줄기의 입가에 흐르는 핏줄기의 드라큘라를 그렸다(사진 2.1). 이 그림 속에는 박쥐와 달 그리고 두개의 관을 포함하고 있다. 이 그림은 폭력적이지만 동시에 무력한 그의 감정을 반영하고 있을 수도 있다고 느꼈다. 드라큘라와 박쥐의 입에서 핏방울이 떨어지고 있고, 드라큘라는 아직 소년 같은 모습이지만, 치아는 거의 닳아 뭉툭해 보이고 마치 빠질듯이 보인다. 하반신이 없는 형태로 생식기는 표현되지 않았다. 그의 거주지이거나 또 다른 상실을 의미할 수도 있는 관은, 아마 장애 측면에서 '평범함'의 상실 가능성도 짐작하게 하였다. 패트릭에 비해서 매우 소년 같아 보이는 남성의 이미지란 생각이 스쳤다.

패트릭은 *'에이미 갈꺼다.'* 라고 말했다. 그리고 부모님과 함께 찍은 사진을 가리키며

사진 2.1 패트릭: 드라큘라

그들이 보고싶다고 말했다. 나는 그가 엄마와 아빠를 잃고, 지금은 자신의 집을 떠나서 이사를 했으며, 함께 했던 담당자 에이미까지 잃었다는 사실에 틀림없이 고통스러울 것이라고 짐작이 되었다(직원 일부와 다른 거주자들은 그와 함께 이사하였지만, 에이미는 다른 곳으로 전근을 갔다.). 패트릭은 기존 작품들을 내게 맡기고, 새 거주공간에서 내가 앞으로의 회기를 준비하는데 동의하였다. 중립적인 형태의 사무실이 우리에게 주어졌다. 패트릭은 이제 24시간 직원들의 도움을 받는 작은 주택 단지에 속한 자신만의 공간을 갖게 되었다.

이사 후, 몇 주가 지난 치료시간에 패트릭은 **킹콩***King Kong* 비디오를 가져왔다. 비디오 표지는 킹콩이 한 여성을 제물로 삼아 손에 쥔 채로 뉴욕을 휘젓고 다니는 모습이 담겨 있었다. 그 여성은 매우 고통스러운 모습이었고 패트릭은 특히 내가 괴물의 손아귀에 있는 그녀에게 관심 갖도록 이끌었다. 나는 몇 년 전에 그 영화를 보았으나, 이 시점에서 실제로 이야기의 진정한 희생자는 킹콩이었다는 것을 깜박 잊고 있었다.

이어진 회기에서, 그가 킹콩을, 여성이 비명을 지르는 것을, 그리고 킹콩이 총에 맞는 영화의 마지막 장면을 각각 연기할 때, 자신을 '지켜보라'고 하였다. 그는 그러면서, 연기에 무척 몰두하였고 나는 단절되는 느낌을 받았으며, 그 줄거리를 쫓아가기 어려워졌다. 이 이야기와 **유령**의 이야기 사이의 연관 짓기를 시도해보았는데, 둘 다 마찬가지로 남성 주인공이 '괴물'이기 때문에 위협적이라는 공통점이 있다. 두 이야기 모두 남성 주인공들이 한 여성과 사랑에 빠지고 있지만, 그 여성들은 두려움을 내비친다. 두 이야기 모두 남성 주인공들이 애처롭고 절망적이다. 패트릭의 각색에 따르면 유령은 죽임을 당한다. 비록 모두들 그를 두려워하지만, 유령처럼 킹콩도 슬픔을 지닌다. 어느 누구도 여성의 사랑을 쟁취하지 못한다.

패트릭은 폭력적 이미지 그리기를 지속했다. 그 대상 중 하나는 검정 가면을 쓴 채로 칼과 막대기를 들고 있으며, 패트릭은 그 남성이 소녀를 죽였다고 말했다. 그리고 자신의 방에서 무서운 영화와 관련된 서적을 덜 가져오겠다고 약속했다. 비록 영화에 나온 이미지의 책이기 때문에 패트릭이 공격성을 '안전한' 방식으로 표현할 수 있었다고 하더라도, 책을 활용하는 방식과 나를 불편하게 만드는 그의 태도방식에 무언가 존재하였다. 나는 여성에게 폭력성을 가진 그의 선입견에 대하여 언급해야 할 필요를 느꼈고, 내가 어떤 감정을 느낄지 생각해본 적이 있는지 그에게 물었다. 패트릭은 내 말을 듣고 있는 것처럼 보였다. 그가 매우 화가 나고 당황스러운지를 물어보았다. 그리고 그가 좋아하는 영화 속 남성 주인공과 관련한 그림을 지속적으로 그리면서, 고통받는 여성 이미지를 즐겨보는 그 이유에 대해서도 질문하였다.

이후 치료 회기에서는 패트릭이 나를 의식하고 폭력적인 이미지에 관해 했던 말을 신경 쓰고 있는 것처럼 느껴졌다. 나를 좀 더 분리된 사람으로 인정하기 시작하였고, 서로 간에 긴밀한 의사소통을 하였다고 생각되었다. 낡았던 거주시설 홈을 처음으로 언급하고 나서, 이번엔 나를 그려보고 싶다고 제안하였다. 나는 그에게, 나를 그리려고 한다면 똑바로 응시해야 할지도 모르겠다고 언급했다. 내 조언을 듣고, 그는 자화상을 그렸으며, 우리는 서로의 차이를 바로 보았다. 그는 남성이고 나는 여성이라는 분명한 차이를 인정했다. 그는 자신을 '소년'이라 하였다. 나는 그 자신을 소년이라고 일컫는 것이 궁금했고, 그 '소년'의 얼굴표현에 대하여 물어보았다. 그는 '슬퍼' 보인다고 말했다.

그 다음 치료 회기에서 패트릭은 소년이 쏜 총에 맞은 늑대처럼 연기했다. 이전 주 치료 회기에서 우리가 함께 찍은 사진을 찾아보았다. 나는 그때 그가 가면을 쓰지 않았다는 점에 주목하였다. 그는 내가 구멍을 뚫은 가면을 쓰고 사진을 찍기를 원했다. 그리고 내 얼굴이 못나 보인다고 말했다. 그러고 슬퍼 보인다고 했다. 그 후에 그는 자신의 얼굴이 슬퍼 보인다고 말했다. 나는 '당신을 슬프게 만든 것은 무엇인가요?'라고 물었다. 그는 지난 거주시설 홈을 일컬어 '문닫음'이라고 언급했다.

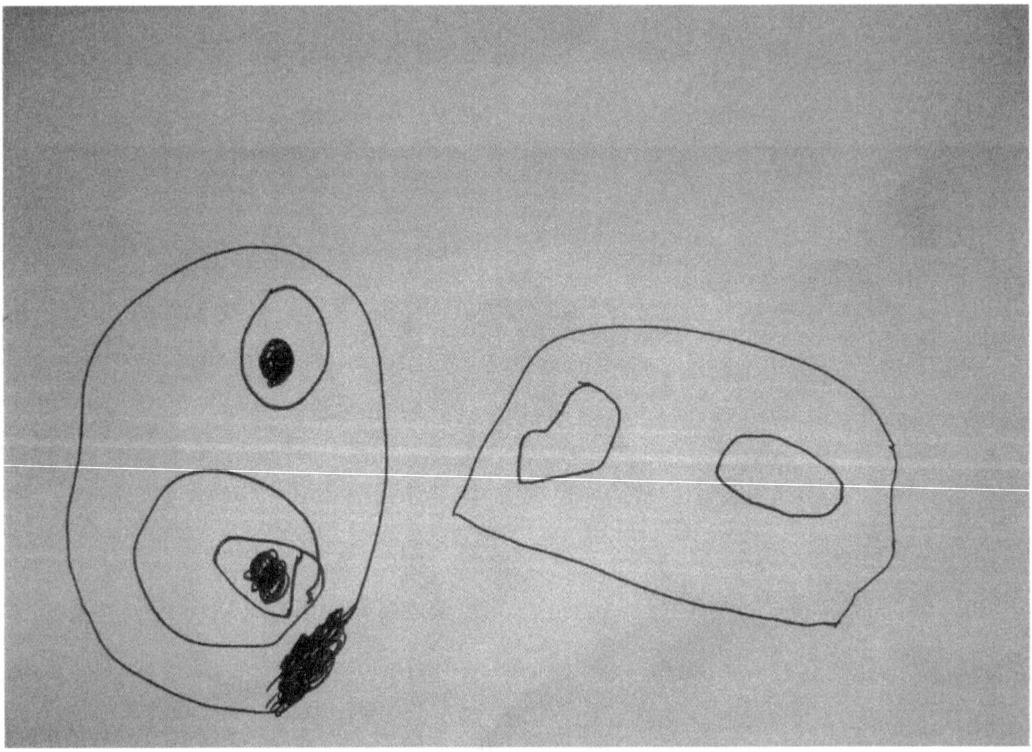

사진 2.2 패트릭: 흉터

패트릭은 에이미와 함께 **유령***phantom*을 보러 갈 것이라고 말하며, 거울 속 자신을 바라보았다. 그는 '흉터 난 얼굴'이라고 말했다. 패트릭이 만약 조금이라도 유령처럼 느꼈었다면 그 이유는 역시 장애를 갖고 있기 때문인지 물었다. 그는 *'그렇다'* 고 했다. 그가 발달/학습장애를 갖고 있음을 직접적으로 인정한 것은 처음이었다. 이것이 우리로 하여금 이후 세션에서 문제를 성숙하게 고찰할 수 있도록 도왔고, 패트릭은 더 이상 소년이기라기 보다 남자로 받아들이고 있는듯 보였다. **늑대소년***Wolfman*의 털이 점점 자라서 '변신'하는 방법에 관해 그가 언급할 때, 그 주제는 늑대소년의 캐릭터로 옮겨져 지속적으로 다루었다.

이 기간 동안 가면을 만들면서, 그는 흉터를 숨기기보다 사실상 드러내게 되었다(사진 2.2). '가면'은 눈 한쪽이 강조되어 드러났고, 한 쪽에 흉터같이 보이는, 검게 칠한 부분이 있다.

패트릭과 함께 한 치료의 종결에서 나는 어떤 말로 시작해야 할지 몰라 매우 어려웠다. 그 이유는 최근 빈번하게 그가 상실을 경험했기 때문이었다. 그는 확실히 퇴행을 덜 겪었고, 상실과 성별과 연관된 발달/학습장애를 갖고있지만, 치료 회기에서 일부 이슈를 적절하게 탐색할 수 있었다. 새로운 단독시설로 이사가면서, 그는 자발적으로 일을 찾아서 수행하였고 보다 독립적이 되어갔다. 인생에서 겪어온 모든 힘겨움을 함께한 그의 변화에는 긍정적인 면이 존재한다는 것을 느꼈다. 우리 관계의 성장을 통해서 그는 이제 나를 분리된 사람으로 보았고, 보다 쌍방향으로 의사소통이 바뀌고 있다고 느꼈다. 우리가 서로의 차이와 그의 발달/학습장애를 인정하기 때문이었다.

논의

이론부분에서 언급했던 것처럼, 과잉보호는 건강한 발달을 저해할 수 있다. 패트릭은 선천적 요인으로 여겨지는 다운증후군을 갖고있다. 스스로 인정한 장애를 의사소통 하는데 유령과 가면을 차용함으로써 꽤나 분명하게 나타냈다. 패트릭은 자신을 소년처럼 여겼고, 남성이란 사실을 수용하는 것을 힘겨워 하였다. 그러나 '변신', 즉, 털이 자라는 것처럼, 늑대인간에 관한 대화가 늘어날수록, 치료 과정을 통해 그가 성숙한 것처럼 여겨졌다. 따라서 패트릭이 자신의 장애를 스스로 언급하게 되는 결과를 갖게 되었다.

패트릭과 함께한 미술치료 회기를 검토할 기회가 주어졌을 때, 그가 지속적으로 장애를(유령 가면을 활용하며) 의사소통 했다는 것을 내가 간과하였음을 깨달았다. 패트릭이 거울속에서 비친 자신을 바라보며 '흉터 난 얼굴'이라고 말했을 때, 치료에서 오랫동안 장애를 직접적으로 언급했던 것이었다. 그것은 더 이상 내가 무시할 수 없도록 만드는 직접적인 의사소통이었다. 이러한 치료 단계에서, 우리의 관계는 발전을 보였다. 그리고 우리는 이미 그가 살았던 단지는 폐쇄되었고, 그의 상실에 관한 주요 주제를 중심으로 함께 많은 작업을 해왔다. 때로는 내 자신이 **오페라의 유령***Phantom of the Opera*과 치료에서 마주하면서, 장애를 가진 그의 의사소통을 내가 이해할 수 있도록 그가 말하고 있는 이야기를 알아가고자 노력하였다.

패트릭은 자신에게 친숙한 이야기를 차용하면서 매우 심오한 대사를 활용했던 반면, 주인공과 동일시하고 매우 몰입하여 결국 자신이 주인공이 된 것처럼 느꼈다. 그 순간 나는 이것을 방어적으로 느꼈으며, 나의 사고를 막는 어떠한(비록 무의식일지라도) 시도가 있지 않았는지 궁금했다. 내가 고통스러운 문제를 언급하려고 시도했던 대부분의 경우에 그는 듣지 않고 있는 것처럼 보였고, 나는 멀찌감치 밀려난 것 같았다. 우리의 관계를 좀 더 직접적으로 언급하는 것을 통해, 성별 차이와 자신을 남성이 아닌 소년이라 칭한 것에 관심을 둘 수 있었다. 이것은 장애 측면에서 우리들의 차이를 그가 스스로 탐구하도록 이끌었고, 그가 처음으로 내 얼굴의 그림을 가면으로 고치고 싶다고 말한 뒤에, 그림을 못나 보인다고 언급하며, 슬퍼 보인다고도 말하였다. 그는 자신의 슬픔에 관해 생각을 가졌고, 거울을 바라보며 '흉터 난 얼굴'이라 말했다. 우리가 생애초기 유아와 보호자의 관계를 고려해 본다면, 그와 같은 우리 사이의 상호작용은 흥미를 불러일으킨다(Sinason 1992). 그가 거울에 가서 비친 자기를 보았을 때 마치 보호자의 실망스러운 시선과 슬픔을 깨닫게 되었고, 이후에 그는 내가('보호자' 처럼) 슬픈 이유를 파악하게 되었다.

선천적인 상태가 아닌, 폭발 사고로 인해 갖게 된 유령의 이야기에 대한 패트릭의 해석은 흥미로웠다. 패트릭의 발달/학습장애가 분명하게 느껴지기 때문에 그가 유령의 이야기를 이런 관점으로 해석할 수 있는데, 자신의 장애를 '사고'로 얻어진 것으로 이해했기 때문이다. 패트릭은 종종 얼굴 눈가에 난 아토피 자국을 가리키면서 '흉터'라고 언급했다. 하지만 그는 또한 특징적인 모양을 지닌 눈은 그가 가진 다운 증후군의 징표로 언급했었다.

전이

나를 향한 패트릭의 전이transference는 유령과 킹콩의 주인공들을 통하여 유추되었다. 두 주인공들 모두 여성에게 열망이 있고, 오랜 동안 그녀의 사랑을 얻고자 했다. 그러나 치료를 시작했을 당시의 과정 속에서 주인공들은 무서운 존재로 변해갔고, 여성들은 그들을 두려워했다. 결국 상대방이 받을 수 없는 짝사랑으로 결말이 나게 되고, 이야기는 매우 슬픈 비극을 맞이했다.

샤베린Schaverien(1995)은 성적인 전이를 다룬 책에서 남성의 인생에 중요한significant 여성은 대단한 영향력을 가진 존재로 느껴질 수 있다. 모든 아이에게 모성이 중요한 것처럼 말이다. 여성에게 영향을 받고 있기 때문에, 그는 양가적인 감정이 발생할 수 있다. 이 양가감정은 치료 회기에서도 경험할 수 있다고 하였다. 발달/학습장애를 가진 사람들이 진정한 생존을 위해서 대부분 타인에게 의존적이기 때문에 양가감정은 그들을 더욱 어렵게 만든다고 여겨진다. 전이 과정에서 패트릭이 때론 나를 엄마처럼 바라보았고, 때론 동시에 나를 갈망하고, 동경하며, 증오하는 파트너로 바라보았다. 샤베린은 치료사가 '공감적으로 직면하는' 것이 아닌, 여성의 명예훼손에는 동조하면 안된다고 말한다(Woods 인용 1976). 우리는 치료 회기에서 증가된 폭력성을 일부 언급하고, 의식적으로 심사숙고하였기 때문에, 그가 어느정도 나를 독립된 사람으로 바라보기 시작했다.

미술치료에서 대중문화의 상징을 활용하기

괴물은 성적 발달의 느낌을 표현하기 위해 차용될 수 있다(Goldberg 1991). 트윗첼Twitchell(1985)은 사춘기의 성적인 불안과 두려움을 표출하고 있는 공포영화 속의 괴물에 대해 고찰하였다. 패트릭은 늑대인간을 부정하거나, 자신의 남성성을 나타내기 위해서 늑대인간의 '변신'을 언급하고, 매우 분명한 방식으로 늑대인간을 차용했다. 그가 나와 좀 더 분리되어가는 시기에 괴물이 등장했다. 그리고 이 시기는 그가 독립 시설로 막 이사를 했던 때로, 과거보다 좀 더 독립적인 삶을 시작했던 시기였다.

발달/학습장애를 가진 내담자들의 대부분이 대중문화를 차용하는 것을 지켜보게 되면서, 미술치료에서 대중문화의 활용에 대해 흥미를 갖게 되었다(Caven 2005). TV와 영화가 아동 및 청소년기에 끼치는 부정적인 영향에 관한 논쟁은 지속되고 있지만, 이번 사례에서 보는 바와 같이, 꽤 심오한 방법으로 주인공들이 패트릭에게 말을 걸어왔다고 생각되기 때문에, 어쩌면 특정 연극과 그 주인공들에게 끌렸을 것으로 유추된다. 그건 단지 이야기, 또는 주인공들의 중요함 때문만이 아니라, 나와 함께 주인공들이 미술치료 회기 안에서 활용되었기 때문이다. 패트릭은 꽤 격렬하게 대중적인 우상 이미지를 차용했고, 자신의 환상 속 주인공과 그 이야기에 오랜 시간에 걸쳐서 완벽하게 동화되었다.

우드Wood(1999)는 내담자들의 계층과 배경을 고려한 리처드Richard(1994)의 연구결과를 인용하며, 다른 계층에 비해 보다 이러한 매체 형태는 주로 노동계층 배경의 내담자들에게 친숙하다고 주장하였다. 리처드는 대중문화의 깊이를 주장한다. 다양한 대중문화가 존재하는 사회환경 속에서 우리는 안정감을 느낀다: '우리가 구성하고, 우리를 포함하고, 우리에게 귀속된 사회적 네트워크를 포함하는 것이 대중문화에서 참여로 나타나고 있다.'(1994: 7).

이러한 관점에서, 빈번하게 '기준norm'에서 벗어났다고 느끼고, 차이를 경험할 수 있는 발달/학습장애를 가진 사람들을 고려한다는 점은 흥미로운 관심을 불러일으킨다. 이전에 언급했듯이, 쿠자크는 '유사성과 차이점'이란 주제를 말하면서 미술치료 회기에서 발달/학습장애를 가진 사람들의 공통적인 모습을 다루었다. 발달/학습에 장애를 가진 이들에게 영화, TV, 대중음악의 일반적인 지식과 언어를 공유함으로써 이러한 매체형태가 매우 익숙해진다. 그러므로 발달/학습에 장애가 없는 것처럼 보이면서, 발달/학습장애인은 미술치료에서 대중적인 이야기와 주인공을 통하여 장애의 차이를 비로소 탐색할 수 있게 된다(Caven 2005).

오페라의 유령과 **킹콩**의 이야기는 유사한 부분이 있다. 웰스Wells(2000)는 공포 장르의 영화에 관해 '사회적 소외감social alienation'을 다룬다고 쓰고 있다(2000: 6): 괴물들은 현재 상황에 위협적이다. 시나손(Sinason 1992)과 빅넬(Bicknell 1983: 172)은 어떠한 의미에서 보면, 발달/학습장애를 가진 어린아이는 가족의 현상을 위협하는 것으로 여겨진다고 주장하는데, 바로 여기에 괴물들과 장애를 갖고있는 것이 연관되어 있다. '완벽한 아이'를 상실한 비통한 부모님들은 그와 연관된 죄책감을 갖게 된다(1983: 168; Marvin and Piñata1996). 발달/학습장애를 패트릭이 갖고 있다는 점 때문에 열외로 취급되는 이슈를 다루기가 어려웠다. 오늘날의 대부분 TV화면 속에 묘사된 이야기는 우리 사회가 갖는 선입견과 그에 따른 개인들의 내적인 정신을 반영하고 있다. 지젝Zizek(2006)에 따르면, 무언가 너무 극도로 치닫게 된다면, 우리들은 그것을 소설 속의 이야기로 만들어 버린다고 말한다. 패트릭은 미술치료에서 다룬 유령과 다른 주인공들에게서 자신의 이야기가 반영되어 있다는 것을 알아차렸다. 흥미로운 것은 그가 이러한 반영 기회를 갖게 되고, 그가 연기하는 모습을 내가 바라보게 되면서, 내게 말하려는 것에 대해 패트릭이 좀 더 이해하게 되었다는 것을 깨달았다. 유령의 이야기를 관찰하고 이해한다는 것은 패트릭의 장애를 직접적으로 내가 언급할 수 있게 되었다는 것을 의미한다. 미술치료 회기에서 내담자에 의해 대중적 우상의 이미지를 차용하는 경우, 그것을 신중하게 사용할 것을 제안하고 싶다. 많은 사람들에게 대중문화는 접근하기 쉽고, 분명한 시각매체로서 선호도를 보이기 때문에 우리가 그것을 수용하는 것이다. 미술치료에서 사람들이 다루고자 하는 것들을 우리는 충분히 활용할 수 있으며, 미술치료의 환경에서 심리치료적인 모델을 활용하기 때문에, 이야기와 주인공들의 서로 다른 부분에서 우리는 개인적인 의미를 살펴볼 기회를 갖게 된다(Caven 2005). 발달/학습장애를 가진 고통스러운 이슈는 주체할 수 없는 감정을 불러일으키는 매체를 통해서 관찰될 수 있는데, 이것은 발달/학습에 장애가 있거나 장애가 없는 사람조차도 해당되는 것이다.

발달/학습장애를 언급하는 것이 어렵다는 것을 깨닫곤 하였지만, 미술치료 회기에서 다뤄지고 있는 것에 집중하여 우리가 듣고 활용하면서 방법을 찾을 수 있었다.

우리 모두 존재하는 발달/학습장애

발달/학습장애가 없는 사람들이 장애가 있다는 것을 짐작하기 위해서 완벽하게 상상하는 것은 힘들다. 토마스(2001)와 시밍톤(1992)은 치료사들이 발달/학습장애를 가진 사람들의 성장을 도울 수 있으려면, 치료사로서 우리들이 갖고 있는 발달/학습장애를 인정하는 것이 필요하다고 말한다. 미술치료사로 근무하며 나는 업무에서 종종 평가절하되는 느낌을 받곤한다. 발달/학습장애를 가진 사람들과 함께하는 미술치료 회기에서 내 스스로에게서 발견한 것들을 인식했을 때, '쓸모 없는' 감정 상태를 언급한 할래스와 로마스(Hallas & Lomas 1998)와 역전이 반응에 관해 다룬 리스(Rees 1998)의 책을 읽고 꽤 도움을 받았다. 패트릭과 만나기 시작하였을 때는 발달/학습장애를 가진 대상군에 대한 경험이 적었고, 특별히 좋은 미술치료사가 될 수 없을 것 같은 감정에 사로잡히기도 하였다. 그것은 우리에게 익숙하지 않은 언어를 사용하는 머나먼 타국에 혼자 떨어져 있는 것 같은 불충분한 감정으로 비유될 수 있다. 그와 같이 생경한 환경 속에서 우리들 대부분은 혼란스러워하고, 길을 잃으며, 만족스럽지 못한 느낌을 갖게 된다. 그리고 우리가 '어리석은' 상태가 되도록 하는 상황에서. 이는 최소한 우리로 하여금 매우 당황하게 만들고, 때론 두려움과 연약함을 느끼게 할 수도 있다. 가끔 어떤 상황 속에서 만일 장애를 느꼈던 적이 있다면, 그와 같은 상황들로 인하여 발달/학습장애를 가진 사람들의 감정을 상상해 볼 수 있는 것이다.

참고문헌

Barnett, D., Clements, M., Kaplan-Estrin, M. and Fialka, J. 2003. 'Building New Dreams: Supporting Parents' Adaptation to their Child with Special Needs'. *Infants and Young Children* 18(4):295-307.

Bicknell, J. 1983. 'The Psychopathology of Handicap'. *British Journal of Medical Psychology* 56:167-178.

Bion, W. 1959. 'Attacks on Linking'. *International Journal of Psychoanalysis* 40.

Bion, W. 1967. *Second Thoughts.* New York: Jason Aronson.

Bowlby, J. 1969. *Attachment and Loss: Attachment Vol.1: Loss.* London: The Hogarth Press and The Institute of Psycho-Analysis.

Bowlby, J. 1980. *Attachment and Loss: Loss Vol.3: Loss.* London: The Hogarth Press and The Institute of Psycho-Analysis.

Caven, J. 2005. A Case Study Based Research Project Which Explores the Use of Popular Iconic Imagery in the Artwork of People with Learning Disabilities in Art Therapy Sessions. Unpublished Masters in Research in Art Psychotherapy(PACE), Goldsmiths College, University of London.

Clark. P., 1933. *The Nature and Treatment of Amentia.* London: Bailliere, Tindall and Cox.

Cooper, Merian C. and Shoedsack, Ernest B.(dirs). 1933. *King Kong* [film]. USA.

Fiennes, S.(dir.). 2006. *The Pervert's Guide to the Cinema*[DVD]. A Lone Star Production, Mischief Films, Amoeba Film Production. Scripted and presented by Slavoj Zizek.

Goldberg, D. 1991. *From Monsters to Moons, Universal and Culturally Specific Symbols in Psychotherapy.* Inscape. The British Association of Art Therapists.

Hallas, P. and Lomas, H. 1998. 'It's a Mystery: Accounts of an Art Therapy Group for People with Learning Disabilities'. In Rees, M.(ed.) *Drawing on Difference: Art Therapy with People who have Learning Difficulties.* London and New York: Routledge.

Julian, Rupert(dir.). 1925. *The Phantom of the Opera* [film]. USA.

Kubler-Ross, E. 1970. *On Death and Dying.* London: Tavistock Publications.

Kuczaj, E. 1998. 'Learning to Say "Goodbye": Loss and Bereavement in Learning Difficulties and the Role or Art Therapy'. In Rees, M.(ed.) *Drawing on Difference: Art Therapy with People who have Learning Difficulties.* London and New York: Routledge.

Leroux. G.(1909-1910). *Le Fantome de l'Opera.* From the magazine *Le Gaulois. Paris.*

Lloyd Webber, A.(comp.). Started 1986. *The Phantom of the Opera* [musical]. Her Majesty's Theatre, London.

Marvin, R. S. and Piñata, R. C.1996. 'Mothers' Reactions to their Child's Diagnosis: Relations with Security of Attachment'. *Journal of Clinical Psychology* 25(4):436-445.

Rees, M. 1998. 'Clinical Supervision in Art Therapy'. In Rees, M.(ed.) Drawing on *Difference: Art Therapy with People who have Learning Difficulties. Routledge.*

Richards, B. 1994. *Disciplines of Delight: The Psychoanalysis of Popular Culture.* London: Free Association Books.

Schaverien, J. 1995. *Desire and the Female Therapist: Engendered Gazes in Psychotherapy Art Therapy.* London: Brunner and Routledge.

Schumacher, J.(dir.). 2004. Andrew Lloyd-Webber's *Phantom of the Opera* [film]. London.

Sinason, V. 1992. Mental Handicap and the Human Condition: *New Approaches from the Tavistock.* London: Free Association Books.

Symington, N. 1992. 'Countertransference with Mentally Handicapped Clients'. In Waitman, A. and Conboy-Hill, S.(eds) *Psychotherapy and Mental handicap.* London: Sage Publications.

Szivos, S. and Griffiths, E. 1992. 'Coming to Terms with Learning Difficulties: The Effects of Groupwork and Group Processes on Stigmatised Identity in Psychotherapy and Mental Handicap'. In Waitman, A. and Conboy-Hill, S.(eds) *Psychotherapy and Mental Handicap.* London: Sage Publications.

Thomas, B. 2001. "`I've Taught you Once Already": Forgetting the Disability in Learning Disability'. *Clinical Psychology Forum* 148.

Twitchell, J. B. 1985. *Dreadful Pleasures: An Anatomy of modern Horror.* Oxford/New York: Oxford University Press.

Wells, P. 2000. *The Horror Genre: From Beezlebub to Blair Witch.* Short Cuts. London: Wallflower.

Winnicott, D. W. 1971. *Playing and Reality.* London: Penguin.

Wood, C. 1999. 'Class Issues in Art Therapy'. In Campbell, J., Liebmann, M., Brooks, F., Jones, J. and Ward, C.(eds) *Art Therapy, Race and Culture.* London and Philadelphia: Jessica Kingsley Publishers.

Woods, S. M. 1976. 'Some Dynamics of Male Chauvinism'. *Archives of General Psychiatry* 33: 63-65.

제2부

상실

사별과 발달/학습장애
이론적 개요

킴 디 Kim Dee

앞으로 두 장에 걸쳐 발달/학습장애를 가진 사람들을 위한 미술치료에서 광범위한 주제인 상실에 대해 다루고자 한다. 도입부에서 두 가지 임상 사례를 제시하고, 사별과 상실, 그리고 발달/학습장애 관련 문헌검토와 이론들을 간단히 소개하고자 한다.

발달/학습장애를 가진 사람들의 정서적 발달에 대한 논의는 1970년대 후반까지도 지적인 발달과 분리하여 생각하지 못했다. 게다가 일반 사람들처럼 상실과 애도 과정을 그들이 경험할 수 없을 것이라는 추측이 깔려 있었다(Oswin 1991). 초기연구(Emerson 1977)에서 발달/학습장애를 가진 대상자가 최근 겪은 사별로 인한 행동변화에 대하여 돌봄 직원들과 가족들 모두가 협력적이지 않다고 밝혔다. 홀린스Hollins와 에스터휴젠 Esterhuyzen(1997)은 부모의 장례식에 불참했던 발달/학습장애를 가진 사람들은 좀 더 복잡한 애도반응을 나타내는 경향이 있으며, 그들이 겪었던 상실이 곤란한 감정과 연관됨을 분명하게 주장하였다.

또한, 발달/학습장애를 가진 사람들이 심리치료에서 정서적 어려움을 설명할 수 있는 지적수준을 갖추지 못한다고 추정하였다(Blackman 2003). 역사적으로 보면 일차적인 치료를 선택할 때, 약물과 행동수정이론behavior modification 프로그램을 선택하여 왔다

(Hollins and Esterhuyzen 1997). 런던 타비스탁 클리닉Tavistock Clinic의 발레리 시나손(Valerie Sinason 1992)과 타 치료진은 최초로 발달/학습장애가 있는 사람들에게 심리치료와 관련된 업무를 도입하였다. 콘보이 힐Conboy-Hill(1992)은 특별히 발달/학습장애를 가진 사람들이 사별을 대처하도록 정서적 부분의 심리치료 접근이 필수적이라고 강조하였다. 초기 미술치료 책, ≪*Drawing on Difference*(다르게 그리기)≫에서 장 전제를 할애하여 발달/학습장애를 가진 내담자와 함께했던 상실의 과정을 다루었다(Kuczaj 1998). 미술치료 분야 이외의 문헌에서도 발달/학습장애를 가진 사람들의 상실대처 방안을 도모하는 미술 심리치료사의 역할을 점차 중요하게 인식하고 있다(Blackman 2003, Grey 2010 참고).

오스윈Oswin(1991)의 ≪*Am I allowed to Cry?*(울어도 되나요?)≫ 라는 선구적인 책은 발달/학습장애를 가진 내담자들의 애도를 표현하는 여러가지 임상 사례를 다루고 있다. 그들의 애도반응이 발달/학습장애를 갖고 있진 않은 일반 사람들의 경험과 매우 근접하다는 것을 나타내고 있다. 그러나 발달/학습장애를 가진 사람의 애도 반응은 좀 더 복잡한 문제일 수도 있으며, 아래와 같은 여러가지 요인이 작용한다고 강조한다.

- 전반적인 삶에서 평범한 기회의 상실: 성관계, 자녀, 정규 취업.
- 초기 아동기에 부모와의 어려운/손상된 애착 경험(제6장 참고).
- 아동기 놀이에서 죽음을 미리 경험하거나, 겪어볼 기회를 갖지 못할 가능성을 포함하여 제한적인 인생의 경험.
- 언어적 의사소통의 한계.
- 장애로 인한 슬픔이나 정신질환에 의해 발현되는 태도에 관한 타인의 오해.
- 상황을 인지적으로 이해하고 처리하는 데에 발달/학습장애를 가진 사람들은 능력의 한계가 따르겠지만, 이는 정서적으로 슬픔을 깊게 경험하지 못한다는 의미는 아님.
- 보호자, 특히 부모에게 그들의 성인기까지 의존하게 되는 경향과 처음으로 보호인을 상실하고 동시에 가정을 잃은 후, 새로운 환경으로 거처를 옮겨가게 되는 일반

적인 경험.

- 다른 가족들이 휴가를 내서 애도기간을 갖는 것과 달리, 장례식에 불참하게 되고 주간보호센터에서의 일반적인 일과를 기대 받음. 때론 장례식 준비기간에 가족들은 휴식을 위해 낯선 임시거처에서 머무르곤 함.
- 고인이 가장 가까운 동반자였을 것 - 유족을 고립되고 외롭게 남겨둔 채, 그들을 이해하며 요구에 맞춰주던 대상이 떠남.

사별bereavement은 질병이라기 보다 우리 대부분의 인생에서 언젠가 맞게 될, 어쩌면 쉽지 않은, 보편적인 인생 경험이다. 때문에, 사람들은 전문가의 도움이나 의료적 개입이 즉각적으로 필요하다고 생각하지 않는다. 발달/학습장애를 가진 사람들에게 맞추어 상실에 대한 적응을 도모하기 보다, 아주 당연하게 사별을 위한 치료로 의뢰되곤 한다. 발달/학습장애를 가진 사람들 대부분은 가정에서 도움을 받고 일부는 자격이 보장되지 않지만, 다년간의 돌봄 경력을 보유한 주간보호센터 직원들의 보호를 받는다. 처음으로 만나는 직원들은 최근 사별을 경험한 발달/학습장애 내담자를 보호하고, 파생된 문제를 가진 내담자들 및 추가적으로 보호가 필요한 내담자들을 선별하는 필수적인 역할을 맡게 된다. 사별을 겪고 사랑하는 대상을 상실한 당사자에게 동정어린 시선을 통해서 외로움을 경감시키도록 돕는데에는 상당한 기간을 요할 수 있다. 돌봄 직원은 당사자와 함께 묘소를 참배하거나 다른 방식으로 기일을 챙기도록 돕는다. 이것이 연민의 과정을 도울 수 있는 방법이다.

사별이론

보울비의 애착이론attachment theory은 사별이란 최초로 엄마와 맺은 애착에서 비롯된 분리불안의 유형으로 구분하고 있다. 처음으로 어린시절의 '안정적'인 애착을 경험한 적

없는 개인은 강력하며, 내면화된 안정감의 부재로 인해 인생에서 뒤늦게 애도 문제를 해결하게 되는 경향을 갖는다고 말한다(Bowlby 1979). 이 이론은 특별히 다음과 같이 다양한 이유에서 최초 애착에 어려움을 겪은 발달/학습장애를 가진 사람들과 관련이 있다.

- 오랫동안 의료적 개입으로 엄마와 조기에 분리.
- 그런 아동을 부모가 받아들이는 데에 어려움을 겪을 수 있으며, '완벽한' 자녀에 대한 기대를 상실한 슬픔과 같은 경험(Sinason 1992)을 할 수 있다. 그리고/또는 사회 속에서 자신의 자녀가 인식될 수준에 대하여 수치심과 당황스러움을 느낄 수 있다.
- 부모와 정신적 외상으로 조기에 분리를 경험한 채, 발달/학습장애를 가진 아동은 보호 시설로 위탁될 수도 있다(요즘 이 경험은 보편적이지 않지만, 30대 이상 발달/학습장애가 있는 사람들 대다수는 아직도 겪고 있다).
- 부모는 장애를 질병으로 인식하기 때문에, 아이에게 지속적인 보호 및 관찰이 필요하다 여기고 과도하게 불안정 애착을 보일 수 있다.

조기 심리치료적 사별이론에서는 한 걸음 더 나아가 인생에서 새로운 관계를 맺으려면, 사랑했던 사람을 잃은 상실감에 대해 단념할 필요성을 강조하였다. 오늘날 고인이 된 사람을 기억하며 관계를 소중히 생각하려는 사람들을 돕는 긍정적인 역할을 점차 이해하고 인정하고 있다(Klass *et al.* 1996). 제3장에서는, 그들을 가슴 아프게 하는 두려움이란 주제를 회피하기 보다 그들이 무언가 할 수 있도록 도움을 주는 긍정적인 결과에 대해 자세히 다룬다.

월든Worden(2001)과 같은 대다수 이론가들은 슬픔의 시기 또는 그 단계를 구별하였다. 사별을 겪은 사람이 느낄 수 있는 압도적인 정서를 이해하는데 시기를 구분하는 것이 도움이 될 수 있다. 게다가 사랑하는 대상이 세상을 떠났을 때 사람들이 방향감각을 상실한 듯, 절망적이고, 분노하는 감정이 드는 점이 일반적이라는 사실에 우리는 안도하게 된다. 그러나 애도 과정은 순차적으로 정갈하게 짜여진 과정이 아니며, 발달/학습장애를 가진 사람들에게는 특별 그 과정에 어려움을 겪을 수도 있고, 그 기간이 길어질 수도 있다. 앞으로 그 두 가지 임상 사례를 들어 설명하고자 한다.

다음과 같은 사항은 발달/학습장애를 가진 사람들의 상실과 관련한 치료에서 참고할 필요가 있다.

- 특별히 해결되지 않은 감정처럼, 당신이 겪은 상실의 경험.
- 죽음, 사망, 사별에 관한 종교적이며 문화적으로 특수한 의식, 전통, 사고방식.
- 발달/학습장애를 가진 사람들을 대하는 사회집단의 태도(특히 사회적으로 발달/학습장애를 가진 사람의 '죽음을 바라는death wish' 관점)(Sinason 1992).

제3장

상실의 형태

킴 디 Kim Dee

들어가며

미술치료로 의뢰되어 온 한 내담자와 사별 과정을 검토하고 있을 때, 브루스 포시스Bruce Forsyth와 토미 쿠퍼Tommy Cooper처럼, *'만나서 반가워, 반가워 만나서!'* 하며 흉내 냈던 상황이 내 예상으론 처음이 아니었다. 나는 좀 더 완전히 상황이 엄숙하기를 바랬었다. 이 상황에서 보인 유머는 폴Paul의 미술치료 회기에서 엄청난 슬픔과 분노와 함께 뒤엉킨 관계가 되었다.

이 장에서 다루게 될 내용

- 애도 과정이 포함된 상실 경험을 재현하기 위한 미술매체의 활용.
- 발달/학습장애를 가진 사람들에게 미술치료가 제한된 언어적 의사소통을 가진 그들이 언어적 소통의 압력을 받지 않으면서도 상실을 표현하고, 수행 가능하도록 도우며, 치료속도를 조율하는 방법.

- 사망과 관련된 모호하고/양가적인 정서의 구별과 탐색.
- 대상자의 요구에 따른 해당 관계자 및 타 분야 전문가들과 협업의 중요성.
- 치료에서 교육적 매체의 활용.

의뢰와 진단평가–조직적인 관점

모든 '조직systems'이 동원된 체계적인 치료를 내담자가 활용하여 치료실 밖으로, 가정 및 주간 센터까지 포함하여 확장하는 것이 중요하다. 폴Paul은 자신이 직접 치료를 의뢰하지 않았다. 경험에 비추어 보면, 아직도 발달/학습장애를 가진 사람들이 직접 서비스를 의뢰하는 것은 일반적인 것이 아니다. 내게 의뢰된 사유는 내담자의 정서적 안정을 고려하기 보다 대처행동의 어려움에 관한 용어로 빈번하게 기록된 것이 대부분이었다. 복지센터로부터 폴은 제명의 위협을 받았고, 그의 가족과 센터직원 간의 관계는 깨지고 대화는 틀어져 버렸다. 아버지께서 돌아가시고 난 이후, 2년간 폴의 스트레스가 폭발하였다. 그리고 아버지와 '교회 마당'을 반복하여 그림을 그리고 있지만, 그의 행동이 점차 통제할 수 없을 만큼 변했다는 것을 복지센터의 직원이 알기 전까지 폴은 심리치료로 의뢰되지 못했다.

사람들은 상당한 차이가 공존하는 환경 속에 서로 마주할 수 있다. 그 상황의 통찰을 얻기 위해 나는 전체적으로 바라보았다. 폴이 치료에 필수적으로 참여할 수 있도록 그의 인생에서 큰 역할을 하는 주변 관계자와 연락을 주고받는 것이 중요했다.

이곳에서 다학제적 커뮤니티팀의 일원으로 정신과 의사, 심리치료사, 언어치료사, 작업치료사와 함께 일하고 있다. 우리 팀의 접근법은 초기진단평가와 사례 개념화를 위해 한 가지 수련방식에서 벗어나, 좀 더 다양한 관점에서 항상 파악하는 것이다. 또한 다학제적 포럼을 통해 진료와 임상의 피드백이 이뤄진다. 내담자가 치료를 통해 얻고자 하는 목표와 치료참여를 위한 동의서 작성은 가능한 한 평가과정 중에 이뤄진다.

복지센터의 방문

지난 몇 년간 복지센터에서 다른 사람에 대한 폴의 행동문제가 증가하자, 이를 염려한 센터 담당자는 그를 미술치료로 의뢰하였다. 그의 도전적인 행동은 침 뱉기, 자기고립, 분노 폭발, 신체적 공격의 같은 것이었다. 폴은 자신이 언급한 아버지와 '교회마당' 또는 '교회 근처의 묘지'(사진 3.1)를 반복적으로 그렸다. 그는 손으로 천장을 자주 가리켰고, 또 '아빠'라고 말하며 속상한 표정을 지어 보이곤 했다. 그가 우리 다학제팀으로 의뢰된 첫번째 사례였으며, 심리치료사와 함께 초기평가를 진행하였다.

우리는 복지센터에서 그와 그의 담당자를 처음 만났고, 이후 가족과 함께 살고 있는 그의 집을 방문했다. 더 이상 나아지지 않는 폴의 '악화된 행동'의 양상을 담당자는 다양한 방식을 통해 전달하려고 애썼으며, 어쩌면 센터에서 그를 제명시킬지도 모른다며 걱정하였다. 직원은 폴이 아버지의 죽음(2년 전)으로 인해 받는 충격에 대해 공식적으로 논의하지 않았고, 명백하게 드러나는 문제점 역시 인정하려고 하지 않았다. 그 이유는 만약 그 점을 경우에 인정했을 폴의 가족이 보일지 모르는 반응으로 직원들은 불안해했으며, 경직된 관계 때문이기도 했다.

폴은 많이 수줍은 듯 보였고, 말더듬stutter을 갖고 있었다. 우리의 질문에 그가 대답했으나, 그가 말하는 데에는 오랜 시간이 소요되었고, 때론 이전 질문에 대한 답변을 준비하고 있는 듯 보였다. 그러나 그의 아버지에 대해 말할 때, 고개를 세차게 끄덕였고 자신의 그림을 가리키며, '아빠'라고 말한 뒤 천장을 가리켰다. 폴은 30대 후반이었으나, 어려 보였다. 그는 키가 작았고 외모와 태도는 좀 더 소년 같았다. 그의 표현은 생생하고 호기심은- 마치 우리가 흥미로운 듯- 가득했다.

복지센터를 방문하는 사람들 가운데 그가 가장 어리고,(담당자의 말에 의하면)사람들 사이에서 '젊은이' 혹은 '버릇없는 소년'으로 취급되는 경향이 있다고 그의 담당자는 보고했다. 폴은 어렸을 때 다운증후군Down's syndrome의 진단받았다. 그러나 신체상으로 거의 구별되지 않는 외모를 지니고 있어서 만일 그러한 정보가 없었다면, 나는 그와 같은 진단사실을 거의 알아차릴 수 없었을 것이다. 그는 복지센터에서 안정감을 느끼는 장소로 보이는 곳에 자기고립을 자처하면서 많은 시간을 보냈다. 때로는 센터의 사람들이 자신에게 가까이 다가가기라도 하면, 침을 뱉거나 플라스틱 야구방망이를 흔들어 댔다.

가정방문

집에서 만난 폴은 상당히 안정되어 보였으나, 그의 어머니는 우리의 개입에 대해 매우 조심스러워하였다. 그는 사랑스러우면서 아주 친밀한, 노동자 계층 가족의 일원이었다. 그는 집에서 부모님과 함께 살았고, 비록 누나와 서로 다른 학교를 다녔을지라도 그녀는 그를 집으로 데려오곤 하였다. 폴은 관내 특수학교에 다녔다.

폴의 어머니는 그가 복지센터에서 부정적인 라벨명을 달게되었다고 느꼈고, 그를 괴롭히는 사람 때문이라며 자주 타인을 비난하며 굳게 믿고 있었다. 그의 가족은 복지센터에 화가 나 있었고, 복지사와 전문가들이 폴을 거의 돕지 않는다고 느끼고 있었다. 가족들은 이제 와서 무언가 시도하기란 너무 늦었다는 의견을 전했다.

아버지의 죽음에 폴이 관심을 갖고 있었는지 어머니는 몰랐다고 말했다. 그리고 폴이 언제나 '아빠와 교회마당'이라고 이름 붙이며 센터 내에서 그렸던 그림들에 대해서 그녀는 들은 바가 없다고 했다. 그녀는 일부 부정하는 것처럼 보였는데, 나중에는 폴이 아버지의 죽음으로 혼란스러워했고, 때론 아빠가 언제 돌아오는지 자신에게 물어봤다는 사실을 인정하였다. 아버지의 죽음 이후 폴은 집에서 어머니 주변을 졸졸 따라다니며 연신 바닥에 침을 뱉었다. 폴에게 아버지의 죽음을 직접적으로 직면하게 만드는 것이 그를 슬퍼하게 만들 것 같아 그녀는 두려웠다고 했다.

아버지의 병세는 꽤 급작스럽게 진행되었고 폴이 아버지의 병원에 방문했을 때 얼마나 병세가 심각한지 그는 짐작할 수 없었다. 게다가 가족의 염려로 인해 그는 아버지의 장례식에 참석할 수도 없었다. 어쩌면 그렇게 하는 것이, 그를 슬프고 혼란스럽게 할지 모르고,

그로 인해 장례식에 지장을 줄지 모른다고 가족들은 짐작하였다. 폴의 누나의 말에 따르면, 그가 영구차에서 장례식의 관을 보았다고 했다. 그러나 그의 어머니는 그가 교회에 방문하지 않도록 하고, 예식이나 매장을 보지 않는 것이 최선이라고 판단했다고 한다. 그는 장례식과 매장의식이 모두 끝날 때까지 교회 밖에 있던 친척의 차 안에 있었다. 여전하 가족들이 그를 아이 대하듯 하고 있으며, 어려움으로부터 방어하려 한다고 어머니는 인정했다. 그 뒤로 2년 동안 그는 아버지 묘소를 방문하지 못했다.

폴이 아버지에 대해 질문을 할 때, 그녀는 위쪽을 가리키며, '이제 위에 계시며'(천국을 의미) 쉬고 있으시다고 알려주었다고 했다. 가족들이 종교를 믿지 않았기 때문에, 천국이나 사후세계의 개념에 대해서 폴이 이해할 수 없을 가능성이 있었다. 우리에게 어머니가 대답을 한 이후에도, 폴은 아버지가 언제 돌아올지 반복적으로 우리에게 질문하였다. 그녀는 어머니 말보다 아버지 말을 폴이 더욱 '알아듣기' 쉬워하는 경향을 보였다고 언급했다. 그리고 폴이 '정말 아버지를 위로 올려다' 보았다고 그녀가 말했다.

진단평가 결과와 실행

아버지와 교회마당 그림을 보여주며 그가 '슬펐다는' 것을 설명하려는 폴의 바람을 통해서 그에게는 아버지의 상실에 대한 감정을 탐색하기 위한 장소가 필요했다는 의미를 나타냈다. 내게 의뢰되어 오는 내담자들은 보통 4회기로 진행되는 미술치료 진단평가를 갖는다. 그 이유는 내담자들에게 치료적 동의를 구하기 전에, 미술치료에 수반되는 상황을 그들이 더욱 잘 이해하도록 돕고자 하는 것이다.

폴의 어머니는 아버지 죽음에 관한 것을 다루게 되면, 그를 더욱 힘들게 하지는 않을지 걱정이 되어서 미술치료 개입에 회의적이었다. 하지만 나는 이미 폴이 아버지의 죽음을 슬퍼하고 있다는 점에 주목하면서 그녀를 안심시키려 애썼다. 게다가 그의 감정을 설명하려면 도움이 필요하다고 지적하였다. 그녀는 애초에 설득되지는 않았지만, 그가 미술치료에 참여하는 것을 반대하지도 않았다.

치료적 개입이 필요한 만큼, 보다 사실기반한 죽음이라는 개념을 이해하면서, 아버지가 병원에 입원한 후에 어떤 일이 발생했는지 폴이 알아야 할 필요가 있었다. 이러한 상황에 대해 나는 팀내 심리치료사와 논의하였다. 그래서 우리는 최선을 다하도록 노력하며 치료회기 내에서 그 상향이 자연스레 발생하는 경우, 그가 언어로 표현할 수 있도록 돕기로 하였다.

평가과정을 넘어서 조직적인 생각의 가치는 확장된다. 또한 내담자와 관계된 사람들이 치료과정에 참여하도록 최선의 방향설정은 필수다. 폴의 사례에서 복지센터 직원 및 그의 가족들과 함께 이슈를 논의하면서 팀내 심리학자는 나와 함께 협업하였다. 심리학자는 관계자들과 함께 폴의 인생을 향상시키는, 예를 들면 복지센터 활동 프로그램의 변경과 같은, 방법적인 아이디어를 의논하였다.

초기 회기

폴은 미술치료에 일 년 동안 참여하였다. 작은 공간의 미술치료실에서 폴이 첫 회기부터 편안하게 느낄 수 있도록 나는 방법을 찾고자 하였다. 그의 가족과 복지센터 직원은 폴이 변화하기 어렵다고 언급하였고, 나는 폴이 복지센터에서 떨어진 새로운 환경에 적응하는데 시간이 걸릴 것이라고 예상하였다. 그러나 그는 전혀 치료실 입실을 거부하지 않았으며, 즉시 미술재료가 있는 곳까지 직선거리로 성큼 걸어갔다. 아마도 우리가 전에 익숙한 두 장소에서 만났었던 것과, 아버지의 상실과 관련 있는 치료의뢰에 대해 함께 이야기 나누었던 것이 도움이 된 모양이었다.

사진 3.1 폴: '아빠와 교회마당'

모델링 재료의 활용

첫 회기에 모형제작 재료를 사용하여 폴은 대상object을 만들었다. 그는 '아빠'하고 말하며, 무거운 한숨을 내쉬곤 그 작품을 내게 건네었다. 나는 그가 아빠를 그리워하고 있는지 물었고, 그는 몸 전체를 구부리며 재차 한숨을 내쉬고, 이마에 손을 얹으면서, '네'라고 말했다.

폴이 미술치료에 참여하기 전, 복지센터에서는 반복적으로 그림을 그렸다(사진 3.1). 하지만 치료실에서 다양한 재료가 주어졌을 때, 즉각적으로 그가 모델링 재료를 선택한 것은 의외라는 생각이 들었다. 3차원 입체의 촉각적인 재료는 그로 하여금 좀 더 현실적이고, 생생하며, 실제적인 아버지의 상실로 연결될 수 있도록 보조하는 것 같았다.

첫 치료 회기에서 아버지를 상상하여 재창조하는 것이 실제로 자신이 겪은 것을 파악하기 위해 그에게 필수적인 듯 느껴졌다. 폴이 모델링 재료를 부드럽게 조작하는 것을 바라보고 있자니, 나는 마음이 매우 뭉클하였다. 마치 욕조 속에 아가를 다루는 부모의 조심스러운 손길을 떠올리게 했기 때문이었다. 나중에 누나를 통해서 알게 된 사실은, 보통은 폴을 보호하는 일에 아버지가 관여하지 않았지만, 폴이 성인이 된 이후에 목욕하는 것을 도와주었다는 것이었다. 나는 그의 치료에서 모델링 재료가 그가 만든 아버지의 신체 또는 관을 나타내는 대상으로 느껴졌으며, 만질 수 있는 실체적 존재를 담은 미술작품으로 유추할 수 있었다.

폴은 익숙한 이미지인 '아버지와 교회마당'(사진 3.1)을 그리기 시작했다. 이 그림에서 이미지는 텅 빈 그래프 같이 보인다. 구성요소들 사이에 연결성은 거의 나타나지 않는다. 얼굴은 평행선으로부터 꽤 멀리 떨어져 있으며, 행복하지 않은 표정으로 선들 옆에 그려져 있다. 그는 그림의 얼굴을 가리키며 '슬퍼'라고 말했다. 나는 그가 교회마당에서 아빠를 걱정하고 있는 것인지 물었고, 그는 고개를 끄덕였다. 그리고 아버지에게 일어난 일을 그가 알고 있는지 물었다. 잠시 후, 그는 한숨을 쉬면서 고개를 푹 숙이며, *'묻었어'* 라고 대답했다. 나는 사람이 묻힐 때 어떤 일이 일어났었는지 그에게 질문했다. 그는 나를 바라보고 직접적으로, 매우 분명하고 힘있게 말했다. *'나도 몰라요, 무슨 일이 일어나지요?'* 그런 후에, 강조하면서 *'말해줘요!'* 라고 했다. 그가 말한 태도는 마치 그가 예전에 내게 물어봤었지만 대답을 듣지 못했던 것처럼 화가 난 듯 하였으며, 빈정대는 말투가 담겨져 있었다. 나는 어색하게도 사람이 죽고 묻힐 때 일어나는 일들에 관해 설명하고자 노력했다. 용어들은 어색하게 느껴졌고 어려웠다. 나의 설명으로 인해 그가 두려워하지는 않을지 걱정되었다. 그러나 그는 깊이 경청하고 있었고, 때론 고개를 끄덕였다. 폴은 치료의 종결이 다가오던 시기에 교회마당을 방문하고 싶다고 했다. 그리고 그의 생각을 내가 가족과 담당자에게 전할 수 있도록 하는데 동의하였다.

폴은 소중한 것을 보관하고, 안아주는 공간으로서 미술치료실을 즉각적으로 받아들이는 것처럼 보였다. 치료의 종결 회기에 폴은 벽장의 선반 위에 자신이 만든 조각품을 올려 두고, 그림은 접어둔 채로 선반 장의 문을 닫았다.

치료에서 교육자원의 활용

치료과정에서 내담자의 발달/학습장애에 관여하고 그들의 정서적인 어려움을 돕는 방법을 고려하는 것이 중요하다. 폴의 사례에서 치료 회기 중에 그림책을 활용한 점이 그의 정서와 결합되어 질병 및 죽음이 자연스럽게 드러나고 이해할 수 있도록 도움을 주었다.

특별히 발달/학습장애를 가진 사람들을 고려해서, 나는 치료 회기에 불치병, 죽음, 애도에 관한 주제의 몇 가지 종류의 그림책을 가져왔다. 그 중에는 ≪*When Dad Died*(아빠가 돌아가셨을 때)≫ (Hollins and Sireling 2004)와 관, 무덤, 교회 이미지가 담긴 멘캡의 홍보책자가 포함되어 있다. 나는 폴이 그 책들을 보도록 직접적으로 지시하기보다, 스스로 원할 때 집어 들어 볼 수 있도록 그의 곁에 두었다. 그는 내게 ≪아빠가 돌아가셨을 때≫를 읽어 달라고 요청하였다. 그리고 자신의 상황에 빗대어, 책에 있는 두명의 조카를 포함해서 가족들의 이름을 다시 붙였다. 폴은 그 책에 있는 아버지와 자신의 그림에 있는 '아빠'를 가리켰다. 그가 그 이미지들을 흘끔거리며 바라보다가, 순간적으로 손으로 머리를 감싸 안고 슬퍼하였다.

세번째 치료 회기에서 폴은 관의 사진을 바라보며 어떻게 신체가 거기에 들어가게 되는지 궁금해했다. 나는 직사각형 박스를 만든 뒤, 찰흙 덩어리를 그 안에 넣은 채 뚜껑을 덮었다. 폴은 뚜껑을 몇 번이나 반복해서 여닫았다. 그리고 나서 그 주변이 밀봉되도록 꽉 눌러 닫았다. 그리고 박스의 양끝에 두 개의 찰흙 덩어리를 추가하였으며, 홍보책자 속 관의 사진 위에 조심스럽게 맞춰 올려 두었다. 그는 그 작품을 가리키면서 *'아빠'* 라고 말했다. 폴은 슬퍼 보였고, 무거운 한숨을 내쉬었으며, 그의 얼굴을 손으로 감쌌다. 나는 그가 슬플 것이라고, 이 작품처럼 아빠를 떠올리면 분명히 마음이 어려울 것 같다고 나의 생각을 그에게 전했다. 그는 얼굴을 손으로 덮은 채, 고개를 끄덕였다. 나는 폴이 그처럼 아버지를 상실하게 된 방법을 재현하면서 얼마나 많이 그리워하는지 알게 되었으며, 주변사람들이 그 사실을 깨닫지 못했다는 사실에 매우 걱정스러웠다. 그리고 우리는 사실상 좀 더 아버지에 대해서, 그리고 매장의 과정에서 무슨 일이 일어나는지에 관해 이야기 나누었다. 관속에 있는 아버지가 숨을 쉬지 못할까 봐 폴은 각별하게 생각했다. 이러한 직접적인 방식으로 언어적 상호작용을 하게되니, 다소 잔인하다는 생각이들었다. 따라서 우리는 좀 더 죽음과 연관된 완곡한 표현방식을 익숙하게 활용하고자 하였다. 직접적으로 죽음에 대해 언급하는 것은 불편감을 줄 수 있기 때문에, 사람들은 '돌아가셨다'라는 우회적인 표현방법을 사용하는 것이다. 하지만 폴은 맹렬하게 관심을 표현하였으며, 날카로운 다양한 질문을 하였고, 따라서 우리에게는 직접적으로 설명하는 방식이 필요했다.

치료 회기에서 폴은 항상 미술 재료, 특별히 모델링 재료를 쓰곤 했다. 그 밖에 대부분의 시간은 그 책들을 보면서 지냈다. 그는 캐릭터들을 찾아내어 이름을 붙이고, 내게 사진들을 설명했다. 이 시간동안 그의 몰입과 관심은 상당히 놀라웠다. 그가 말할 이야기가 더 남아있는 것처럼 느껴졌다. 그러나, 그 후로 몇 회기동안 그는 책을 밀어내고 질문도 하지 않았다. 나는 이 상황을 만회할 방법을 찾기 위해 센터 직원에게 도움을 요청해야 했다. 나는 그가 머뭇거리고 있는 치료회기들에서 그 책이 과도기 대상transitional object(새로운 환경으로 넘어가기 이전에 심리적 안정감을 주는 것)으로 작용하고 있는 것인지 걱정되었다. 나는 그의 손에 들고 있던 책의 주제를 조심스럽게 불러일으켰고, 치료 회기에서 그가 좋아하는 무언가 혹은 안정감을 찾도록 제안하였다.

폴은 그 책 속의 주인공들에게 다시 이름 붙이기 과정을 통하여 아버지를 상실한 이야기의 조각을 맞출 수 있도록 하는 데에 도움을 주었다. 그 책은 그의 사별을 반영하고 있고, 책 속의 이미지들은 그의 정서를 인식하고 상호작용을 돕는 역할을 하였다. 예를 들면, 흥분한 사람의 사진을 가리키고 나서, 자신을 가리키며 슬픈 표정을 지어 보이며 그러한 역할이 가능했던 것이다. 미술치료 과정에서 폴은 홍보책자의 관 사진 위에 관 형태를 한 상자를 겹쳐서 올려 두면서, 그 책들의 이미지를 직접 차용하여 통합시켰다.

치료 회기에서 추도식 재진행

네 번째 치료 회기에서, 폴은 인위적인 모델링 재료를 벗어나 상자를 만들고자 시도했으나 조각들이 서로 붙지 않아 당혹스러워하였다. 나는 찰흙을 활용 해 보도록 제안하였고 그는 이를 받아들였다. 그러나 그는 젖은 찰흙의 느낌에 과장된 표정과 거북해 보이는 얼굴을 지으며 반응했다. 나는 찰흙 속에 담긴 신체에 대한 생각이 마음에 들어와 꽂혔고, 신체에 관한 그 생각은 '찰흙' 속의 죽음으로 되돌아갔다. 이와 같은 오싹했던 생각이 폴이 내 눈을 바라본 순간 급히 전환되었다. 그는 슬픈 표정의 판토마임 연기를 하면서, 동시에 손에 들린 찰흙 덩어리를 가지고 키득거렸다. 한동안 웃음은 지속되었고, 폴은 웃음기 가득한 모습으로 손에 흙을 잔뜩 묻힌 채, 나를 손가락으로 반복하여 가리켰다. 이후 그의 얼굴에는 경계하는 듯한 모습이 드리워졌고, 나는 그에게 괜찮은지 물었으며, 그는 *'아니요'*라고 강하게 대답했다. 그리고는 자신의 아빠 그림을 가리켰다. 그가 순간적으로 즐거웠던 시간에 대해서 마치 죄책감을 갖는 것처럼 느껴졌다.

추후 치료 회기에서 그는 다시 맨 처음 보였던 반응으로 돌아가 찰흙을 마치 배설물처럼 더러운 듯 대하였다. 그러나 그는 작업을 계속하였다. 마침내 작품을 완성한 뒤, 내게 전달하면서 *'당신을 사랑해요'*라고 말했다. 배설물을 의미하는 대상과 그가 보여준 다정다감함 사이의 극명한 괴리감으로 인해 나는 그만 얼어붙게 되었다.

그의 작품은 아버지의 상실한 어려운 감정과 이미지에 나타난 부드러운 질감 및 혐오의 이중성을 동시에 품고 있는 것처럼 보였다. 나는 죽은 아버지의 신체에 대한 생각이 섬뜩하게 느껴졌지만, 그는 매우 안정된 장소에 아버지를 보호하기 위해서 상자를 만들었다.

폴은 모델링 재료로 상자 모양의 형태를 만들면서 미술치료 회기에서 반복적으로 장례절차와 장례 의식을 가지고 애도하였다.

상자/관을 내게 전달하고 난 뒤, 그는 슬퍼 보였고, 얼굴을 가리며, 이따금 흐느꼈다. 노엘 블랙맨Noelle Blackman(2004)은 사랑하는 사람의 장례식에 참여할 기회조차 없던 사람들에게 사별과정의 예식을 가지는 것이 중요하다 언급하고, 대체할 수 있는 예식을

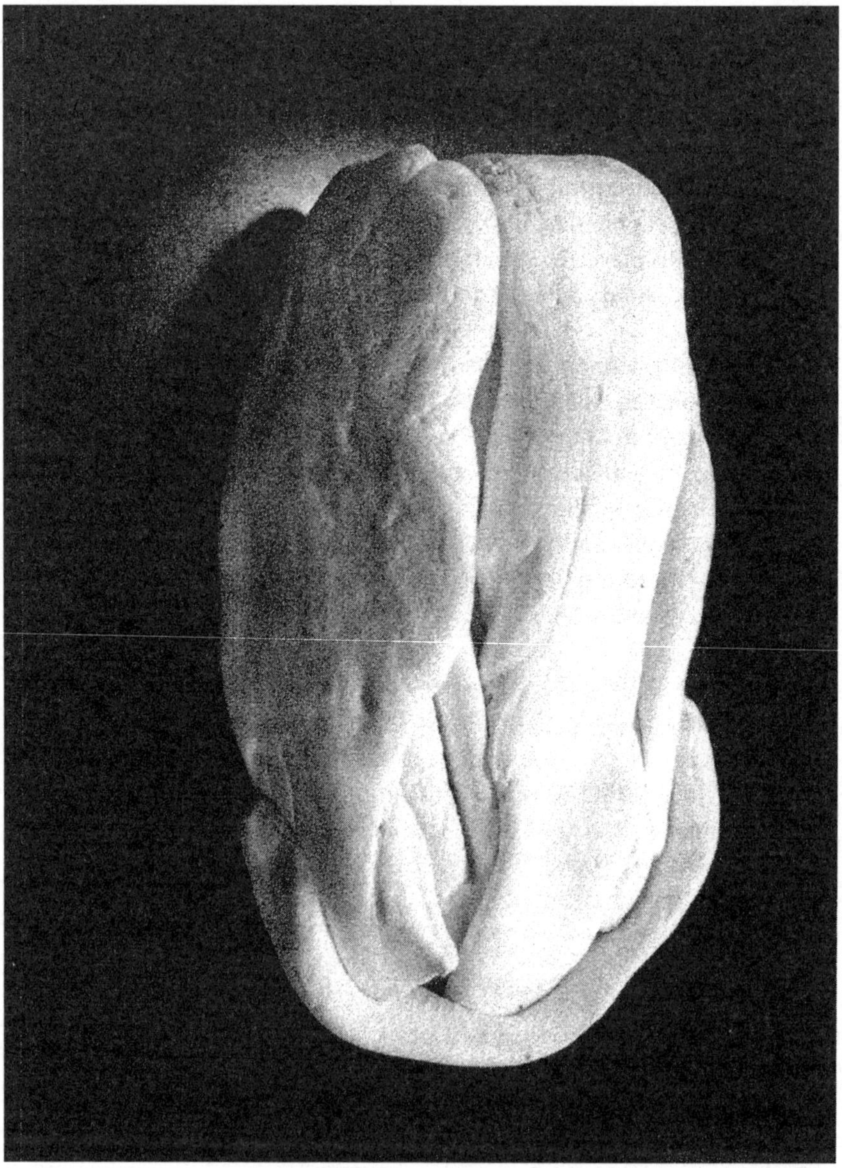

그림 3.1 폴: 모델 2

고려 해 볼 것을 제안하고 있다. 폴의 치료에서 재현된 장례 의식은 일부 애도 과정이 되었고, 그 과정에 증인이 되고 인정해 주는 나의 역할을 필요로 하였다. 재현과정에서 촉각적인 모델링 매체를 사용하였으며, 더불어 구체적인 방식으로 그의 **상실의 형태***Shaping his loss*를 자각할 수 있게 되었다. 치료에서 3차원적 대상을 다루고 탐색하는 것은 그의 슬픔을 자각하는 데에 도움을 주었다 - 이것은 평면사진을 바라보는 것과는 상당히 다른 경험이 된다(Damarell 2007).

중간 회기

모방과 역전이

치료 회기에서 폴이 자주 울먹이면서 얼굴을 손으로 감싸고 울음을 터트리는 경우는 중요한 부분이었다. 그럴 때마다 나는 아버지를 상실한 그의 고통에 대해서 말해주었다. 그리고 이런 그의 슬픔을 알지 못하는 주변사람들을 대신하여 그가 느낄 수 있는 감정을 나지막이 전달하였다. 한번은 폴이 울고 난 뒤, 이내 멈추고, 손가락 사이로 나를 몰래 보면서 활짝 웃고 있었다는 것을 알아차렸다. 나는 그가 보인 일련의 행동을 거론하였다. 그는 손을 내리고 크게 웃었다. 그리고 나서 책상에 몸을 기울여 한 손을 그의 턱에 괴고, 매우 심각하게 고민하는 듯 고개를 끄덕였다가 마지막엔 배꼽이 빠지게 웃었다. 폴이 나를 따라하고 있다는 사실을 알게 되었고, 나는 즉각적으로 당혹감과 자기 인식 및 다소 비웃음 거리가 된 듯한 느낌을 받았다. 나의 역전이로 인해 순간적으로 분노가 일어났고, 모욕적으로 느껴졌다. 나는 폴이 나를 조롱했다고 느껴졌으며, 분명해 보였던 그의 슬픔이 과연 진실이었는지, 또한 그가 발달/학습장애를 갖고 있다는 것조차도 너무나 의심이 되었다. 그 순간에 나는 폴이 나와 게임을 하는 중이라고 짐작하게 되었다.

폴의 정확한 흉내에 나는 강한 인상을 받았으며, 그와 동시에 내가 그를 관찰하는 만큼 그가 나를 학습하고 있다는 것을 분명하게 인식하였다. 마치 순간적으로 우리의 역할이 서로 바뀐 듯 보였고, 가장 당황스러운 순간이었다. 미술치료 진행에 대하여 깊이 있는 반영과 슈퍼비전을 통해서, 이 상황의 여러가지 측면이 드러났다. 폴이 흐느끼면서 손가락 사이로 나를 바라보고 있는 것을 인식하기 바로 직전에, 그와 같이 치료 회기에서 되풀이 되는 패턴에 내가 너무나 고착되었음을 알았다. 매장하고 나서 울음을 보이는 그의 행동화acting out의 패턴에. 다시 말해서, 단순했던 나의 행동방식을 통해 마치 폴의 슬픔을 인정하려던 것 같이 여겨졌으며, 비 언어적인 의사소통 단계에 익숙한 그가 그 부분을 알 수 있었다는 것을 깨닫게 되었다. 어쩌면 내가 보인 일부 거짓된 부분과 내가 가진 지루함을 그가 짚어낸 것이다. 또한 복지센터의 다른 사람들, 즉 어르신들이 그를 '엉큼한' 사람으로 이해하고, 그의 태도가 불쾌하며 기분을 상하게 만든다고 지적했다는 담당자가 말했던 것이 생각났다.

나는 복지센터의 직원 또는 센터에 나오는 다른 사람들에게 혹시, 폴이 장난을 치거나, 흉내내기를 보이지 않았는지 궁금해졌다. 나중에 내가 담당자와 이야기했을 때, 그가 그러했다는 사실이 확인되었다. 나는 처음으로 자극받은 고통스러운 나의 역전이 감정에 머물기보다, 임상 슈퍼비전을 통해서 폴의 행동을 무비판적으로 생각해 보게 되었으며, 그 이면에 숨겨진 의미를 성찰할 기회를 가졌다.

관찰 기술과 타인의 이해

나는 상황을 좀 더 깊게 반영하고자 타인을 관찰하고 흉내 내려는 폴의 욕구에 대하여 생각해볼 수 있었다. 폴은 어휘의 선택에 어려움이 있으며, 말을 시작하는 과정과 대답하는 데에 오랜 시간이 걸렸다. 그래서 그가 사람들을 이해하고 의사소통 하고자 사람들의 버릇이나 얼굴표정을 유심히 관찰하는 전략을 확고하게 발전시켜 왔던 것이다. 치료에서 발견된 특수한 상황으로 인하여 그동안 폴은 사람들의 밀접한 관찰자였다는 것을 깨달을 수 있었다. 또, 폴이 아버지의 투병시기부터 장례기간 동안에 가족들의 스트레스와 슬픔을 알아챘을 가능성도 깨닫게되었다. 어머니는 폴을 자극할 수도 있을 것 같이 여겨서, 그 당시 일어나는 상황을 그에게 말하기를 꺼렸다고 말했다. 그렇기 때문에 폴은 표정이나 태도에서 오는 비언어적인 의사소통에 기대어 상황을 이해할 수밖에 없었던 것이다. 가족들에게서 울음, 화, 심각함, 심지어는 분노를 관찰했을 수도 있다. 매우 바빠서 정신이 팔린 듯한 가족들의 모습, 폴이 방에 들어왔을 때 가족들이 말을 아꼈던 것에서 자신과 함께하는 것을 불편하게 여긴다는 인상으로 느껴졌을지도 모른다. 그 당시 폴이 이상한 점을 느끼지는 않았는지, 혹은 가장 가까운 가족들에게서 제외되는 느낌을 받지는 않았는지 걱정이 되었다. 사실상 장례기간 동안 그는 완전히 가족에게서 제외되었다.

폴이 치료시간에 얼굴을 덮은 채 울음을 보이는 행동에서 짐작되는 것은 우는 것이 부끄럽고 남자답지 못하다고 배웠을 것이라는 점이다. 한편, 그가 타인의 얼굴표정을 정확하게 인식한다는 사실이 떠올랐다. 따라서 자신의 얼굴을 숨기는 것은 진실한 감정을 감출 수 있기 때문에, 다른 사람으로부터 흉내내기를 당하지 않고, 조롱받지도 않을 수 있는 것이다.

더 복잡한 양가감정의 발현

최근 회기에서, 폴은 기다랗고 색깔이 있는 찰흙 덩어리(사진 3.2)를 사용해 박스모양처럼 만들고, 거의 통제가 불가할 수준으로 갑자기 웃기 시작했다. 그는 마치 너무 웃어서 배가 아픈 듯 움켜잡았다. 바로 직전에 우리는 산책하거나, TV보기, 장난하는 것, 아버지가 폴에게 했던 '짓궂게 장난치기'와 같은 폴이 아버지와 함께 즐겼던 시간을 이야기하고 있었다. 나는 그에게 갑자기 웃은 이유를 물었다.

앞서 언급처럼 폴은 꽤 정확하게 나의 몸짓과 목소리를 흉내 내고 따라하며 반응을 보였다. 그는 나를 가리키며 또다시 웃기 시작했다. 그가 조롱하는 방식이 내게는 잔인하다는 느낌을 주었다. 나는 놀림감이 되어버렸으며, 혹시 그의 이와 같은 행동이 아버지가 보였던 것과 연관이 있지 않을지 궁금하였다. 누군가 자신을 흉내 낸 적이 있었는지 폴에게

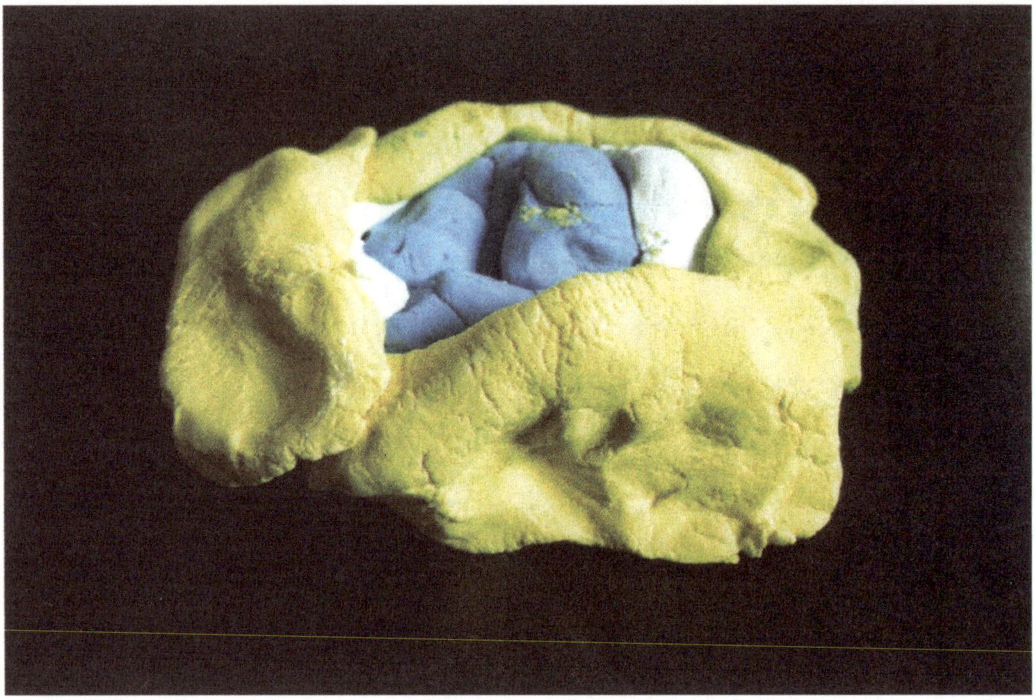

사진 3.2 폴: 모델 1

물었고, 그는 고개를 끄덕였다. 갑자기 그는 웃음을 멈췄고 작품 활동에 계속 몰두했다. 그러나, 몇 분 지나지 않아 나를 바로 응시하면서 *'심장마비heart attack'* 라고 말했다. 나는 아버지에게 일어난 일을 말하는지 물었고, 폴은 시간을 길게 끌면서, 비꼬는 듯한 말투로, 내게 등을 돌리며 *'네'* 하고 대답했다. 그의 갑작스럽고 폭력적인 듯한 웃음과 갑자기 배를 움켜잡는 행동은 통제할 수 없는 신체적 공격을 당했던 그의 경험에서 비롯되지 않았을지 추측하게 만들었다. 하지만, 이 상황은 그가 스스로 통제하여 기술적으로 나를 흉내내는 것과는 대조되었다.

폴은 치료 회기의 마무리에 말도 없이 다시 책을 멀리 치워버렸다. 마치 그가 나의 한계와 인내심을 시험하려는 듯, 나를 자극하고 분노를 유발시키려는 것처럼 느껴졌다. 마치 아이처럼 놀림을 받는 듯한 느낌은 내게 역전이를 불러일으켰다. 어쩌면 그는 아버지와 자신간에 가혹했던 장난치기를 재현하면서, 그가 어쩌면 다소 다른 방식으로 나를 가족에 포함시키고있는 것 같은 의문이 들었다. 아버지와의 관계에서는 이보다 더한 양가적인 감정이 비롯된 것처럼 느껴졌다. 그리고 그 감정은 흉내내기로, 그가 만든 작품에서, 나와의 관계진전에 반영되고 있었다. 그의 믿음이 커질수록 치료적 관계에서 그 믿음을 더욱 시험하고자 하는 것처럼 느껴졌다.

추후 회기에서 폴은 토미 쿠퍼Tommy Cooper를 흉내 냈고, 아버지가 그렇게 하곤 했다며 밝혔다. 토미 쿠퍼는 무대위에서 심장마비로 사망하였다. 나는 폴이 그의 아버지가 말한 것을 들었는지, 아니면 갑작스레 아버지를 잃은 상실로 인해 또 다른 연관성을 만들었는지 궁금했다.

흉내내기

치료가 지속될수록 폴에게 의미있는 흉내내기가 나타났다. 나는 그가 인생속의 아버지에 대해 더 이야기하고 싶어서 그의 죽음과 상실감에 몰두하였다가 전환되었다는 것을 깨달았다. 폴은 유머와 코미디언들, 유행어, 흉내내기의 즐거움을 공유하며 아버지와 연결되는 것이다. 나는 폴의 아버지가 웃으며 농담하는 모습을 머릿속에 그려보았다. 그리고 개그맨들의 유행어가 폴에게는 어쩌면 이미 만들어 놓은 기성품 같은 의사소통으로 인식되면서, 다른 사람들의 관심을 불러일으킬 수가 있다는 점을 알게 되었다. 폴이 자기표현을 위해 새로운 단어를 말하고자 할 경우에 무척이나 애를 먹고, 말을 더듬는 경향이 있다. 가끔은 그가 *'오, 안돼!'* 같이 버릇처럼 쓰는, 자신만의 몇 가지 종류의 유행어로 반사적인 반응을 보였다.

코미디언들의 유행어는 많은 사람들이 알고 있고 즐겨 사용한다. 그리고 타인에게 농담을 던지거나 타인을 참조로 하는 것은 그 사람들과 유대감을 강화하기 위한 방식으로 인식된다. 경험에 비춰 보면 폴과 아버지는 특별히 사회 속 남성들을 통해서 즐거움을 공유했다. 아마도 폴은 이러한 흉내내기 과정으로 아버지를 나타내기 위해 노력했던 것 같다. 또한 폴은 복지센터의 사람들을 우스꽝스럽게 흉내내는 전략을 활용하여 함께 참여하려는 시도를 했던 것 같다. 그러나 이러한 상황은 역효과를 불러왔으며, 일부 사람들은 조롱당하는 느낌을 받았고, 기분이 상했다(대부분의 발달/학습장애가 있는 사람들은 길거리에서 이렇게 아이들에게, 심지어 어른들에게 조롱당하여 상처받은 경우가 빈번하다).

애착과 정체성

폴의 누나에게서 아버지가 그를 다운증후군을 가진 아이로 매우 어렵게 '수용accept'를 했으며, 자신의 아들로 인해 창피함과 당황스러움을 겪었을 것이라고 전해 들었다. 주 양육자로서 폴의 어머니가 그의 보호를 담당했으며, 그의 누나는 어렸을 때 아버지와 폴이 함께 소통했었던 상황을 잘 기억하지 못했다. 그러나 폴은 아버지를 굉장히 좋아했었고, 아버지가 집에 있을 때 집안 곳곳을 따라다니며 아버지의 관심을 끌고자 노력했던 것 같았다고 기억했다. 아버지의 사망 후에, 폴은 어머니와 살게 되었고, 정기적으로 누나와 조카들과 만나 시간을 보냈다. 하지만, 그는 단 한 명의 다른 남성, 가장 가까웠던 가족을 잃었다. 카리스마 역할 모델이 없어진 그는 남성으로서 정체감에 어려움을 겪는 것처럼 보였다. 아버지의 죽음 이후에 복지센터에서 누군가 그에게 다가오려 하면, 플라스틱 야구공과 방망이를 들고 스스로를 고립시키고 방어하기 시작하면서 그가 가진 취약성을 극명하게 드러냈다.

폴은 교통편과 도움을 받을 수 없다는 이유로 이후 치료 회기에 연이어 불참하였다. 치료의 공백은 아버지의 죽음 이후에 자포자기와 상실감으로 다시 돌아가게 만들 수도 있었다. 그는 계획에 없던 공백기를 보내고 난 후, 첫 치료 회기에서 걸어들어오며 내게 *'당신을 사랑해요.'*라고 말했다. 나는 혹시나 그가 치료사로서 나를 다시 못 볼지도 모른다고 생각해서 걱정하였는지 물었다. 그는 고개를 푹 숙인 채 끄덕였다. 우리는 엄마, 누나,

조카들과 아버지를 포함해서 그가 사랑했던 사람들에 관해 잠시 이야기를 나누었다. 함께 이야기하는 동안에 폴은 모델링 재료를 조심스럽게 조작하여 길쭉한 형태의 상자를 만들었고, 내게 건네었다. 그는 아버지를 그린 그림을 손으로 가리켰고 슬픈 얼굴을 지어 보였다. 아버지가 갑자기 병원으로 실려간 이후로 폴이 아버지를 볼 수 없었다는 점이 얼마나 힘들었을지 나는 반영하여 주었다. 또한 어딘가에 아버지를 편안하고 안전하게 보호할 수 있는 장소를 그가 원하고 있는 것처럼 보인다고도 말해주었다. 그는 고개를 끄덕였다. 그 후, 나는 이점이 그가 복지센터 내 안전한 장소를 찾으려고 했던 시도와 연관되어 있음을 알게 되었다. 나는 그가 아버지 없이는 기분이 괜찮아지기 어려울 것 같다고 말했다.

거울 작품

폴은 미술치료실에 있는 작은 거울에 흥미를 가지게 되었다. 얼굴 가까이에 거울을 가져와서 자신의 모습을 의도적으로 응시하며 시간을 보냈다. 폴은 안경을 조절해 보이면서 누군가를 따라 하였는데, 자신의 담당자라고 내게 말했다. 그러더니 곧장 일어나서 낮은 목소리로 *'폴 너는 훌륭해'* 곧 이어 *'너는 보석이야'* 라고 말했다. 그는 평소에 아버지가 자신에게 말했던 것이라고도 말했다. 나는 폴이 그의 얼굴에서 아버지의 모습을 찾을 수 있는지 궁금했다. 그래서 나는 그에게 아버지를 닮았는지 물었으나, 그는 대답하지 않았다. 나는 그의 누나가 *'아빠와 성격이 닮았어요'* 라고 했던 말이 떠올랐다.

담당자에 따르면 폴이 아버지께서 살아 계셨을 때, 폴이 다소 흉내 내고 따라하기를 보이긴 했지만, 아버지를 대상화한 것이 절대 아니었다고 했다. 치료의 맥락에서 볼 때, 그가 경험한 사별과 흉내내기는 서로 긴밀하게 연결되어 있다. 그의 흉내내기 기술을 아버지는 각별하게 인정하였고 그런 애정 어린 아버지의 말을 그가 회상할 때 내가 확인하므로써 그는 전환되었다. 아버지의 상실로 인해 완전히 망연자실하였고, 혼란스러웠으며, 제정신이 아닌 상황에서 벗어나 그가 아버지와의 좋은 추억을 공유하는 상태로 빠져나오도록 돕는 데에 치료적인 발전이 있었다.

폴은 인상적으로 브루스 폴시스Bruce Forsyth, 노마 위스덤Norman Wisdom, 토미 쿠퍼Tommy Cooper의 흉내내기를 지속했다. 코미디언 모두는 폴의 세대라기보다, 그의 아버지 세대에 가까웠다. 나는 아버지와 함께 이렇게 흉내내곤 했는지 폴에게 물었고, 그는 계속 거울 속의 자신의 모습을 바라보면서 고개를 끄덕였다. 나는 그가 기억하는 많은 좋았던 순간들은 아버지와 함께했던 순간들인 것 같다고, 아마도 폴이 아버지를 웃게 한 사람이었다고 반영해 주었다. 그들이 함께 했던 친숙한 흉내내기로 인해서 폴은 여전히 아버지가 살아있는 것처럼 느끼는 듯 보였다.

나는 모든 사람들이 자신을 따라하는 것을 좋아하지 않지만, 폴이 사람들을 관찰하는 것에 능한 것 같다고도 말해주었다. 만약에 그의 흉내내기에 복지센터의 사람들 중 일부가 다른 방식으로 반응을 보였다면, 그리고 그의 아버지처럼 농담을 하지 않았었다면 어땠을지 무척이나 궁금했다.

장례식 참석

복지센터의 한 여성의 장례식 참석 사유로 폴은 이후 미술치료 회기에 불참했다. 그는 그녀와 알고 지냈지만 가까운 사이는 아니었다. 담당자는 그가 그녀의 장례식과 매장의 전 과정에 참석했으며, 매우 슬퍼 보였고, 그 당시 자신의 얼굴을 손으로 가린 채 흐느꼈다고 전했다.

이후의 치료 회기에서 그는 교회마당에서 찍은 오래된 아버지의 사진에 몸통을 추가로 붙였다. 그리고 멘캡의 홍보책자 속 관의 사진을 바라보고, 이것은 '상자'였다고 말했다. 나는 참석했던 장례식에 대해 그에게 물어보았고, 여성의 이름을 언급하며 그가 '상자' 속의 그녀를 보았다고 말했다.

그가 치료에 집중을 보인 데에는 장례식에 참석했던 것이 큰 영향을 준 것처럼 느껴졌다. 그는 더 이상 미술재료, 특히 찰흙을 사용하는 것에 흥미가 시들해졌다. 그리고 상자와 같은 형태를 만드는 것을 그만두었다. 이제 폴이 아버지에게 덜 집착하는 것처럼 보였고, 오히려 복지센터에서 일어났던 자신의 일과에 대하여 더욱 자주 언급했다.

종결회의

폴의 미술치료 종결 이전에 나는 복지센터에서 있었던 종결회의에 참석했다. 폴과 그의 어머니, 누나, 담당자와 심리학자가 동석하였다. 검토 회의의 초반부는 매우 긴장된 분위기가 감돌았다. 폴의 동의를 받아, 미술치료 회기에서 상당히 집중을 보인 그에 대해 나는 방대한 말로 피드백을 하였다. 미술치료에 대해서 폴은 *'좋았다'* 라고 평했고, 어머니와 누나도 똑같이 말했다. 폴은 어머니와 누나 역시 그 치료 회기를 자신처럼 똑같이 좋아했을 것이라고 말했다.

그의 담당자는 복지센터에 다니는 사람들과 상호작용에서 폴이 커다란 진전을 보였다고 말했다. 그리고 그가 이제 그룹 활동에 활발히 참여하고 있다고도 했다. 예전의 악화되었던 '도전적인 행동'은 더 이상 문제가 되지 않았다. 폴은 '자기에서 깨어나올' 수 있도록 돕는 드라마 치료를 매우 선호하여, 그 치료가 포함된 새 프로그램에 참여했다. 돌봄 담당자는 그가 미술수업에 집중력의 향상을 보였고, 재료사용의 범위가 다양하게 확장되었다고 말해주었다. 그리고 폴이 아버지의 묘소에 방문하는 것을 추진하려는 논의가 있었다.

이제 직원들은 사람들을 흉내 내고자 한 폴의 욕구를 더욱 이해하게 되었다. 그리고 그의 행동을 나쁘게 바라보고 그대로 비난하기 보다, 다른 사람들이 그 행동을 싫어하는 이유를 그에게 설명해주고자 노력했다.

담당자가 입을 열었을 때, 얼어붙었던 회의 분위기가 녹았다. 나중에 직원들이 폴의 '나쁜 행동' 목록을 작성했고 그를 센터에서 제명시킨다고 가족들을 센터에 불러 놓고 위협을 가했던 과거의 모든 상황에 대해 가족들은 나에게 보고하였다. 지난 20년간 이런 긍정적인 피드백은 가족들이 상상할 수도 없었다고 하였다.

심리학자는 폴의 주변관계를 중점적으로 돌봐주었으며, 가족들과 직원들 간의 의사소통 향상에 결정적인 역할을 하였다. 그리고 직원들과 협력하여 보다 나은 개선으로 적절한 활동 프로그램을 제공하기 위해 노력하였다. 일상생활 속에서 그들을 돕는 사람들과 연대하는 것은 긍정적인 치료 효과의 일반화를 위해서 필수적이다. 만약에 상황이 여의치 않으면, 대상자의 다양한 보호망의 이슈를 파악하고 확인할 수 있는 심리학자(이 임상 사례와 같이)같은 사람 및 동료들과 협업하는 것을 제안한다.

미술치료의 피드백 덕분에 그의 누나는 아버지의 상실과(가족의 모든 사람들이 참석했던)장례식에 폴이 제외되었던 상황이 얼마나 그에게 깊은 영향을 미쳤는지 깨닫게 되었다. 몇 년 뒤, 폴이 어머니의 장례식에 반드시 참석하도록 결심을 하게되었다고 누나는 인정했다.

대상자의 개인정보를 공유를 위한 동의서는 반드시 수반되어야 하는데, 비밀의 유지의 문제와 개인적인 정보의 공유로 인하여 치료에서 많은 혼란을 가져올 수 있기 때문이다. 하지만, 분명히 발달/학습장애를 가진 사람들의 변화는 종종 그들의 보호관계망에 속한 영향력 있는 사람들에게 달려있다는 점을 인식할 필요가 있다. 그리고 주변 사람들이 새로운 관점과 통찰을 보일 수 있고, 더 나은 변화를 실행하기 위하여 서로 아이디어를 공유하도록 도모하는 것이 필요하다.

치료 종결

나는 폴이 그 장례식을 참석한 이후로 특히 치료에서 차츰 분리되고 있다고 느껴졌다. 치료 회기의 마무리에 그는 작품을 치료사에게 맡기지 않고, 자신이 가져가도 좋은지 묻기 시작했다. 이전에 폴은 항상 선반 장이나 폴더에 작품을 보관하곤 했다. 이 행동은 각 회기의 중요한 의식처럼 느껴졌다. 치료의 마무리를 짓고, 동시에 미술치료실 안에 자신과 자신의 작품을 담아주고, 영속하는 공간을 정립하는 것이다. 폴이 아버지의 상실을 재현하면서 만든 대상을 지켜주는 나의 역할을 직감했기 때문에, 나는 처음으로 인정하기에 어려움을 느꼈다. 처음으로 나는 그가 작품을 남겨두도록 설득하고 싶은 충동을 느꼈다. 임상 슈퍼비전의 논의를 통하여 폴이 스스로 자신감을 갖고, 그의 정서를 담아주는 나에게 이제 덜 의존하기 시작했다는 것을 알았다. 또한 내가 그것을 알아차렸다는 것을, 그 부분은 그의 건강한 변화였다는 것을 스스로 깨달을 수 있었다.

그와 일 년 넘게 함께 하면서, 어느 날 복지센터를 통해 폴이 치료 회기 참여의 거리낌을 표현하기 시작했다고 전해 들었다. 또한 폴의 담당자는 그가 복지센터에서 정말로 잘하고 있다고 언급했다. 그는 그룹활동에 참여하였고 점차 사람들과 잘 지내게 되었다. 고립을 자처하는 것을 멈추었으며, 반복적으로 교회마당과 아버지의 그림 그리기를 그만두었다. 나는 폴에게 몇 달 안에 치료의 종결 가능성을 표현하기 시작하였다.

치료 회기는 가볍게 시작하였고 보다 유희적이었다. 폴은 치료 회기 내내 신이 난 모습으로, 내가 그의 과장된 표정과 몸동작을 따라하도록 표현하면서 나와 함께 거울게임을 즐겼다. 이번 흉내내기에서는 과거에 보였던 잔인함이 소거된 듯 보였고, 이제는 좀 더 서로를 인식하면서, 인정하고 있는 상호작용처럼 느껴졌다.

사별을 겪은 사람들과 치료의 종결을 함께하는 경우, 신중하게 생각해야 할 필요가 있다. 폴의 아버지께서는 매우 급작스럽게 돌아가셨기 때문에, 그는 혼란스럽고 화가 난 상태가 되었다. 나는 종결의 어려움을 인정하고 폴에게 종결에 대한 감정을 표현할 공간을 제공하면서, 점진적으로 그와 마무리하기를 원했다. 폴은 시작부터 치료는 영원하지 않을 것이라는 것을 알고 있었다. 불행하게도 우리 인생에서 항상 이상적인 치료의 종결을 갖는 것은 어려울 수도 있다. 이 기간에 폴은 급작스럽게 치료를 그만두었다.

이 상황에 대해 이야기를 나누기 위해 나는 그를 만나러 복지센터로 갔다. 폴과 담당자는 그가 너무나 희망하던 새로운 드라마치료 회기에 참여하게 되었다고 이유를 설명하였다. 폴은 치료작품을 되돌아보고, 종합적인 미술치료 경험의 검토를 위해 마지막 종결 회기를 갖는 것에 동의하였다.

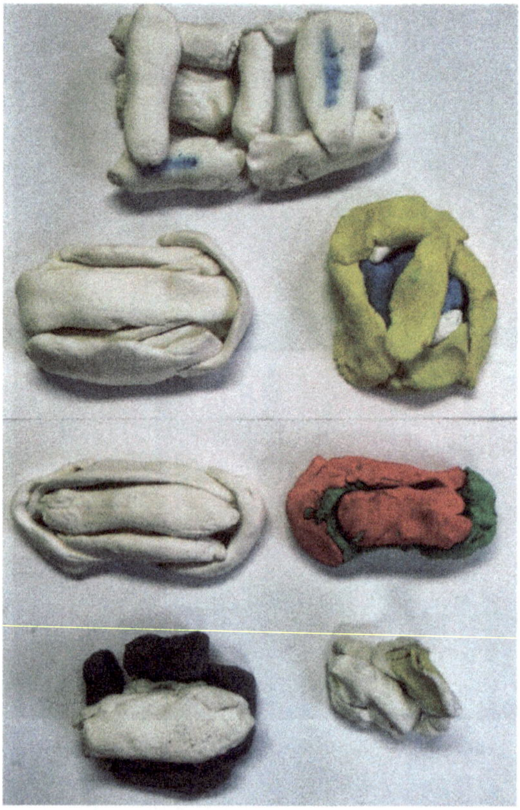

사진 3.3 폴이 만든 여러가지 모델

폴은 자신이 만든(사진 3.3) 모든 작품들을 바라보며 즐거운 듯 보였다. 하지만, 아직도 그것들이 아버지와 연결되어 있으며, 작품을 일컬어 *'아빠'* 라고 했지만, 더 이상 그는 울먹이지 않았다. 이후, 그는 작품을 소중하게 대하였고, 상자에 다시 담아 선반 장에 올려 두었다. 폴은 치료실을 떠나기 전에 초콜릿 바를 둘로 쪼개어 하나를 내게 주었다. 그가 우리의 파티를 기념하고 치료적 관계의 종료를 나타내는 것이 그에게는 매우 중요한 듯 보였다.

경험에 비춰보면, 상당히 이와 같이 일반적인 방식으로 사람들이 치료의 종결을 유도하였다. 폴은 어쩌면 고통스러운 분리로 인하여 자기를 조절하고, 스스로를 보호했을 수도 있다. 그래서 그는 이제 종결과정을 통제할 수 있게 되었다.

요약

미술치료는 폴의 애도반응과 아버지 죽음을 이해할 수 있도록 도와 주었다. 찰흙과 그의 손을 사용하여, 글자 그대로, **상실을 형상화***Shaping his loss*하였다. 또한 내가 치료에서 반복적으로 그의 상실을 바라보고 그의 감정을 인정하였던 것이 그에게는 지루함으로 여겨졌다. 치료 후반기에 폴은 아버지와 양가적인 애착 가능성과 '아버지'가 제외된 자기 정체성에 관한, 좀 더 복잡하고 고통스러운 감정을 관찰하기 시작했다.

아버지가 돌아가신 이후로 폴은 남성의 정체성에 분명한 어려움이 따르는 것으로 비춰졌다. 그리고 그는 가장 가까운 가족 이외의 다른 사람들과 관계형성에 어려움을 겪었다. 그가 발전시켜온 관찰기술과 흉내내기 방법은 아버지와 관계에서는 중요하였지만, 복지센터의 다른 사람들과 관계를 맺는 데에는 그다지 큰 도움이 되지 못했다. 단지 과거와 같이 폴이 '희롱하는 사람'으로 평가절하되지 않도록, 돌봄 직원들이 흉내내기와 따라하기를 모른척했던 것을 되돌아보면서 그런 폴의 행동을 직원들이 이해해보도록 도왔다. 게다가 직원들이 폴이 흉내내기 기술을 활용할 수 있는 창의적인 방법을 고려해보도록 도모하였고, 그가 드라마 치료에 참여할 수 있도록 도왔다.

치료 회기 안에서, 아버지의 기억과 폴의 흉내내기가 강렬하게 연결되었다고 인정한 점은 그의 상실을 이해하고 서로 상호작용하는 데에 매우 중요했다. 폴이 흉내내면서 물리적으로 아버지를 체득화 하였고, 모델링 재료로 재현된 형상과 아버지의 대상 사이에 강한 연관성을 보였다. 두 가지 매체가 가진 물질성은 아버지를 직접 만지고 잡고 싶은 욕망과 온전히 구현되는 어떠한 감정을 다른 사람에게 표현하면서, 그의 상실을 인정받고자 하는 열망이 드러난 것이다. 학습과 의사소통에 그가 지닌 어려움 역시 표현된 형태에 반영되어 있다. 끔찍한 상실감을 언어로 표현하거나 설명해 보일 수는 없었지만, 미술매체와 흉내내기 방식을 통해서 그는 유창하게 의사소통을 할 수 있었다. 또한 외상적 경험을 그가 일관적으로 설명할 수 있는 형태를 갖도록 그림책들은 보조하였다.

폴과 함께 했던 작업과 더불어 내가 상실에 대해 가지고 있던 추측도 바뀌었다. 그가 점차 나의 모습을 동정 어린 치료사의 역할로 정확히 모방하기 시작하면서, 치료관계 속에서 내가 머물렀던 방식에 대해 성찰할 수 있었다. 나는 동정심을 지닌 경청자로서 그를 바라보는 역할이었고, 과거에 내가 폴의 슬픔을 주시하지 않았음을 인정하면서, 스스로에 대해 통찰을 가졌다. 치료 회기에서 나는 그의 익살스러움을 예상하지 못했지만, 결과적으로는 그와 좀 더 심도 깊은 의사소통을 할 수 있었고, 그가 다른 사람들과 함께할 수 있도록 도왔으며, 그의 아버지와 그의 관계를 보다 상세하게 반영하였다고 생각되었다.

흉내 내기하면서 폴은 다른 사람들과 즐기고 싶고 친밀해지고 싶었던 것이다. 그리고 그의 기술을 발휘하고자 웃음을 표현하게 되었으며, 짓궂은 유머감각을 갖게 된 것이다. 흉내 내기의 이면에 무엇이 내포되어 있는지 반영하면서, 동시에 흉내 내기의 즐거움과 생동감에 대해 함께 알아갈 수 있었다. 폴은 강렬한 정서를 갖고 있는 남성이었고, 아버지를 잃은 상실에 매우 애도를 보였다. 이 점은 폴이 미술매체를 조작하면서 아버지를 위해 안식처를 만들고자 했던 방식으로 표현되었다. 폴은 부드러운 방식으로 아버지의 대상을 다시 만들었고, 그를 안전하게 모실 수 있는 박스/관을 제작하여 아버지를 걱정하고 사랑하는 마음을 나타내었다.

치료 이후에도 아버지와 공유했던 유머에 결속감을 느끼고, 지속적으로 즐겁게 의사소통 할 수 있었다. 아버지의 존재에 대한 기억과 그가 좋아했던 코미디언과 아버지를 흉내 냈던 생생한 상황을 유지하려던 자신에 대해 강렬한 통찰이 있었다. 비록 아버지와의 애착이 양가적이고 복잡한 것처럼 느껴질지라도 분명한 것은 진실된 기쁨이 담겨 있었다는 것이다. 사별을 다루는 과정을 쉬이 추측하지 않도록 폴은 내게 영향을 주었으며, 또한 매우 개인적인 방식인 연민 그 자체로도 표현될 수 있다는 가르침을 주었다.

후기

이 3장을 집필하고 출판하는 데에 동의를 구하기 위해, 나는 폴과 그의 누나를 다시 만났다. 지난 몇 년 동안 폴을 만나지 못했지만 그는 내가 도착하자 마자 나의 이름을 불렀고 내가 미술치료를 기억하고 있는지 묻자, 그는 고개를 끄덕였다. 폴과 함께한 이후에, 어머니께서는 돌아가셨으며, 누나의 가족들과 함께 살고 있었다.

아버지와 달리 어머니는 오랜 기간 투병생활을 하셨고, 어머니가 임종하시기 전까지 폴은 호스피스 병동에 여러차례 방문하였다. 누나는 폴이 호스피스 병동에서 침대에 있는 엄마를 자주 껴안을 수 있었다고 감동하여 말했다. 그리고 그가 어머니의 장례식에 참석하여 그 과정을 지켜봤다고도 언급했다. 또한, 아버지께서 돌아가신 이후로 폴이 겪었던 혼란과 분노와 두려움은 이제 사라진 듯 보였다고 전했다.

요즘에 폴은 정기적으로 휴가철이 되면 누나의 가족들과 함께 해외여행을 하고, 누나의 집안일에 동참하고 나서부터 생활에 보다 활력이 생겼다고 했다. 이 책에서 어떤 이름을 사용하면 좋겠는지 묻자, 그는 폴을 선택했다. 이 이름은 폴 웰러Paul Weller, 영광스러운 음악가에서 유래되었다.

참고문헌

Baum, S. and Lynggaard, H.(2006). *Intellectual Disabilities: A Systemic Approach.* London and New York: Karnac Books.

Blackman, N.(2003). *Loss and Learning Disability.* London: Worth Publishing.

Bowlby, J.(1979). *The Making and Breaking of Affectional Bonds.* London: Tavistock Publications.

Conboy-Hill, S.(1992). 'Grief, Loss and People with Learning Disabilities'. In A. Waitman and S. Conboy-Hill(eds)(1992) *Psychotherapy and Mental Handicap*(pp.150-170). London: Sage.

Damarell, B.(2007). 'The Supervisor's Eyes'. In J. Schaverian and C. Case(eds) *Supervision of Art Psychotherapy: A Theoretical and Practical Handbook.* London: Routledge.

Emerson, P.(1977). 'Covert Grief Reactions in Mentally Retarded Clients'. *Mental Retardation.* 15(6):46-47.

Grey, R.(2010). *Bereavement, Loss and Learning Disabilities: A Guide For Professionals and Carers.* London and Philadelphia: Jessica Kingsley Publishers.

Hollins, S. and Esterhuyzen, A.(1997). 'Bereavement and Grief in Adults with Learning Disabilities'. *British Journal of Psychiatry* 170:497-501.

Hollins S. and Sireling, L.(2004). *When Dad Died*(3rd revised edition). London: Gaskell.

Klass, D., Silverman, P. and Nickman, S.(eds)(1996). *Continuing Bonds. New Understandings of Grief.* Phil., PA: Taylor and Francis.

Kuczaj, E.(1998). 'Learning to Say "Goodbye": Loss and Bereavement in Learning Difficulties and the Role of Art Therapy'. In M. Rees(ed.) *Drawing on Difference: Art Therapy with People who have Learning Disabilities.* London: Routledge.

Mattison, V. and Pistrang, N.(2000). *Saying Goodbye When Keyworker Relationships End.* London: Free Association Books.

Oswin, M.(1991). *Am I allowed to cry?*(2nd edition 2000). London: Souvenir Press.

Sinason, S.(1992). *Mental Handicap and The Human Condition: New Approaches From the Tavistock.* London: Free Association Books.

Worden, J. W.(2001). *Grief and Grief Therapy: A Handbook for Mental Health Practitioners*(3rd edition). London: Routledge.

상실에 관한 이야기

재넷 Janet(사라Sarah의 보호인)

… 저는 무언가 중요한 이슈들을 알았고 파악할 수 있었지만 음… 문제를. 여러 문제 중 하나는 사라Sarah가 가게를 갈수 있었을지도 모른다는 것. 유아식을 고르는데 어쩌면 몇 시간이 걸릴 수 있을지도… 이 유아식을 설명하고, 내용물을 읽고, 해당되는 연령을 확인하고… 그리고 아가 옷을 쇼핑할 수 있었을지도, 이와 같은 것들을 저와 함께 할 수 있었을지도 모른다는 것… 임신기간이 얼마나 될지 출산은 어떻게 하는지 이것이 어떠한 경험인지, 그리고 이런 모든 것들…

… 저는 실제로 그녀가 임신했고 낙태를 했으며 불임시술도 받았다는 것을 들었어요. 그치만 어떤 기록도 남겨진 것이 없어서 도와주지 못한다고 말할 수 밖에… 그래서 의문점 투성인데 저는 분명하게 이해가 되는… 당신도 잘 알겠지만 이 여성은 슬퍼했고… 그녀가 상실로 인해 연민을 느꼈다는 것이 분명하다는 거죠…

그래서 맨 처음 미술치료를 추천하게 되었나요?

음 저는 단순하게 생각했고, 도대체 그게 뭐지… 예술, 미술을 통해 치료를 한다는 것은 '굉장한great' 것 같다고 생각했지만, '그녀'는 미술치료를 전혀 이해할 수 없어서, 아니 하려고도 하지 않았어요. 제 기억엔 진단평가를 받기로 결심하는 것이 그 첫 번째 과정이었어요…

…우스꽝스러운 그림만 그리는 것이 미술치료가 아니란 것을 알고 나서, 저는 좋겠다고 생각 했어요 만약 제게도 또 유익할 수 있고 그래서 가정에서 삶이 달라진다고 하면요… 저는 미술치료를 통해 알게 되었고, 그녀도 깨닫게 되었어요… 유익한 것이죠… 그런 기회가 주어진 건 우리에게 운이 좋았다고 생각해요.

제4장

레일라(Leila)의 션트

'머리에 션트가 없었다면 나는 괜찮아 쓸지도 몰라'

스테파니 불 Stephanie Bull과 엠마 쉘크로스 Emma Shallcross

들어가며

킴 디가 제3장에서 폴의 사별경험을 매우 상세히 다루었다면, 이 장에서는 좀 더 보편적인 상실에 집중하고자 한다. 발달/학습장애를 가진 사람이라면, '보통normal'사람이 되기를 상실했다는 그 사실만으로도 어마어마한 사건이다. 그러나 인생에서 성취하지 못한 과업들에 대해 심각한 상실감을 불러일으킬 수도 있다. 쿠자크Kuczaj(1998)는 하나의 상실경험이 또 다른 상실을 낳는 '상실의 연속체loss continuum'에 관해 설명한다. 그가 상실은 '또 다른 상실들을 촉발시킬 가능성을 갖고 있으며, 그러므로 상실이 누적되거나 혹은 더 혹독한 상황을 겪게 된다.'고 말했다(1998: 155).

이 장에서는 여러가지 해결되지 못한 상실이 녹아버리고 단절되어, 뒤섞여버린 하나의 상실 형태로 바뀌어 가는 레일라Leila(가명)의 사례를 함께 지켜볼 것이다. 레일라가 엠마 쉘크로스Emma Shallcross와 함께 미술치료 시간에 작업했던 자신의 여러가지 상실을 보다 촉각적인 형태로 바꾸었으며, 우리는 시각적 이미지에 집중하게 된다. 어쩌면 이런 방식이 그녀가 다루기 쉬울 것이다.

임상 환경

미술치료가 진행되었던 레일라의 거주시설은 학대를 받았거나 학대의 위험에 노출되어 있는 여성들을 위해 특별히 구성된 단지이다. 발달/학습장애를 가진 한 여성의 비극적인 죽음이 계기가 되어 이 시설이 설립되었다. 복지 제도는 그녀를 책임지고 보호하는데 실패하였다. 그 단지는 정신건강 문제 및 발달/학습장애를 포함하여 특별한 도움을 필요로 하는 여성들에게 일시적인 보호시설로 마련되었다. 학대 가해자에게는 실제 위치를 알리지 않았고, 피해 여성들을 아는 가족과 친구를 포함한 모든 사람들에게도 숨겼다. 따라서 모든 거주자들은 인간관계의 상실에 상당한 이슈를 갖고있었다.

직원들은 각각의 여성들에게 자부심self-worth와 자기존중self-respect을 자각하도록 북돋아주고 독립적으로 살아나갈 수 있는데 필요한 기술을 향상하도록 도와주었다. 각각의 모든 여성들은 자신을 보호하도록 도우며, 고용, 건강, 교육, 사회적인 기회 및 여가시간과 연관된 서비스를 이용할 수 있도록 보조하는 담당자를 지정 받는다. 여성들 중에서 미술치료 도움을 받을 수 있는 대상자를 직원이 선별하고, 단지 내에서 이미 받고있던 보조 외에 추가지원을 원하는 대상자들에게 회기별로 미술치료가 진행된다.

엠마가 구성한 미술치료 그룹의 평가에 맨 처음 레일라가 의뢰되어 왔다. 걷잡을 수 없게 된 그녀의 행동문제를 파악한 직원의 주호소로 의뢰된 것이었다. 레일라는 자신의 분노, 화, 당황스러움을 분출하기 위해 문을 쾅 닫으며, 소리를 지르고, 물건을 던졌다. 이러한 감정을 그녀가 적절히 전환하거나 다루는 것이 불가능해 보였다. 안전한 치료영역 속에서 그녀가 감정을 표현할 기회를 미술치료로 마련할 수 있을지도 모른다고 생각했다.

레일라의 배경

레일라는 경도 발달/학습장애를 가진 22세 여성이다. 그녀가 미술치료를 시작하기 전에 18개월간 보호가정에서 지냈었다. 뇌성마비를 갖고 태어났으며, 자신의 운동 신경을 완전하게 통제하기란 불가능하였다. 이것은 그녀 자신의 신체 일부의 움직임과 근육의 강직을 조절할 수 없다는 것을 의미한다. 그리고 그녀는 다리를 절룩거리는데, 이것은 직접적으로 신체적 상태를 나타낸다. 게다가 뇌에 체액이 축적되는 뇌수종을 앓았으며, 션트 shunt(그녀의 복강으로 연결된 관)를 통해 체액을 빼낸다. 이후에 그녀의 사례에서 이 션트는 치료에서 중요한 중심축이 된다. 레일라는 음식을 섭취할 때 조심해야 하는 연하장애difficulty swallowing도 갖고 있다. 또한 그녀는 뇌전증epilepsy을 앓고 있다. 이와 같은 중복합의 병리상태는 그녀의 인생에 특히 사회적 기회를 제한하고 꽤 상당한 영향을 미치고 있다는 점은 놀랄 만한 일이 아니다.

가족들은 레일라가 장애를 갖고 있어서 그녀 스스로 할 수 없다는 것을 주장하였을 때, 나는 그녀의 발달과 독립성을 레일라의 가족이 방해하고 있다는 느낌이 들었다. 마치 레일라가 유약하다고 내게 설득하는 것처럼 느껴졌다. 그녀는 보호 가정에서 지내면서, 혼자 쇼핑하고 대학을 다니는 것을 포함하여 스스로 강인하며, 많은 능력을 갖추고 있다는 것을 사실상 증명해보였다. 그러나, 가족 중 일부가 그녀를 신체적으로 학대해왔다는 증거가 밝혀지면서 결국 레일라는 사회복지 서비스의 도움으로 가족의 품을 떠나게 되었다.

미술치료

미술치료 그룹은 19세부터 30세 사이 연령층의 네 명의 여성으로 구성하여, 총 14주 동안 진행되었다. 각각의 여성은 자신들의 복잡한 사연에 집중하려 노력하면서, 그룹 시작 이후로 자기개방은 급격하게 진행되었다. 네 명의 여성이 때론 같은 시설에서 함께 지내면서 서로에 대해서 이미 잘 알고 있었다.

이 그룹에서, 레일라는 미술재료의 사용방법 및 그림 그리고 색칠하는 방법을 몰라 자주 어려움에 부딪혔다. 그 대신에, 그녀는 종종 다른 여성의 작품 만들기를 보조하는 편을 택했다. 초기에 그녀의 행동은 자비롭고 사심 없이 비춰졌으나, 이내 레일라에게는 이

방법이 그녀가 직면한 이미지와 고통스러운 이슈에 집중하는 것을 회피하기 위한 전략이었음이 분명히 드러났다.

미술치료 그룹의 대화나 이미지를 만드는 작업에서 전반적으로 모두 유사한 주제가 나타났다. 그러나 그룹이 진행되면서 여성들의 대화는 점차 고통으로 가득해지는 반면에, 그 여성의 이미지는 꽤 악의가 없어 보였다. 그룹 작업이 여성들 각자의 이슈들을 어느 정도 가져올 수 있도록 도왔을지라도, 치료가 장기적으로 이어지길 바라는 그들의 욕구는 적합하지 않아 보였다. 따라서 그룹이 종결이 되었을 때, 그녀의 어려운 경험들을 보다 깊이 있게 탐색하도록 몇 번의 개별 회기의 추가 기회를 얻었다. 그 시간에 레일라는 제법 솔직 해 보였고, 꾸밈이 없었으며, 결정적으로 격식을 덜 차리게 보였다. 일대일로 만나는 것은 치료적 관계를 단단하게 만들었고 레일라가 겪은 상실의 수준은 보다 구체화되었다.

레일라의 사례에서 보듯, 평범한 자기를 잃은 것은 가족에게 소속된 장소나 관계를 잃어버린 것을 의미했다. 이러한 상황은 부모님 및 가족들과 건강한 관계의 상실에서 비롯된 것처럼 여겨졌다. 가족 중 일부는 그녀의 자존감self-esteem과 자기가치감을 앗아가며, 학대하였다. 결국 그녀는 '안전한 집'에서 지내기로 결정하였다. 이것은 모든 가족들과의 연락을 상실했음을, 친숙한 대상 및 그 환경 또한 상실한 것을 의미한다.

장애와 신체적 고통 다루기

개별 세션이 진행되면서, 레일라에게 신뢰로운 관계의 발전이 시작되었고 치료 회기를 제대로 활용하였다. 아홉 번째 개별 회기에서 레일라가 그동안 해결하고자 노력했던 상실의 근원을 탐색하면서 자신의 장애에 관심을 갖기 시작하였다. 그날따라 그녀가 신체적으로 느끼고 있는 수준을 언급하였다. 아픔을 느꼈으며, 편두통이라고 생각했다. 레일라는 회기 동안에 그녀의 머리에 박혀서 체액을 외부로 유도하는 관 형태의 션트의 그림 그리기를 지속했다. 이 그림은 치료에서 매우 중요해졌다(그림 4.1과 사진 4.1 세부이미지 참고).

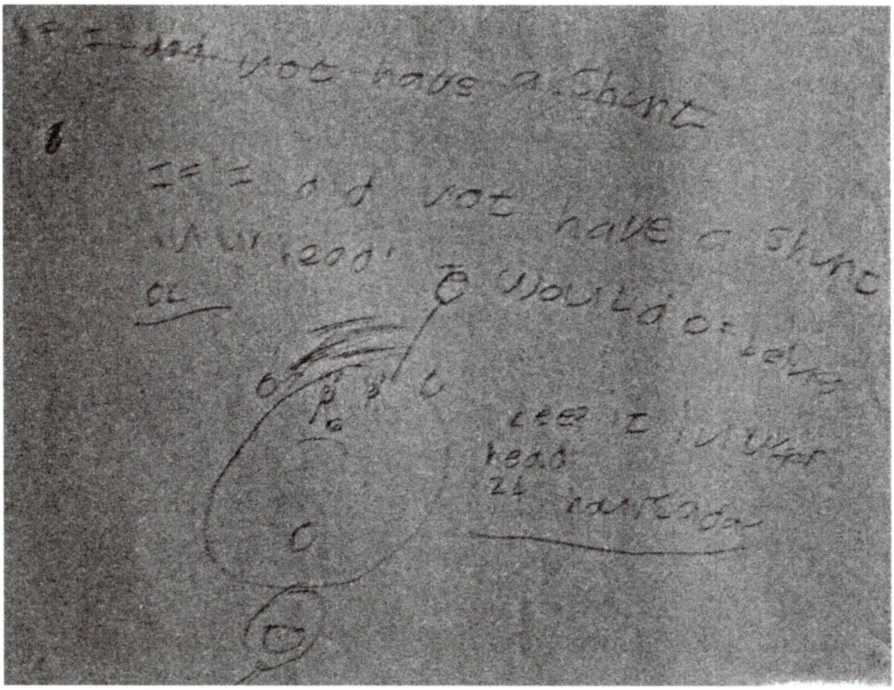

그림 4.1 레일라: '머리에 션트가 없었다면 나는 괜찮아 쓸지도 몰라'

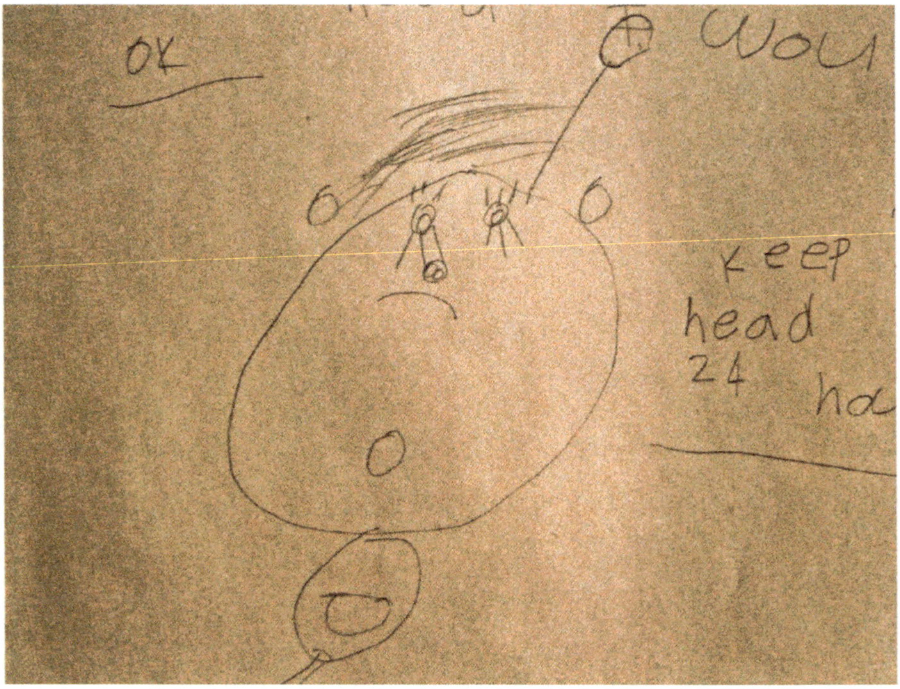

사진 4.1 레일라: 션트 세부이미지

그림의 의미 탐색하기

> 치료 과정에서 그림은 항상 최고의 선물이다: 그것은 성취고 창조다. 그것의 가치를 모를 리가 없다. 어떻게 그림이 사고를 촉진하고 이야기를 끌어내는지 쉬이 규정할 수는 없지만 관점과 인식을 공유하는 장(소)을 마련해 준다.
>
> 래인(Laine 2007: 125)

일 년이 넘는 기간 동안 우리는(스테파니와 엠마) 직접 만나기도 하고, 이메일을 통해서도, 상당히 많은 논의를 했다. 그리고 우리는 자발적으로 레일라의 션트 그림을 보고 또 보고 반복적으로 살펴보았다. 이러한 논의는 실제로 치료의 종결 후에 자연스럽게 진행되었으며, 우리가 어떠한 슈퍼비전 회기를 의도한 바는 결코 아니었다. 하지만, 함께 그림을 살펴보고 주제를 구별하고, 연관성을 파악하는 기회는 얼마나 치료에서 우리가 대상자를 깊게 이해할 수 있도록 임상 슈퍼비전이 돕고 있는지를 뒷받침하는 것이었다: '좋은 슈퍼비전은 임상실습을 위해서, 이해를 갖춘 대화의 확장을 위해서 중요하다'(Case and Dally 1992: 167).

다음은 레일라와 션트를 그린 그림에서 중요한 의미와 가능성에 대해 우리가 탐구한 내용을 편집한 것이다.

스테파니: 인물 위에 레일라가 쓴 글에 꽂혀 버렸어요. '머리에 션트가 없었다면 나는 괜찮아 쓸지도 몰라.'(발음 나는 대로 쓴 문장을 그대로 싣고 있음-역자)정말 강력한 문장이라는 생각이 들었어요.

엠　　마: 그녀가 만약 션트가 없었더라면 '보통normal' 사람이 되었을지도 모른다는 생각을 했다고 내게 말했어요. 그녀는 이런 '보통' 사람들을 부러워했어요. 저는 그때, 일부분 나를 겨냥하고 있다는 느낌을 받았던 것으로 기억해요. 만약 그녀의 머리에 션트가 없었더라면, 자신은 가족에게 사랑을 받았을지도 모른다고 생각했던 것 같아요… 가족들과 어울리면서… 어머니는 그녀의 존재로 인해, 그리고 가족 문제를 일으킨 것 때문에 그녀를 비난하지 않았을까 싶어요. 션트가 있기 때문에 그녀를 뇌전증 발작이 일어나지 않도록 하는데, 그래서 사실은 션트가 그녀를 장애로 만든 것이 아니라…

스테파니: … 션트가 '그녀를 괜찮을 수 있도록 하는 점'을 알게 되면 모순이 있어요. 그러나 사실상 그녀의 경험에서 본다면, 션트는 '그녀를 괜찮지 않도록 만드는 것' 이라는 것이지요… 만약에 션트가 없었다면, 학대받지 않았을 수도 있다고 그녀가 느끼고 있다면, 저는 궁금해요, 가족들이 그녀를 완전히 다른 방식으로 대하고자 했었을까요?

엠 마: 제 생각에는 그녀가 그렇다고 생각할 것 같아요, 네… 이 가족은 완벽한 것을 원하는 것 같아요. 션트 때문에 그녀에겐 섭식 문제가 있어요. 그리고 자신이 너무 많거나 적게 먹지 않도록 조심해야 한다고 말했어요… 그리고 튜브가 체액을 뇌에서 빼내고 배로 흐르도록 하기 때문에, 종종 그녀는 메스꺼움과 통증을 느끼죠. 그리고 이 상황이 반복돼서 그녀가 먹고 싶은 생각이 없어지죠. 콜라나 초콜릿만 먹고 있는데, 제가 볼 때는 불안을 표출하는 또 다른 방식 같거든요. 운동성 문제는 유전적으로 비롯된 다른 상태의 결과라서… 그래서 형제자매 중 누구도 그렇게 될 수 있었을 거예요…

스테파니: 만약 레일라의 션트를 제거하게 되면, 그녀에게 무슨 일이 일어날까요?

엠 마: 그녀는 짧은 생을 살게 될지도 몰라요. 어쩌면 발작이 더 자주 일어날지도 모르고요… 아마도 션트는 그녀에게 다른 관점에서 꼭 필요할 거예요… 탓을 돌리기 위해서…

스테파니: …그 글은 정말 중요해 보였어요. 그리고 그녀가 '내게 션트가 없었다면'이라고 처음으로 쓴 글에 마치 취소선을 한 것 같은 부분을 발견했어요-나는 왜 그녀가 첫 번째 시도를 마음에 들지 않아 했을까? 그 이유가 궁금했어요.

엠 마: 그 '했다did'라는 철자를 '아빠dad'로 썼다는 것을 (나의 촉진 없이)그녀 스

스로 깨달았어요…. 그녀가 교정하는 방식이 그런 것 같아요… 모든 문장을 취소하고 다시 적는 거죠. 연필로 썼기 때문에 지우개로 지울 수 있었는데도 이상하게 다른 교정방식을 한다는 것은… 어쩌면 좀 더 적극적으로 취소하고 재시작 하는 것을 의미할지도 모르겠어요… 제가 '보호 가정'에서 그녀의 인생이 재시작된 것을 떠올리도록 만들었네요. 어떤 의미에서 이전의 인생에서 모든 것들-장점과 단점, 학대 가해자와 사랑하는 사람들을 그녀가 취소하였으며, 그 시설에서 인생을 다시 시작하고 재정비하였다… 인생을 고치기 위해…

스테파니: '하루 24시간 동안 머리 속에 가지고 있다'로 표현한 건가요? 아니면 '하루 24시간 동안 내 머리에 가지고 있다'라고 말하는 건가요?

엠　　마: …그녀는 사실 '하루 24시간 내 머리 **앞에** 갖고 있다(전치사 for의 위치에 따라 해석이 달라짐)'라고 썼는데, 제 생각에 그녀의 의도는 '하루 24시간 **동안에** 내 머리에 갖고 있다'인 것 같아요. 흥미롭게도, 그 션트는 사실 더 그녀의 머리 뒤편에-두개골의 부드러운 부분에- 자리하는데, 그녀는 그게 앞쪽에 있다고 지속적으로 생각하고 믿는 것처럼 보여요. 그건 항상 그곳에서, 절대로 그녀를 떠나지 않으며, 그녀가 션트와 자신의 문제점들을 지속적으로 생각하게 돼요.

스테파니: 24시간 일주일 내내 항상 거기에 있어요… 그녀가 뺄 수도 없고… 그저 션트가 있는 자신의 그림을 보는 것만 할 수 있을뿐, 나는 단지 얇은 선으로 몸과 머리에 연결된 그것을 어떻게 분리할지 생각에 잠겼어요. 나는 왜 그녀가 사실상 머릿속에 있는 것처럼 표현하지 않는지 궁금해요… 그것이 실제로 있는 곳은 어디일까요?

엠　　마: 그녀가 믿고 있는 그대로 묘사한 거예요… 그것 때문에 아팠을 때, 그저 그렇게 알았던 거죠. 그건 아마도 션트가 몸 밖으로 나와있는 이유일 거예요. 그녀는 이해할 수 없는 거예요. 그게 아프게 하고 그대로 존재하면서, 자신에게 통증을 제멋대로 유발하고…

스테파니: …그녀가 그걸 외현화externalise하고 있어요… 그리고 '보통의 자아normal self'를 상실한 그녀에게 정말로 의미하는 것이란 무엇일지 나로 하여금 생각하게 만들어요, 왜냐면 어느 정도, 션트는 상실의 일부를 촉각적으로 나타낼 수 있거든요… 비록 그것이 그녀의 삶을 보호하고 노력한다는 것을 우리는 알고 있지만요… 그녀가 그렇게 느끼지 못하는 것도 역시 함께 있고요…

엠　　마: 저는 제 노트에 기록하길 그 당시 그림에 대해서 외계인alien처럼 보인다고 적었었어요. 그렇지만 지금 다시 생각 해 보면, 사실 그녀에게는 생경한 경험이고, 그녀의 일부는 아니고, 연결성도 없고… 또 아마도 그녀의 가족이 그녀를 바라보는 시각을 비유한 것 같아요. 그 치료 회기에서 레일라가 두통이 있다고 말했어요. 그리고 저는 그녀가 치료 회기에 참여하기 위해서 신체적인 강인함을 스스로 내보이고 그녀에게 스트레스인 고통을 공유하는 것이 얼마나 어려운지 깨닫게 되었어요. 당신이 언급한대로 그림의 얇은 선은 전혀 관처럼 보이지 않네요. 저는 그녀의 머리와 배를 연결하고 있는, 마치 생명선처럼, 그것은 꽤 크고 튼튼해야 하지 않을까라는 생각이 스쳤었어요.

스테파니: 저는 그녀가 자신을 그린 방식이 꽤 흥미로워요.

엠　　마: 그녀가 그린 사람은 그녀의 다른 그림에 있는 사람들과 매우 비슷해요. 그들은 상당히 원시적인 사람들로 설명할 수 있어요… 그건 전도식기presc-hematic(3세 또는 4세 아동의 일반적인 발달의 매우 전형적인 기저선 또는 하늘이 그림에 나타나지 않는다)에 해당되어요. 비례가 없고 여러 가지 세부적인 표현이 빠져있네요. 어쩌면 그녀는 자기 머리, 작고 연약한 몸, 심지어 얇고 연약한 막대기 같은 다리를 강조하면서 그림이 보다 정서적으로 보여지기를 바랐을지도 모르겠어요… 그녀를 감당하기엔 너무 약해 보이네요, 다리를 절룩거려요. 그리고 집 밖으로 외출할 때 지팡이가 꼭 필요하고요.

스테파니: 그림 속에 그녀를 여성이라고 말하기는 어렵네요.

엠　　마: 인물을 여성으로 판단하기에 분명치 않아요. 그 당시에 그녀의 눈에 눈물이 고여 있었는데, 그것 만이 유일하게 그녀가 가진 여성성을 시사한다는 생각이 드네요… 사실상 치료 회기 밖에서 그녀는 많이 웃어요… 직원들은 모든 것이 괜찮아 보인다는 인상을 받고 있어요… 그녀가 제게 좀 더 솔직해졌다고 느껴졌어요.

주요 주제

레일라가 자신과 션트를 그렸던 그림을 관찰하여, 다음과 같은 네 가지 주제를 발견할 수 있었다:

- **모순적인 션트-** 션트는 레일라의 삶을 지탱하고 있으며, 동시에 일상속의 경험에서 매우 부정적인 영향을 주고 있다.
- **다중적인 상실-** 레일라 가지고 있는 장애와 평범한 자신을 상실한 것 때문에 가족관계의 상실 상태를 불러온 것처럼 보인다. 가족들은 그녀를 학대의 피해자로 만들고, 결과적으로 그녀의 집과 소유물을 상실하도록 원인을 제공했을지도 모른다.
- **내부 또는 외부?** 션트는 자신의 일부였던 것이거나, 이질적이었던 것이었는지?
- **자아와 정체성-** 치료에서 레일라 자신의 이미지. 그녀가 가진 슬픔과 취약성은 보호가정에서 다른 사람들에게 보여지는 이미지와 상반된다.

불행하게도 엠마와 레일라가 함께 오랜 동안 치료 회기에서 이 주제를 발전시키는 것이 불가능해졌다. 임상적인 이유라기보다 지원금의 소진으로 인해 치료가 종결로 향하기 때문이었다.

종결

엠마는 보호 가정의 프로젝트 관리자와 만나기 위해 초대되었다. 관리자는 여러가지 복합적 이유를 들면서 지원금으로 미술치료의 8회기만 진행할 수 있다고 설명하였다. 상당히 어려운 상태가 되어버렸지만, 이러한 상황을 엠마가 통제할 수 없었고 레일라 또한 그러하였지만, 레일라의 미술치료는 중요한 향상을 보이기 시작하였다. 자기 일상에 선택 또는 통제를 할 수 없다는 것을 레일라는 이미 파악하고 있었다.

엠마가 치료종결로 갈 수밖에 없다고 레일라에게 언급했을 때, 그녀의 첫 반응은 놀라워했고, 두려워하였으며, 절망하였다. *'이제 누가 나를 도와줄까요?'* 그녀가 물었다. 자신의 정신건강이 악화되지 않을지 걱정된다고 언급하였다. 레일라는 엠마에게 쪽지를 남겼고, 때론 *'제발 가지 말아요'* 라고 말했다. 다른 치료 시간에 그녀 미술치료 회기를 지속할 수 없다는 것을 말하곤했으며, 그녀가 종결을 다루기를 힘겨워한다는 사실을 확인하게 되었다. 치료 회기는 계속 진행되었으나, 레일라 한 명만 그 그룹에서 제외되었다.

종결 회기는 그리 오래 걸리지 않았고, 레일라는 자신이 병원에 입원하게 되는 꿈에 관하여 언급하였다. 게다가 그녀는 알고 지냈던 누군가 떠나게 되면 자주 자신이 입원하는 꿈을 꾼다고 덧붙였다. 그녀가 겪었던 방식처럼 화가 났고, 엠마를 비난하는 어조가 분명해 보였다. 그녀는 미처 자신이 준비되기도 전에 종결될 것을 엠마가 이미 알고 있었다고 믿으면서, 왜 직원들에게 자신의 첫 번째 장소에서 미술치료를 시작하도록 했는지 질문했다. 그녀는 자해의 위협에 사로잡히고, 도망갔으며, 그녀의 방에 있는 물건을 집어 던지고, 문을 쾅 닫아버리곤 아주 크게 음악을 틀어 댔다- 이것은 미술치료를 시작하기 이전에 그녀가 자주 보였던 태도였다. 엄청나게 감정을 소비하고 있는 것처럼 여겨졌다.

한 가지 중요한 것은, 레일라는 엠마를 방에 가두고 그녀가 떠나지 못하길 바란다고 말했다는 것이다. 그리고 계속 이메일로 연락하자고 제안했다. 그녀가 표현했던 강력한 감정에 대해서 함께 탐색하였고, 결국 레일라는 자신에게 지지적이며 경청하는 느낌을 받아온 대학 교수님을 엠마에게 언급하였다. 레일라는 엠마가 그 사실을 알았으면 하는 것처럼 느껴졌지만, 역설적이게도 엠마의 대체 가능성을 지니고 있었다. 다른 한편으로 레일라는 자신이 지지받고 있으며, 괜찮을 것이라는 의미로 엠마를 안심시키기 위해 노력하는 것일지도 모른다.

결과

그 후로 1년이 지나, 엠마는 이 장에서 레일라의 이야기와 그림을 싣는데 동의를 얻기 위해 보호 가정으로 그녀를 만나러 갔다. 레일라는 이에 동의하였고, 엠마에게 다음 주에 보호 가정을 떠날지도 모른다고, 그래서 보다 독립적인 시설로 이사할 수 있을지 모른다고도 말했다. 그녀는 드디어 이사를 반기는 듯 보였다.

결론

레일라는 해결되지 못했던 몇 가지 분명했던 상실을 겪었다. 그 상실은 도화선이 되어서 당혹감을 유발하며 복잡한 경험을 겪게 되었다. 각각의 상실들 사이에 적절하게 연민 과정을 갖기에 시간이 촉박할 때, 별도의 상실이나 또 다른 연민으로 사고와 감정이 연계된다. 그리하여 압도되고, 혼란스러운, 강렬한 감정이 자리잡을 수 있다.

복합적인 상실*compound loss*의 영향으로 인해 개인의 자아와 정체감, 대인 관계, 기본적인 신념체계가 완전히 불안정해질 수도 있다. 누군가에게는 나쁜 감정으로 남아있을 수 있으며, 그들이 겪었던 상실을 불러온 것이 무엇이었든 다소 축적될 수도 있다. 레일라는 자신에게 익숙한 모든 것으로부터 완전히 제외되었고, 압도된 감정으로 일부 통제가 불가능해졌다는 사실이 전혀 놀라운 것은 아니었다.

발달/학습장애를 가진 사람들과 함께하는 미술치료사들은 복잡하고 다중적인 상실을 겪은 사람들과 빈번하게 마주한다. 그리고 치료에서 중점을 두어야 하는 부분과 방법을 찾기 위해 자주 어려움에 부딪힌다. 이것은 레일라의 치료 초기단계에 발생되었던 것으로 보인다.

레일라에게는 표현의 의미를 찾는 것이 필요하였으며 치료적 진전을 위해 그림 그릴 수 있는 기회가 제공되었다. 미술치료에서 그녀가 그린 션트의 이미지는 핵심이 되었으며, 어떠한 능력을 지니고 있는 것으로 여겨졌다. 결국, 압도되면서 혼란스러웠던 감정이 좀 더 통제 가능하고 구체적인 형태를 표현할 수 있는 능력으로 전환되었다.

참고문헌

Case, C. and Dalley, T.(1992). *The Handbook of Art Therapy.* London: Routledge.

Kuczaj, E.(1998). 'Learning to Say "Goodbye": Loss and Bereavement in Learning Difficulties and the Role of Art Therapy'. In M. Rees(ed.) *Drawing on Difference.* London: Routledge.

Laine, R.(2007). 'Image Consultation: Supporting the Work of Art Therapists'. In J. Schavarien and C. Case(eds) *Supervision of Art Psychotherapy.* London: Routledge.

종결 이야기

헨리 Henry

미술치료에서 가장 어려운 것은 무엇인가요?

미술치료의 종결- 난 그만두고 싶지 않아요.

… 조금 슬픈 건 내가… 꽤 오랫동안 우리가 함께 해왔다는 것… 개인적인 것들을 이야기하고…

미술재료를 사용했으며…

나는 앞으로 나아가고 있어요.

제3부

애착과 분리

제5장

어둠 속의 스케이팅

산드라 스토리 Sandra Storey

케이트린Catrin

너를 기억한단다, 아가야,
무더웠던, 하얀 방에 서서
창 밖을 바라볼 때
보행자와 차들의
신호가 서로 바뀌었지.
너를 기억한단다, 우리의 첫
격렬했던 대립을, 동여맨
빨간 밧줄의 사랑을 우리
서로 다투었던. 네모난
텅 빈 환경이었지, 청결한
그림이나 장난감들. 내가 적었던
장벽을 넘은 나의 모든
말들로, 깨끗한 사각모양을 야생적으로
색칠하고, 우리의 투쟁인

부드러운 동그라미는 분리가
되려 하지. 우리는 원하지, 소리쳤지,
둘이 되기 위해, 우리 자신이 되려 하지.

이기고 지는 싸움이 아닌
유리탱크 속 흐릿한 감정들
우리 둘 다 변해버렸다. 여전히 나는 싸우고
너는 멈췄지, 너의 올곧음으로
그곳에 네가 서 있을 때, 건강한, 긴
갈색 머릿결과 너의 장미 빛,
저항하는 눈빛, 시작되었지
마음의 연못에 낡아버린 끈을,
단단히 조여 맨 나의 인생,
질척거리는 사랑과 충돌,
네가 스케이팅을 요구했을 때,
어둠 속에서, 한 시간만 더.

질리언 클라크*)(Gillian Clarke 1985)

배경

이번 장에서는 발달/학습장애, 애착, 분리를 언급하면서 창조된 이미지와 치료관계가 어떻게 서로 의사소통 하는지에 관하여 살펴보고자 한다. 애착과 분리 속에 상실이 내재되어 있다(Bowlby 1969, 1973, 1981). 서로 끊을 수 없게 연결되어 있다는 것은 분명한 사실이다. 제3장과 4장에서 이 부분에 대해 좀 더 상세하게 중점을 두었다.

*) 영국의 여류 시인. '케이트린'이란 시는 엄마와 딸 사이의 긴장되지만 사랑하는 관계에 대한 의미를 담고 있다.(영국BBC홈페이지 www.bbc.co.uk/)

우선, 전통적으로 이해하고 있는 아동/보호자 관계 측면에서 애착과 분리를 살펴보고자 한다. 그리고 이후에 애착과 분리 경험에 대해 언급하고자 한다. 그것은 자체적으로 영향을 주고 받으며, 조기의 경험을 성찰하거나 공명resonance을 갖게 될 수 있다. 이 장에서 다루고 있는 주제는 발달/학습장애를 대처하는 것이 어떻게 자신의 보호인들과 함께 곤경에 처하게 되는지에 관한 것이다. 그리고 제도화가 어떻게 다른 종류의 곤경을 부가적으로 발생시키는지를 묘사하고자 한다.

내담자에게 의미있는 것이 무엇인지 파악할 수 있는 기회를 제공하고, 내담자의 개성individuality과 자기 규정self-definition의 향상을 가능하게 하는방법에 대해서 신뢰로운 미술심리치료art psychotherapy의 역할을 공유하고 설명하고자 한다. 이를 이해하기 위해서 말러 외(Mahler *et al.* 1975)가 요약한 분리-개별화separation-individuation를 고려하는 것이 중요하다.

들어가며

시에 대한 통찰과 더불어 최초로 애착과 분리의 친밀함 때문에 이 주제를 바라보고자 한다. 이 장의 서문에서 풍부한 이미지와, 색깔, 상징을 전달하고 있는 질리언 클라크의 시는 탄생을 촉진하고 있다. 그리고 엄마와 딸 사이에 최초의 분리를 위한 투쟁을 유발하고, 그 뒤로 따라오는 것들을 부여잡았다가 놓아주는 것을 다루고 있다.

애착의 긴장 그리고 이완과 의존 그리고 독립에 대한 갈등은 서로 사랑하면서도 충돌하는 기미를 보인다. 미술 작품과 치료적 관계에서 마음속의 이와같은 충돌을 나타냈던 여성들을 많이 만났다. 앞선 시의 주제와 이 장에서 살펴보게 되는 중요하고 부가적인 주제를 서로 비교하고 있는 것은, 바로 그녀(시인)가 발달/학습장애를 가지고 있기 때문이다. 질리언 클라크의 딸은 어둠 속에서 한 시간만 더 스케이트 타기를 도전적으로 요구했다. 그런 상황은 위험으로부터 애착을 갖고, 보호하고, 예방하고자 하는 엄마의 바램을 더욱 강화시킨다. 발달/학습장애를 갖는 것이 애착발달에 어떻게 영향을 미치는지와 발달/학습장애를 대처하는 반응과 분리를 위한 협상이 지닌 특징에 대하여 함께 탐색해 보고자 한다(Storney 1996).

보호시설에서 이주해 온 사람들과 함께하는 현장에서 치료관계는 종종 '분리하려는 투쟁'을 담은 그릇이 된다. 이미지는 초기의 변화를 맨 처음으로 표현하는 안전한 토대를 마련한다. 이미지와 치료적 관계 사이에서 발생되는 언어화verbalisation와 감성은 한 걸음 더 앞으로의 성장을 반영하고 있다. 개인의 취약성과 독립적인 관리수준을 고려한다면, '한 시간만 더 어둠 속에서 스케이트 타기' 위해서 은유적, 혹은 진심으로 요청하는 것은 부가적인 감정을 야기시킬 가능성이 있다. 어쩌면 호기심이 늘어났으며, 어둠 속에서 스케이팅 하기와 같은 때론 금기시되는 것을 탐색하려는 욕망의 발현이 좀 더 간절해졌다는 것이다.[1] 그 요청에는 자유, 분리, 위험을 감수하려는 의도가 깔려 있으며, 잠재적으론 위험할지도 모르는 흥분된 새로운 세상으로의 한 걸음 내딛는 것을 내포하고 있다. 이는 대부분 요청하지 않았던 것이며, 스스로 기회를 얻고자 시도하지 않았던 것이었다.

안정적이며 지지적인 관계를 통해 이미지를 만들어가는 것은 개별적 존재를 담아내고 알아봐 주는 이원적인 면을 제공하는 것이다. 새로운 생각, 호기심, 형상화는 질문을 하면서 진화할 수 있다. 세 가지 임상사례 연구와 관계된 이론설명을 통해 내가 목격했던 요인에 주목 할 것이다.

이런 과정이 특히 부각되는 관계는 다음과 같다.

- **엄마와 딸-** 다양한 정서적인 어려움 때문에 미술심리치료 평가에 의뢰된 많은 여성들은 보편적인 주제를 일부 반영하고 있다. 개별화, 독립성, 개성, 어머니와의 관계와 관련 있는 이슈가 드러난다.
- **기관과 개인-** 발달/학습장애를 가진 대부분의 사람들은 태어날 때부터 대형병원의 입원 생활을 경험하다가 도움을 받아, 그들의 가정과 사회 속으로 옮겨가게 된다. 이들 중 일부는 미술심리치료 평가와 지속적인 치료를 받도록 나뉘어진다. 개인과 기

관과의 융합과 분리를 위한 투쟁은 중요해진다. 치료 업무에서 애착의 이슈와 분리 및 개별화가 영향을 미치는 방식이 핵심이 된다.

이론적인 영향

미술심리치료와 발달/학습장애

리스 외(Rees *et al.* 1998)는 발달/학습장애를 가진 사람들에게 미술심리치료와 관계성을 강조하였다. 그곳에서 '사고하는' 능력(Stack 1996)을 창의적으로 탐구할 수 있고, 경험을 이해하며(Tipple 1994), 안정적으로 애착이슈를 언급하는, 안전하고 지지적인 환경으로 간주된다.

비로소 1970년대가 되어서야 발달/학습장애 관련의 정서적 요구에 대한 인식이 늘어나는 격변기를 맞이하였다. 지적장애와 상관없이 온전히 정서적 경험을 다룬다는 점에서 의식의 신장을 보였다(Oswin 1973; Symington 1981; Bicknell 1983). 보호시설에서의 생활은 분리와 상실로 인해 충격을 강화시키는 소지가 있기 때문에(Bowlby 1969, 1973, 1981) '이차적 장애secondary disability'(Sinason 1992)를 촉발할 수 있다는 장애인식 측면에서 사회적 태도와 반응의 신장을 가져왔다. 제2장에서는 발달/학습장애를 갖는 경험에 관한 깊은 이론적인 통찰을 제공하고 있다.

애착 이론의 중요성

이 장에서는 본질적으로 애착이론에서 통찰을 얻는 것이다. 간단히 말하자면, 애착이론은 부모/보호자와 자녀 사이의 태도가 어떻게 진화를 보이는지 고려한다. 그것은 자녀를 안전하게 보호하려는 기능과 새로운 상황을 안전하게 탐색할 수 있도록 적절한 토대를 마련하는 기능 모두를 수행한다. 더 나아가, 자녀가 불안한 정서를 갖게 될 때 탐색능력과 호기심에 어떤 제약이 가해지는지 고찰한다. 나는 후반부에서 발달/학습장애 진단에 대한 부모의 반응 및 적응을 동시대적인 관점에서 살펴보고 불안정한 애착으로 연결된 부분에 관하여 살펴볼 것이다. 새로운 배움과 자각형성의 진화적 측면을 고려한다면, 그와 같은 연결성은 중요해진다. 발달/학습장애가 존재하기 때문에 과잉보호를 하거나 혼란스러워지는 것이다.

분리와 분리-개별화의 중요성

앞으로의 임상연구에서는 보울비Bowlby와 다른 애착 이론가들이 설명하였던 분리를 깨닫는 것이 중요하다. 이것은 애착관계에 분리가 미치는 영향을 의미한다.

이점에서 분리-개별화 이론separation-individuation theory은 매우 깊은 관계를 가지고 있으며 의미가 있다. 말러 외Mahler *et al.*(1975)는 엄마와 자신을 분리하지 않고 하나로 인식하는 유아기의 최초의 공생의 발달단계를 포함하여, 자기를 자각해가는 발달단계를 설명한다. 진화과정을 거쳐서 아동은 엄마/보호인으로부터 자기를 구별하기 시작하고, 개체의 특성을 자각하게 되는 것이다. '심리학적 탄생psychological birth'은 탯줄을 자르는 것과 동등한 개념으로 설명될 수 있다. 이러한 개별화는 훗날(예를 들어, 청소년기)에도 지속적이고 점진적인 정서의 분리과정을 필요로 한다. 개별화를 위해서 필수적으로 보호자의 의존성을 줄이고 독립성을 증가시켜야 한다면, 이 과정의 다양한 면에서 장애를 겪고있는 발달/학습장애를 가진 내담자를 고려해야 하는 것이다.

따라서, '보울비는 어머니와 분리에서 실질적인 영향을 설명하고 있는 반면, 말러는 어머니 존재에서의 독립이란 개념을 정립하였다.'라고 제시하고 있다(Blum 2004: 554).

보울비와 다른 애착 이론가들은 상당히 관찰 가능하고, 과학적인 증거에 충실한 반면, 말러는 유아와 보호인의 무의식적인 인생에 폭넓은 관심을 보인다. 이 장에서 참조하는 이러한 개념들은 상당히 논쟁이 있다. 비록 애착이론과 심리분석 사이에 여러가지 차이점과 보편성이 나타나지만, 모든 개념은 다음과 같은 신념과 맞닿아 있다.

> 심리학적 자아는 다른 사람의 마음에서 사고하고 느껴지는 자기자신을 인식하며 발달한다. 자녀의 내면적 경험과 반응을 이해하고 반영할 수 없는 부모들은 다양한 자기 자각을 형성하기 위해 요구되는 자녀의 핵심적인 심리학적 구조를 앗아가는 것이다.
>
> 포나기(Fonagy 2001: 167)

치료진행

쥬디

쥬디Judy와 함께 2년 넘게 만남을 이어갔다. 과거에 겪었던 정신적 외상의 충격으로 인해 미술심리치료로 처음 의뢰되었다.

당시 쥬디는 45세로, 늦은 성인기까지 가족과 함께 살고 있었다. 성인기에도 그녀는 종종 엄마와 함께 침대에서 자곤 했다. 그녀는 자신이 갓 태어났을 때, 달랐으며, 이상했다고 자신의 외모를 엄마가 줄곧 설명하던 단어를 빌어와 설명하였다. 그녀는 이것이 사실이라고 믿고 있었다. 쥬디는 결코 어떠한 악의를 강조하거나 분개한 마음으로 내게 언급한 것이 아니었다. 그저 사실을 전달하고자 했을 뿐이었다. 우리가 함께한 작업에서 분리자각에 발전이 있었다는 것이 중요했다. 엄마와 딸은 마치 공생 관계처럼 존재했다. 쥬디가 만든 이미지는 분명하며 중요한 자아를 말하고 있었다. 서로 살아남기 위해 죽여야만 하는 모순적인 생명체로 그들을 표현했다. 서로 물거나 물어 뜯었다. 쥬디 어머니의 건강이 악화되어갔고, 곧 머지않아 분리가 이루어 질 것이 예상되었다. 그들은 향후 서로 분리된 주거시설에서 따로 살고 싶어했다. 그전에는 복합적이고 복잡한 정서가 있었지만, 분리가 된 후 얼마 지나지 않아서 쥬디는 처음으로 사람들의 모습을 그리기 시작하였다. 그들은 바다로 걸어 들어가고 있고(사진 5.1) 엄마와의 관계에 대해 그녀는 분명하게 말했다. 그녀는 언젠가 내게 *'거울을 보았을 때 그녀(엄마)가 보였어요'.* 라고 언급했다. 그녀의 자아가 부재하다는 것을 자각하게 되었고, 분리되어 정체성을 키우는 방법으로는 발전된 자아를 살펴볼 수 없겠다고 깨달았다. 엄마와 통합하거나 다시 내면화하는 작업이 그녀에게 필요하게 되었다. 새롭게 이미지를 만들고자 하는 쥬디의 저항이 미술작품에서 보였고 오래전의 이미지를 재작업하고 싶어 하였다. 그것은 과거를 내면화 하는 방식에서 새로운 통합으로, 또는 그렇게 되고자 하려는 노력처럼 보였다. 치료적 관계와 또 다른 관계 속에서 개선을 위한 조율이 지속적으로 발생하며, 새로운 내면화가 이뤄진다(Reed 2006). 이미지는 최초의 표현과 탐구를 위한 안전한 장소를 마련해 준다.

위니캇Winnicott(1971: 130)은 '어머니의 얼굴은 자신을 비춰주는 거울이다' 라고 제

사진 5.1 쥬디: 바다로 걸어가기

안한다. 그리고 말러는 개별화 과정에서 어머니로부터 분리되는 것이 중요하다고 설명한다. 쥬디는 처음으로 여전히 통합되어 있는 느낌을 묘사하였다. 어머니로 인해 그녀 자신의 이미지/정체감은 너무나 파괴되었다. 그러나 동물에서 인간으로 이미지가 변화를 보이는 과정과 어머니와 관계된 친밀감 및 분리감을 언어화하는 쥬디의 능력을 통해서 새로운 감정을 이해할 수 있고 자기 실체에 대한 인식의 가능성을 나타낸다.

발달/학습장애의 초기 정서반응

뚜렷하게 눈에 보이는 장애를 갖고 태어난다는 것은 출생부터 상실의 충격을 받기 시작한 것이다. 조안 빅넬Joan Bicknell은 장애가 있는 자녀를 가진 가족들이 겪은 경험에 대해 설명한다. 그러한 경험을 겪은 어머니의 말을 인용하여 강렬하게 표현한다. 어머니의 말에는 사별과 연민에 관하여, 자녀에 대해 꿈꿔왔고 기대했었던 바의 상실을, 자신의 기대와 다르게 출생한 자녀에게 적응하기 위한 표현이 담겨있다. *'내가 제임스가 우는 걸 들을 때마다, 나는 그his의 울음이 들려요, 그러나 또 내가 결코 가지지 못할 완벽한 아이의, 완벽한 울음이 들려요.'*(Bicknell 1983: 167)

비록 모든 신생아처럼 사랑받고, 보호받고, 특별하게 여겨진다고 할지라도, 매우 다른 수준의 상실 경험이 동반되는 적응과정이 발생하게 된다. 빅넬은 장애인식이 점진적으로 향상되는 경우를 예로 들면서 다른 상실 경험에 관한 설명으로 넘어간다. 자아를 아기가 내재화한다는 것을 고려하지 않고서는 이와 같은 초기 상실 경험을 설명하기란 불가능하다. 그것은 처음으로 모성의 바라봄에서 본 것이고, 이후에 타인의 바라봄에서 본 것이다. 바로 여기서 특히 중요한 것은 애착과정에 손상을 불러올 수 있다라는 점이다. 분리의 과정에서 환멸disillusionment 과정은 중요한 것이다(Winnicott 1971).[2] 스토크Stoke와 시나손Sinason(1992)은 복잡해질 가능성이 있는 분리 방식의 윤곽을 설정하였다. 아동은 (그리고 성인으로 자라는데) 무의식적인 두려움 때문에 분리를 거부하게 될 수도 있다. 아동이 아직도 보호자와 통합되어 있는 상태로 환상을 갖고 있다면, 다소 회피하려고 할 수 있다. 또, 그들은 장애의 충격으로 발생된 상실감과 연결된 우울에 직면하는 것을 의미한다고 설명한다. 분리가 되지 않아서 고통스러우며 잠재적인 장애의 충격을 직면하지 않을 수도 있다. 그러면 애착은 불안정하게 되고, 환상에서 환멸로 가는 변화에 장애가 발생한다면, 탐색할 기회와 호기심은 방해를 받게 되고, 분리는 타협하게 될지도 모른다.

오펀하임 등(Oppenheim *et al.* 2007: 131)의 애착이론에 관한 연구는 부모의 해결방식에 따라서 발달/학습장애를 가진 자녀의 발달에 미치는 영향에 집중한다. 부모의 해결방식은 발달/학습장애의 진단에 부모가 적응하고 자녀의 욕구에 익숙해지기 위한 과정의 정서반응의 대처로 나타나게 된다. 자녀의 진단에 관한 해결 방식을 갖지 못한 부모들은 이해하기 어렵게 되고, 새로운 현실을 받아들이는 것이 더욱 힘겨워질 수 있다. 이것은 부모가 '아동의 신호를 알맞게 읽고 적절한 방식으로 반응하는' 것을 더욱 어렵게 만드는 것이다.

마빈Marvin과 피안타Pianta(1996)는 뇌성마비cerebral palsy 진단에 따른 상실, 연민, 부모/자녀 관계에 미치는 영향 간의 연관성을 다룬다. 자녀의 진단과 관련하여 적응해온 그리고 해결책을 찾기 위해 노력해온 부모들은 부모-자녀의 안정된 애착과 강하게 연관되어 있다. 반면에 정서적 반응에 대한 적응 및 대처가 불가능한 부모들은 부모-자녀의 불안정한 애착과 강력한 연관이 있다.

보울비의 상실로 인한 연민에 관한 연구는 앞에서 다루었던 전 과정과 유사하다.

루스

루스Ruth는 아버지를 여의고, 그녀는 어머니와 조용한 삶을 보냈다. 하지만, 점차 불안과 퇴행이 나타나기 시작했을 때 그녀는 미술심리치료 평가로 의뢰되었다. 루스는 감정을 표현하는 것이 어렵다고 느꼈다. 그녀는 혼잣말로 불평하곤 했지만, 다른 사람들에게 걱정을 공유하는 일은 극히 드물었다. 비록 경도 발달/학습장애를 가진 가능성이 있는 사람임에도 불구하고, 그녀는 가정에서 독립적으로 살아갈 기회를 가질 수 없었다. 제6장에서 산드라 구디가 중점을 둔 유아화 주제는 쥬디에게 있어서 특별히 독립을 위한 기술, 능력, 잠재성을 온전히 인정받지 못했던 것이 그 이슈였다. 독립을 위해 수반된 모든 상황이 불안으로 다가오기 때문에, 성인이 되기를 거부하는 자녀와 부모 사이에 무의식적인 충돌이 일어날 수 있는 것이다. 따라서 성정체성의 상실과 독립성의 상실, 판단력의 상실이 동반될 수 있다(Stokes & Sinason 1992). 그러므로 스케이트를 한 밤 중에 타는 것이란 상상할 수도 없는 것이다.

우리가 처음 만났을 당시에 루스는 거의 50대에 가까웠다. 초기평가 회기에서 이미지에 자신의 틀에 박힌 인생을 담은 견본template을 전달하였다. 첫 회기에 루스가 참여하기 직전, 돌봄 직원은 그 견본을 내게 건네 주었다. 초기에 루스가 가져온 것이 잠재적인 의사소통 도구로 느껴졌지만, 나중에는 그녀가 가진 딜레마를 이해하기 위한 도구로서 가치를 지니게 되었다. 루스의 맨 처음의 견본 작품은 집이었고, 그는 여러 회기에 걸쳐서 채색하였다. 그렇게 하면서 그녀 자신도 모르는 사이에, 무의식적으로, 타인이 만들어 놓은 틀에 맞추는 연습으로서 인생을 받아들이는 것과, 자신만의 모양과 견본품을 조각하는 대안방법 사이에서 긴장과 불편감을 함께 호소하였다. 그녀의 틀에서 비롯된 두려움을 변화시키는 해결방안은 우리가 함께 스퀴글squiggle*) 게임을 하면서 명쾌해졌다. 게임에서 나는 표식을 먼저 해 보였고 그녀는 자신의 차례에 표식을 하거나 또는 무언가 새롭게 바꾸는 표현의 스퀴글을 했으며, 우리는 역으로 바꾸어서 게임을 하였다. 루스는 내가 한 표식을 무엇으로도 바꾸지 못했으며, 어떤 것도 대체가능하게 선택할 수 없었다.

우리가 사용하고 있는 치료실에 루스는 좀 더 관심을 보였다. 그리고 제 시간에 딱 맞춰서 종이 조각으로 자신의 견본을 만들었다. 그녀의 다리와 팔과 손을 나타냈다. 그리고 자신의 신체일부의 윤곽을 따라 모양을 본뜨기 위해 그 조각을 사용했다. 그녀가 모양 안

*) 위니캇이 놀이를 통해 아이들의 정신세계를 탐색하고 상담했던 기법. 난화scribbling게임이라고도 함. ≪Therapeutic Consultation in Child Psychiatry(소아정신과에서 치료적 상담)≫ (Winnicott 1971)

사진 5.2 루스: 고양이와 아기고양이

에 붙여 넣은 종이 조각은 결과적으로 자신에게 또 다른 윤곽선이 중첩된 이중적인 형태를 만들게 되었다. 마침내, 그녀는 종이 조각의 모양을 활용하여 로봇을 만들었다. 그리고 '매우 화난, 로봇' 으로 제목을 붙였고, 제3자로 대변되는 그 창조물은 다른 사람들의 기대에 대해 주체적인 희망의지나 계획 없이 반응했던 사실에 화가났던 것이다. 결과적으로 자신의 당혹감을 인식하고 언급할 수 있도록 도왔다. 하지만, 여기엔 일정한 댓가가 따라왔다.

그녀의 딜레마는 어머니와의 관계에서 잘리지 않은 탯줄과 같은 느낌의 많은 부분들과 함께 공존하고 있었다. 어머니에 관해 부정적인 감정을 표현할 때는 불충을 저지르는 느낌을 받아 걱정하였다. 그리고 위험요소가 수반된 바다 위의 배 이미지를 표현하기 전까지 자신의 감정을 표현할 만한 단어는 찾을 수가 없었다. 마침내 그녀가 자각한 위험요소를 공유하도록 이끌었다. 이후에 우리는 거부적으로 느껴지지 않으면서 엄마와 딸의 정서적 분리 가능성을 함께 생각해볼 수 있었다. 이것이 루스에게 놀라운 시도였으며, 치료의 진전을 생각하게 되었다. 이후에 그녀는 한 쌍의 동물을 묘사한 일련의 이미지들을 표현했다. 보통의 엄마와 아기가 있다. 아기는 정확히 엄마를 똑닮은 모습이었다(사진 5.2). 루스가 이미지 만들기에서 해방되었다는 것은 이제 모순이 되었으며, 더 이상 물리적 견본이 필요치 않았다. 하지만, 그 해방으로 인해 엄마와 딸의 이미지가 서로 구별되지 않으면서 내재화된 이미지를 표현할 수 있었다.

오르바흐Orbach와 아이센바움Eichenbaum(1987)은 페미니스트 관점에서 한 모녀의 정서적 분리 과정 속에 직면하고 있는 이슈를 바라보았다. 딸의 정신적인 발달 과업은 문화적이고, 사회적이며, 부모의 강요에 의해 진행된다고 설명했다. 엄마는 동성이기 때문에 더욱 딸과 동일시되는 경향이 있다. 그래서 자신의 부분을 딸에게 투사할지도 모른다. 오르바흐와 아이센바움은 보호자의 역할에 소진되고 양육하기 어려운 엄마들이 딸에게 다른사람을 보호하도록 가르친다고 설명한다. 그렇게 함으로서 엄마 자신이 딸의 보호아래 놓일 수 있도록 두는 것이다. '채워지지 않는 개인의 요구에 부응하지 못하여 발생된 "희생giving"의 순환이 시작되는 것이다. 딸의 첫 번째 아이는 엄마가 되는 것이다'(1987: 60).

루스는 한 쌍의 동물 이미지에서 벗어나 아버지 상실에 관한 이미지로 넘어갔다. 그들이 크리스마스 전에 함께 즐겼던 축제, 보냈던 시간, 소중한 추억이 담겼다. 비록 교회에서 진행된 아버지의 장례식 이후에 자신의 슬픔을 언급할 수 있었지만, 이제 스스로 행복함을 바로 표현하였다.

우리의 만남은 약 18개월 동안 지속되었고, 루스의 이미지는 더욱 다양해지기 시작하였다. 그녀는 발렌타인 카드, 과일, 나비와 화초를 가져왔다. 그리고 여성으로서의 자각에 관해 스스로 이야기하기 시작했다. 또한 치료 종결 이전에 그녀의(맨 처음 내게 비난을 하며, 그녀가 표출했던) 작업이 어떻게 전이의 측면을 갖게 되었는지, 또한 그것이 감정의 변화로 어떻게 이어졌는지 함께 살펴볼 수 있었다. 루스의 삶에서 부정denial은 억압적이며 강렬하게 보였다. 상징의 과정은 그녀가 감당할 수 있는 정서적인 방식으로 확장될 수 있도록 비언어적일 필요성을 강조한다. 여전히 탯줄은 다양한 방식으로 유지되고 있으며, '분리하기 위해 애쓰는 것… 둘이 되기 위해서, 우리 각자 자신이 되기 위하여'(Clarke 1985)라는 최초의 시도 없이, 은유적인 언급만으로 분리될 수 없는 것이다.

'세상의 작은 부분인… 우리 집은 최초의 우주이다'(Bachelard 1964)

이번에는 성인의 애착과 분리의 경험에 집중하여 다루어 보고자 하며, 어떻게 그들의 자아와 개성이 점차 작아지게 되는지, 또는 어떻게 시설환경에 얽매이게 되는지 관심있게 다루고자 한다. 어린 시절의 분리와 상실의 경험/또는 반복되는 경험 외에도 위와같은 상황은 종종 발생된다. 장애요인으로 상황을 무마하게 되면, 자아와 정체성의 발달에 심각한 영향을 미칠 수 있다.

이전에 논의한 모녀사이의 분리 협상에 직면한 어려움과는 물론 분명하게 다르다. 하지만, 두개의 그룹을 통해 복잡하고 미묘한 탯줄로 연결되어 있는 애착과 분리는 미술심리치료 과정에서 표현될 수 있었다. 그러고 나서 개별화와 자기인식 향상을 위해서 한 걸음 더 나아갔다. 여성들은 질문을 하였고, 현실적이면서도 은유적인 모험을 수용하였다- 어쩌면 '어둠속에서 스케이트 타기' 와 같은 느낌을 받았을지도 모른다. 아마도 과거에는 스케이터의 반항을 전이transformation로 나아가기 위한 협상보다 대부분의 경우에 도전적 행동의 표출로 인식되었을 것이다.

큰 시설환경에서 미술치료로 그와 같은 시도를 가졌다는 사실은 흥미롭다(Hill 1951). 선택, 독립, 자기표현/자기탐색, 자기통제의 향상은 언제나 미술치료 목표에 해당된다. 특히, 창조는 종종 억압적인 시설의 환경 속에서 개인의 특성을 표현할 수 있도록 촉진된다(Stott & Males 1984).

의뢰

처음부터 대형병원에서 입원 생활을 해온 발달/학습장애를 가진 사람들은 복지서비스 기반의 특수 교육시설로 이동하면서, 미술심리치료 평가에 의뢰된다. 그때 그들은 자신의 가정으로, 커뮤니티 속으로, 보호받으며 방금 막 옮겨온 상태였다. 이 과정에서 상실과 적응의 경험에서 비롯된 정서적 충격의 표현을 목표로 하게 되었다. 앞서 설명했듯이, 집단생활을 하는 사람들은 가정에서 다른 곳으로 이주하게 되는데, 따라서 공통적으로 일부 이슈를 최초로 직면하고, 이해하게 된다. 그런 후에, 한 사람의 경험을 세부적으로 이해하게 되는 것이다.

평가

새 거주지로 이사하기 5~6개월 전, 평가는 진행되었다. 미술심리치료에 의뢰되어 온 내담자들 중에서, 전부는 아니고, 일부는 지속적으로 치료를 받고 있다. 치료기간은 6회기에서 17개월까지 다르며, 정기적으로 검토하여 내담자와 담당자들과 함께 결정한다.

치료 회기는 같은 시간과 같은 장소에서 개별적으로 매주 진행된다. 이와 같이 임상의 기본적 원칙은 낯선 사람들과 익숙하지 않은 상황에 적응해야 하는 내담자들에게 특히 중요하다. 그들 역시 애착을 가졌던 사람을 상실한 경험을 갖고있기 때문이다.

이미 내담자들은 본능적으로 시설환경 적응을 위해 분리를 경험했다. 그 후에 시설 내 함께 일하며, 살고 있는 사람들과 형성된 애착에 분리경험의 책임이 부여되었다.

각각의 내담자들은 미술심리치료에 참여하여 지지적으로 특별한 경험을 갖게 되었다. 복잡한 감정을 표현하는 새로운 방식을 구축하였고, 서로를 돌아보고 이해할 수 있는 능력을 향상시킬 수 있었다. 비록 서로 개인차가 발생하더라도 일부 보편적인 부분이 담겨있다. 거기엔 분노와 슬픔과 같이 인식된 부적 정서negative emotion를 '사고하기' 위한 중립적 장소로서의 가치, 언어화와 통찰의 촉진, 그리고 표현력의 향상을 포함한다.[3] 치료

안에서 그것들을 구별할 수 있었으며, 또한 함께 관여했던 직원으로부터 피드백을 통해서 파악할 수 있었다. 반 구조적인 검토를 통해서 그것을 논의하고 분석하였다. 서비스 평가의 일환으로 모든 주 호소의 변화를 보인 사례들을 검토하였다(Storey and Davey 2008).

치료적 작업

조지

조지George는 장기 입원으로 20대 초반의 대부분을 병원에서 지낸 남성이다. 그는 감정 표현에 어려움을 겪고 있었다. 일부 직원들과 몇몇 시설에 함께 사는 사람들에게 강렬한 애착을 보였다. 사람들은 그가 보이는 도전적이고 공격적인 행동에 대해서 잘 알고 있었다. 그가 4살때까지도 한 단어 의사소통조차 할 수 없었으며, 일반학교의 교과과정에서 진전 없음이 보고되었다.

우리가 처음 만났을 때, 조지는 나와 단 둘이 방안에 남겨져 있던 상황을 불편하게 생각했으며, 평가기간 동안 자주 직원 중 한 명과 함께 동석하였다. 이 부분이 필수적 과업이 되었다. 치료 회기의 경계boundaries 설정으로 조지가 막 절차를 밟아가고 있는 것을 은유적으로 의미하였다. 다시 말해, 우리는 그를 위한 새로운 환경의 틀을 만들었고 치료 회기의 형태를 갖추었다. 그 틀속에서 곧 가정이 되는 새 환경으로 이사하게 된데에 대한 느낌에 그의 불안과, 무의식, 의식이 나타날 수 있었다.

조지가 현재 거주하고 있지만 곧 이사해야 하기 때문에, 그곳 시설환경의 보건기준에 따라 평가를 진행하는 데에 동의하였다. 지금 거주하는 시설은 머지않아 폐쇄될 장소로, 평가 이후의 새로운 환경을 논의해야만 했다.

이사를 해야 한다는 사실에 조지는 매우 큰 불안을 내비쳤고, 직원이 우리와 함께 치료 회기에 동참하도록 자주 부탁하였다. 나와 단 둘이서 치료의 진행을 그가 더 이상 견될 수 없게 되자, 안심시키고 도움을 주기 위해서 직원의 참여를 허락하였다. 따라서 조지는 치료시간에 질문을 할 수 있었고, 실질적인 대답을 요구하였다. 이사하기 직전까지 치료 회기는 진행되었다.

조지는 미술재료 소개에 흥미를 가졌다. 그곳의 재료를 선호했고, 손으로 지목하였다. 그러나 몇 회기 동안 자발적 시도를 꺼리며 저항을 보였다. 그리고 나로 하여금 자신의 아이디어에 따라 미술재료 사용을 지시하고자 하였다. 최초로 거부적인 태도를 보인 이후, 그의 방식은 상징표현으로 향할 것이라고 짐작되었다. 미술재료만으로도 영감을 얻었고, 정기적으로 창의적 동기가 충분한 사람들과 만나며 그의 아이디어는 촉발되었다. 그리고 이제껏 나타내지 못했던 감정을 표현하기 위해 자신에게 맞춘 방식을 활용하였다. 그의 지시에 따라서 나로 하여금 만들게 했던 것은 시설과 연관되었던 의사소통 방식이었다. 그 역할은 이제 바뀌게 되었고 새로운 지점이 시작될 수 있도록 이끌었다. 이후 치료 회기가 되어서야 비로소 관계 방식을 탐색할 수 있었다. 그가 맨 처음으로 시설환경이 가진 문화에 대하여 협상에 반대하고, 요청하며, 바라는 점들이 표현되었다. 의사소통을 저해할 수 있는 모든 요소들을 고려하는 것이 역시나 중요하였다. 조지는 제한된 단어로 효과적인 의사소통을 했다. 하지만, 이전에 나의 수행을 통하였던 방식으로 진전을 보였던 치료는 그가 의사소통 하고자 하는 희망과 가능성으로 변모되었다. 그는 언어와 회화(그림)영역의 어휘력의 향상을 보였다.

그가 처음으로 그러한 방식의 확장을 가짐에 내가 관여되어있음을 느꼈다. 홀린스 외 Hollin *et al.*(1994)의 연구에서 한 사람이 스스로 준비가 되거나 조작할 수 있는 기능을 준비하기까지 '보조적auxiliary' 뇌가 필요하다고 설명한다. 이것은 말러Mahler의 병합된 상태의 고찰과 연관된다. 또한, 과거의 경험과 제도화가 개인의 독립적인 사고와 행동수준에 영향을 미친다는 것이다.

슈나이더Schneider(1992)는 분리-개별화 이론이 정서장애 청소년의 삶을 전이시키고, 변화하려는 시도를 다룬다고 언급했다. 몇몇의 연구는 청소년들이 병합상태를 갖게 되거나, '공생symbiotic' 기간을 갖는가에 대해 관심을 두었다. '청소년들이 길잡이 역할의 사람에게 안정감을 느끼는' 그 기간에 대해서 임상가는 너무 맹렬히 관심가질 수도 있다. 하지만, 아직 정서적으로 준비되지 않은 청소년들의 결정을 어렵게 만드는 것은 교육의 부재라고 주장하고 있다.

한번은 공동협력 과정의 일환으로 이전 치료 회기에서 나는 남성상을 만들었다. 지금 진행중인 전이를 관리할 수 있는 자기를 상징하는, 남성의 또 다른 기능과 감각에 대해서 조지는 설명할 수 있었다. 그 남성의 특징을 밝히고 있지만, 자신이 느꼈을지도 모르는 기분을 고려했다. 가슴속엔 걱정이 있었고, 머리는 사고를 도왔다. 그의 입은 마치 소리치지 않으려고 꾹 다물고 있었다. 우리는 종종 이 이미지로 돌아가 특히 '걱정하는 마음'이라고 불렀던 이유는 그것이 나에게 걱정된 감정을 떠올리게 하는 속기부호shorthand symbol 같은 것이기 때문이었다.

회기가 진전을 보일수록 더 이상 직원의 존재는 필요 없어졌다. 그리고 그가 미술 매체에 호기심을 갖고 자발적인 활용 방법에 좀 더 관심을 보이게 되었다. 초기의 아이디어는 때론 내게 주제 또는 방향이 되었다. 이러한 보조가 없었더라면, 그가 초반에 참여하기란 불가능했었기 때문이었다. 자각을 상실하거나 시설에 병합되어가는 방식에 제도화가 끼쳤던 영향을 생각해보게 되었으며, 연신 떠올렸다.

치료 회기의 틀과 안아주는 역할은 또 다른 틀과 안아주기 역할로 발전하였다. 그 예로, 우리는 함께 상자를 제작하였다. 조지는 상자의 뚜껑에 장식을 하였고, 그 안에 모든 스크랩과 샘플들 또는 회기에서 만든 작은 작품을 담았다. 또, 상징적인 전이과정으로 반향을 남겼다. 그는 그렇게 중요한 대상을 간직할 수 있었고, 한 장소에서 다른 곳으로 옮겨갈 수 있었다.

우리는 3개월이 지난 뒤에 치료를 시작했던 원래 장소에서 다른 곳으로 이동했다. 이미 그 장소에서 다루었던 상실과 변화의 감성이 남아있기 때문에 조심할 필요가 있었다. 사실상 조지의 이삿날 이전에 치료시간을 가질 수 있었다.

새로운 장소는 조지에게 호기심을 증가시키면서 동시에 치료 회기의 독립적인 작업을 불러일으켰다. 또한, 자기 이미지에 새로운 특징을 부여하였다. 넓게 바라보면, 그의 인생에 함께 살았던 사람들의 특징을 그가 갖고 있었다. 일부에게는 작별인사를 하고 싶어했지만, 다른 사람들과는 계속 연락하고 싶어하기도 하였다. 조지는 공동 거주자들과 직원들에게 특별한 애착을 갖고 있었다.

스퀴글 게임은 우리가 함께했던 공동작업의 형상화에 대한 조지의 유희적 감각을 촉진하였고, 자신의 생각을 언어화 할 수 있도록 능력향상에 도움이 되었다. 실례로, 회기에서 내가 좀 더 말을 하고 질문을 던진다는 사실과 자신이 상대적으로 침묵했던 점을 반영하기 시작했다. 조지는 이렇게 대답했다.

'저보다 당신이 더 말을 많이 해야만 했어요.'

처음으로 이점을 고려한 이후, 조지와 나의 나이를 가늠 해 보았다. 실은 그가 약 30년을 더 살았다는 사실이 많은 경험을 이야기할 가능성을 의미하였다. 비록 그가 제도화와 관련된 생각을 갖게 되었고 아무런 말을 꺼내지 못하도록 한다는 것을 내가 느꼈을지라도, 그의 의뢰사유로 믿었던 상실 경험의 무게감과 낮은 자존감을 알아보는데에 나의 반응이 역부족이었음을 떠올리는 것은 괴로운 일이었다. 조지와 떨어져 있을 때에만 그 자각을 노트에 적어두고, 임상 슈퍼비전을 통해 반영할 수 있었다. 좀 더 자세히 들여다보면서 심사숙고할 수 있었던 것이다. 조지가 시설의 보호를 받으며 보낸 세월은 나의 나이와 일치하였다. 치료기간 동안 앞에서 설명한 가까운 친구와 다른 사람들과의 관계에 조지의 친밀한 애착이 중요했음을 분명하게 언급하기 시작하였다.

게다가 점차 전이작업을 언어화하기 시작하였고, '마음챙김mindfulness'에 대한 인식은 증가하였다. 차츰 조지가 목소리를 찾게 되면서, 나는 더 발전되고 연관된 양식을 쉽게 파악하여 적절하게 대응할 수 있게 되었다. 예를 들면, 조지는 내게 지나가 달라거나, 행동해 달라고 하거나, 자신에게 가져다 달라고 지시하려 했다. *'당신이 해요'*, 평범한 요청이었다. 반대로, 그의 추측에서 시설환경에 속한 다른 사람이 권위를 가졌다고 여겼던 것을 종종 내게로 돌리며 권위를 부여고자 하였다. 나의 제안에 대해서 그는 이렇게 반응

을 보이며 말했다:

'뭘 할지 모르겠네요.' 라고 하거나 *'뭐든.'*

다음과 같은 느낌에 대해서 그가 언어화와 공유가 가능하다는 것을 점차 깨닫게 되었다.

'저보다 당신이 더 말을 많이 해야만 했어요.'

조지는 차이점과 유사성을 고려하기 위해 그 자신과 나를 비교할 수 있었다. 자신이 느낀 상실과 단계적인 경험을 전달하며, 의사소통할 수 있었다.

미술심리치료의 작업과 적응의 전이 양상

치료관계를 통해 제도화의 연관성과 관계에 미치는 영향은 점점 더 입증되었다. 조지는 나를 권위를 지닌 대상으로 바라보았고, 때론 자기 자신이 확장된 대상이나 병합된 대상으로 여기고 통제하고 싶어하였다. 이러한 점은 단계적이지 않았고, 기복이 있었으며, 시간이 지날수록 조지는 과정을 되돌아보고 보다 적응해 갔다.

나는 처음으로 작업의 주제를 제시하고 견본을 활용한 작업을 이끌고 촉진하였다. 이것은 의식적이었으며 역전이와 같은 종류의 반응이었다. 그럴 필요가 있었다고 해도, 그것은 과거의 패턴과 결부되어 영향을 받았으며 새로운 패턴과 연결되어 영향을 주었다. 나는 앞서 다룬 상황에서 상실을 소통하려던 사실을 정확히 알아차리는데 실패했다. 하지만 덕분에 이후 치료 회기에 조정을 볼 수 있었다. 그리고 이 기간동안 강요받는 느낌을 경험하게 되었고, 나를 통제하려는 시도를 정확히 인식하게 되었다. 그와 같은 과정을 매우 간결하게 성찰한 이유는 내게 통제당할 수 있다는 예상을 조지가 할 수 있다는 것과 우리 사이의 관계방식에 적응되는 것을 의미했기 때문이다. 전이의 이슈를 알아차렸을 때, 그는 마음속으로 이미지의 형상을 구상하였으며, 자발적으로 구현해 냈다. 그는 어떤 재료를 쓸 것인지와 초기의 정서적 어려움에 대한 주제를 다룰 수 있을지를 고심했다. 예를 들어 그가 최근 장례식에 다녀왔다고 내게 언급했고 이곳 저곳에 그렸던 개인적인 우표와 직접 그린 이미지를 소개하였다. 치료 회기에서 재료에 관해 유희적인 실험적 활동과 자신감이 점차 증가한 것으로 나타났다. 이후 자신의 이름을 자발적으로 이미지에 넣기 시작했다.

많은 사례를 겪으면서, 나는 미술심리치료의 일반적인 경계를 허무는 지점에 다가간다는 것을 느꼈다. 치료 작업의 경계에 불안감을 느끼지 않으며, 얼마나 멀리 확장된 모습을 갖출 수 있는가? 그렇지만, 조지에게 치료적인 경험을 제공하기 위해서 실전에 적용하는 것이 필요하였다. 그것은 앞서 언급했던 방식처럼 다른 직원과 동석하길 원했던 그가 지시한 바에 따라, 제작된 이미지와 초기 회기에서 내가 다소 지시적이었던 것은 적절한 반응을 맞추기 위해 필수적이었다. 따라서 그는 이후의 과정에서 진전을 보일 수 있었고 상당히 자발적인 모습이 되었다. 이러한 조정방식은 섬세하게 반영해야하며, 치료사 자신의 반응에 주의하고, 숙련된 슈퍼비전을 받는 것이 필수적인 것이다.

종결하기와 분리하기

종결을 협의하는 것은 역시나 매우 중요했다. 그 부분은 정기적인 검토를 통해서 언제나 고려되었다. 조지는 좀 더 개방적이 되었고 언어표현이 늘었다. 따라서 '우리 자신이 될 수 있도록 분리되는 것'(Clarke 1985)은 보다 가능했으며, 종결의 가능성을 생각하게 되었다. 한번은 검토하면서 내가 처음과 끝이 분명한 긴 연필선을 그렸다. 그의 생각에 우리가 치료에서 얼마나 멀리 지나왔는지를 그리고 앞으로 얼마나 남은 것 같은지 내게 보여 달라고 부탁했다. 그는 선의 끝부분에 가깝게 표식을 하였고, 그것은 내가 추측하였던 것과 상당히 비슷하였다. 그리고 나서 그는 선의 시작점 가까이에 또 다른 표식을 추가하였으며, 나는 이해할 수가 없었다. 비록 이 점을 짐작하는 것이 복잡해지더라도, 우리는 분리에 대한 고민을 시작하게 되었다. 궁극적으로 우리는 종결을 조심스럽게 논의하였다. 구체적으로 몇 번의 치료 회기가 남았는지 표시하였다. 조지는 마지막의 이미지로 나를 그렸고 나는 그 정체를 추측해야만 했다. 우리는 각각 독자적으로 해석되었다. 조지의 손과 나의 얼굴은 같은 이미지 상에 그려졌다. 그 둘이 서로 합쳐진 느낌은 아니었다. 이미지에 대한 또 다른 언급에서, 그는 내게 화장실을 주었다고 언급했다. 그와 함께 대화하면서 그 이미지를 탐색하긴 힘들었지만, 존재하는 공명은 억누를 수 없었다. 나는 이상하게도 친밀감을 느끼고, 유아화 가능성이 짐작되며, 일부 거리낌이 느껴졌다. 나의 기본적 욕구를 그가 짐작할 수 있는 능력을 분명히 나타내는 것이었다. 소화되고 처리된 음식의 남아있는 성분

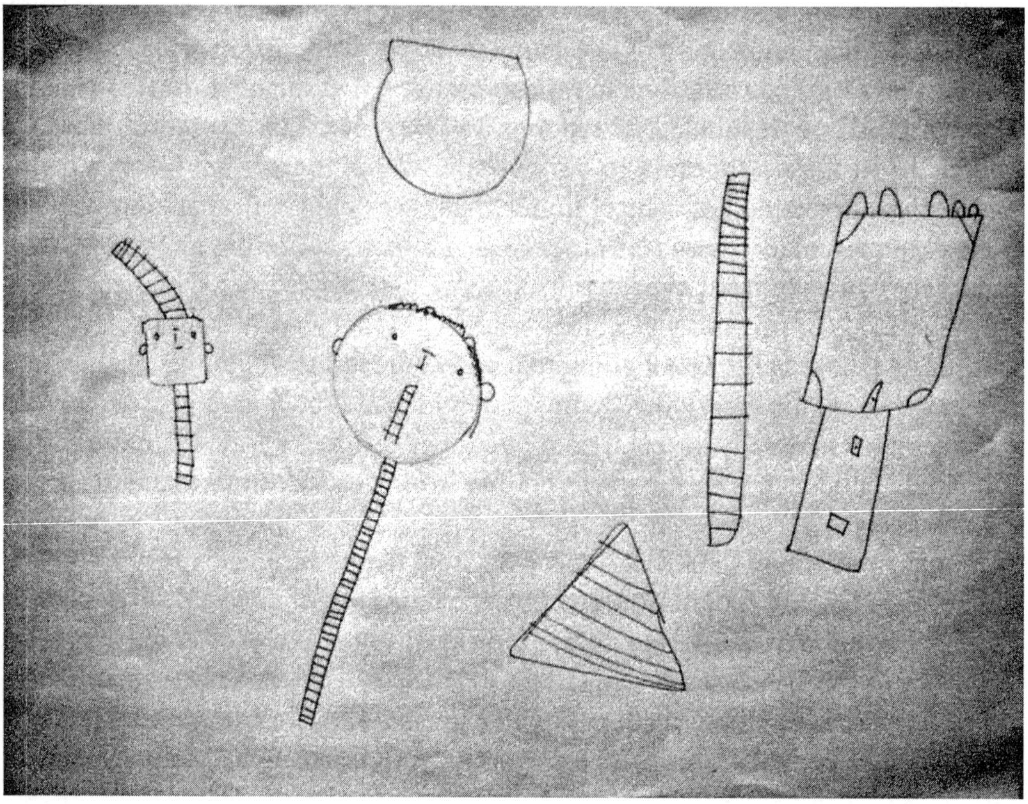

그림 5.1 조지: 사다리와 얼굴

을 배출하기 위한 장소 역시 화장실이기 때문이다.

조지의 이미지와 언어표현에서 발견된 상징들은 제도화로 기인된 병합에서부터 자기인식을 하게 되는 능력까지 의사소통하였다. 그는 자신의 마음과 나의 마음을 알게 되었고, 그러한 사실을 내게 전달하기 위해 애썼다.

조지는 또한 사다리와 모자를 쓰고 있는 사람들을 소개했다. 모자와 연결된 권위 관계는 그냥 지나칠 수가 없었다. 하지만, 마무리 작업 단계에서 그 부분을 반영할 때 나는 적막함을 유념하였으며, 간헐적으로, 우리가 시작했던 초기로 돌아가게 한 분위기를 주목하였다. 좀 더 내가 지시할 필요를 느꼈었지만, 저항하였다는 사실을 깨달았다. 이것은 내가 그린 선위에 그가 치료 시기면에서 도달했다고 느끼는 지점을 나타낸 표식에서 반향을 갖게 된 것이었다. 그는 종결에 가까이 왔지만, 역시 시작과도 가까웠다.

결론

상징 작업과 변화

미술치료사는 지지적이고, 상징과 은유를 창조할 수 있도록 촉진하는 치료 관계형성을 목표로 한다. 이러한 표현은 새로운 이해와 변화를 낳는다. 동시대의 뇌 과학 분야에서 마가렛 윌킨슨Margaret Wilkinson이 기여한 바는 '상징적 은유는 변화를 알려주는 것뿐만 아니라, 변화를 가능케한다'(Wilkinson 2007: 325)는 점을 강조한다. 뇌의 활동을 주목하고 마음과 뇌mind-brain에 따른 이해방식에서 점점 더 정교하게 발달한다는 것을 증명한다. 특별히 이 점에 관심을 갖는 것은 '상호작용의 결과로 새로운 신경회로가 만들어지듯 내담자와 치료사 모두의 마음과 뇌의 구성에 변화가 발생할 것이다.'(Wilkinson 2006: 3)라는 의미가 담겨있다. '치료에서 새로운 관계경험은 안정적인 애착유형을 형성하도록 돕고, 결국은 자기인식에 일관성을 지니게 된다'(Wilkinson 2007: 329)라고 언급하였다.

발달/학습장애의 영역에서 대부분은 복잡했던 애착과 상당히 적절하게 연관된 개념이다. 이차적 장애와 정신적 외상은 지적수준에 영향을 미칠 수 있지만, 치료에 참여하고 상징적 작업을 통해 변화될 수 있다는 것을 증명해 보인 셈이다.

정신화mentalisation는 더욱 깊은 통찰을 제공한다. 정신화는 '심리분석과 애착이론 모두 근간이 되는 섬세한 상징적인 기능'(Fonagy 2001)이다. 이것은 우리 자신을 외부에서 바라보는 것을 의미하고 타인을 자신의 내부에서 바라보는 것으로 종종 설명된다. 포나기Fonagy는 심리치료가 애착구조를 활성화하여 정신화의 향상을 가져온다고 주장한다. 미술심리치료사의 과업은 '사고하고 느끼면서 타인이 자기를 지각하는 것에 따라서 자기인식의 시작을 내담자가 관찰할 수 있는'(Franks and Whitaker 2007) 과정에서 어떻게 이미지가 핵심이 되는지 증명해 보이는 것이다.

종합해보면, 임상작업에서 규정하기 힘든 측면을 밝히려고 나는 종종 노력해왔다. 그러기 위하여 내가 만났던 내담자에게 과거와 현재의 관계가 어떻게 영향을 미치는지 폭넓고 다양한 방면에서 고찰하였다. 특히, 생애전반에 걸친 관계, 애착, 분리에 발달/학습장애가 어떠한 영향을 미치는지에 관한 것이다. 곤란에 처하거나, 합병된 방식의 상호작용을 경험을 가진, 이 장에서는 내담자들이 점차 중요한 자기인식에 가까워지는 것을 목격하였다.

우리가 처음으로 함께 마주앉아서 미술심리치료 주제로 무엇을 삼아야 할지에 대해 고민하기 시작했을 때, 새로운 관계가 형성된다. 단지 그 상황을 지지하고, 그것에 적응하는 것뿐만 아니라, 이미지가 그랬던 것처럼, 이전의 관계를 통해 발생된 영향과 기대를 품고, 과정을 지나고, 돌아보게 되는 것이다.

그러한 내담자들과 함께 내가 바라본 이미지들은 거울mirrors과 그릇containers이 된다. 이것들은 역시 반영하기mirroring와 안아주기containment를 제공하기 위해 치료적 관계의 방식의 길을 여는 것이다. 자신 및 타인에 대한 인식은 유동적으 변화를 보이지만, 자기규정과 개성의 진화를 가능케하는 관계를 경험하는 것이다.

노트

1 워즈워스Wordsworth는 반 자전적인 시, ≪The Prelude(서곡)≫을 통해 어둠속에서 스케이트를 타는 은유적인 표현을 했다. 집에서부터 나오는 불빛을 차단하고, 심지어는 좀 더 독자적인 탐색을 위해서 함께한 친구로부터 벗어나는 흥분감과 즐거움을 설명한다.

2 환상은 보호자로부터 분리되지 않은 아이의 초기 정서적 경험을 묘사하며, 환멸은 점진적인 분리의 깨달음으로 설명한다.

3 발달/학습장애의 '사고하기' 를 방해하는 제도화, 사회적인 태도, 심리학적 반응은 많은 임상가와 저자들로부터 인정받고, 탐색되었다(McCormack 1991; Sinason 1992; Stack 1996).

참고문헌

Bachelard, G.(1964). *The Poetics of Space.* New York: The Orion Press Inc.(Translation).

Bicknell, J.(1983). 'The Psychopathology of Handicap', *British Journal of Medical Psychology* 56: 167-178.

Blackman, N.(2003). *Loss and Learning Disability.* London: Worth Publishing.

Blum, H.(2004). 'Separation-Individuation Theory and Attachment Theory', *Journal of the American Psychoanalytic Association* 52, 2: 535-553.

Bowlby, J.(1969). *Attachment and Loss, vol. 1, Attachment.* London: Penguin Books.

Bowlby, J.(1973). *Attachment and Loss, vol. 2, Separation.* London: Penguin Books.

Bowlby, J.(1981). *Attachment and Loss, vol. 3, Loss.* London: Penguin Books.

Clarke, G.(1985). *Selected Poems.* Manchester: Carcanet.(First published in 1978 *in The Sundial.* Wales: Gomer Press.)

Fonagy, P.(2001). *Attachment Theory and Psychoanalysis.* New York: Other Press.

Franks, M. and Whitaker, R.(2007). 'The Image, Mentalisation and Group Art Psychotherapy', *International Journal of Art Therapy* 12, 1: 3-16.

Hollins, S., Sinason, V. and Thompson, S.(1994). 'Individual, Group and Family Psychotherapy', in N. Bouras(ed.) Mental Health in *Mental Retardation: Recent Advances and Practices,* pp. 233-243. Cambridge: Cambridge University Press.

Hill, A.(1951). *Painting out Illness.* London: Williams and Norgate.

Mahler, M. S., Pine, F. and Bergman, A.(1975). *The Psychological Birth of the Infant: Symbiosis and Individuation.* London: Hutchinson.

Marvin, R. S. and Pianta, R. C.(1996). 'Mothers' Reactions to their Child's Diagnosis: Relations with Security of Attachment', *Journal of Clinical Child Psychology* 25, 4: 436-445.

McCormack, B.(1991). 'Thinking, Discourse and the Denial of History: Psychodynamic Aspects of Mental Handicap', *Irish Journal of Psychological Medicine* 8: 59-64.

Oppenheim, D., Dolev, S., Koren-Karie, N., Sher-Censor, E., Yirmiya, N. and Saloman, S.(2007). 'Parental Resolution of the Child's Diagnosis and the Parent-Child Relationship', in D. Oppenheim and D. Goldsmith(eds) *Attachment Theory in Clinical Work with Children,* P. 131. New York: The Guilford Press.

Orbach, S. and Eichenbaum, L.(1987). 'Separation and Intimacy: Crucial Practice Issues in Working with Women in Therapy', in S. Ernst and M. Maguire(eds) *Living with the Sphinx. Papers from the Women's Therapy Centre.* London: Women's Press Ltd.

Oswim, M.(1973). *The Empty Hours. Weekend Life of Handicapped Children in Institutions.* London: Pelican.

Reed, K.(2006). 'Mothers and Daughters', *Journal of the American Psychoanalytic Association* 54, 4: 1245-1256.

Rees, M.(ed.)(1998) *Drawing On Difference: Art Therapy with People who have Learning Difficulties.* London: Routledge.

Schneider, S.(1992). 'Separation and Individuation Issues in Psychosocial Rehabilitation', *Adolescence* Spring 27: 105.

Sinason, V.(1992). *Mental Handicap and the Human Condition. New Approaches from the Tavistock.* London: Free Association Books.

Stack, M.(1996). 'Humpty Dumpty Has a Great Fall', *The Journal of the British Association of Art Therapists* 1, 1: 1-13.

Stokes, J. and Sinason, V.(1992). 'Secondary Mental Handicap as a Defence', in A. Waitman and S. Conboy-Hill(eds) *Psychotherapy and Mental Handicap.* London: Sage.

Storey, S. and Davey, C.(2008). 'A Review on the Transition from a Health Model of Care to Supported Living for Adults with Learning Disabilities in Craven and Harrogate'. Local service evaluation for the Craven and Harrogate Partnership Board. Unpublished.

Storey, S.(1996). 'Art Therapy with people who have Learning Disabilities'. Presented at: Against the Odds-Art Education and Special Needs, Bretton Hall, West Yorkshire. Unpublished.

Stott, J. and Males, B.(1984). 'Art Therapy for People who are Mentally Handicapped', in T. Daley(ed.) *Art as Therapy.* London: Tavistock Publications.

Symington, N.(1981). 'The Psychotherapy of a Subnormal Patient', *British Journal of Medical Psychology* 54: 187-199.

Tipple, R.(1994). 'Communication and Interpretation in Art Therapy with People who have a Learning Disability', *The Journal of the British Association of Art Therapists* 2: 31-35.

Wilkinson, M.(2006). *Coming into Mind. The Mind-Brain Relationship: A Jungian Clinical Perspective.* London: Routledge.

Wilinson, M.(2007). 'Coming into Mind Contemporary Neuroscience, Attachment, and the Psychological Therapies: A Clinical Perspective', *New Directions in Psychotherapy and Relational Psychoanalysis* 1: 323-330.

Winnicott, D. W.(1971). *Playing and Reality.* London: Tavistock.

제4부

유아화

제6장

아동기에 고착되었나요?

산드라 구디 Sandra Goody

들어가며

유아화Infantilisation란 성숙함maturity을 가로막는 용어로 설명한다. '유아화된infantilised' 또는 '유아같은infantilising' 사람은 스스로 의존적인 결과를 초래할 수 있다. 독립성을 저해하고 분리를 회피하도록 만드는, 불필요하며 숙련되지 않은 상태를 말한다. 발달/학습장애를 가진 사람에게 독립을 목표한 과업을 달성하기란 더욱 어려울 수 있다. 혹은 달성하지 못할 수도 있다. 발달/학습장애를 가진 사람을 돕는 돌봄, 미래에 대한 희망 역시 약해질 수도 있다. 그러므로 장애를 가진 사람이 계속 유아와 같은 상태에서 보호받게 될 수도 있다. 주변에 위험이 따르는 새로운 기술이 요구되는 경우에는 장애를 가진 사람은 고통과 두려움을 회피하려고 의존적인 고착수준에 머무르고자 할 수도 있다.

코헛Kohut의 발달이론과 자기심리학(1971: 74-86)은 폭발적인 발달시기를 아동기로만 한정하지 않고, 생애 전반에 걸쳐 자기 대상과 관계의 필요성을 역설한다. 이 점을 발달지연의 인지적 측면과 불가피하게 발달이 지연된 사람들의 경우를 위안이론comforting theory으로 생각한다. 위니캇Winnicott의 발달 이론(Abram 1996: 130)은 타인과 다른 만큼 중요한 자신을 받아들이고, 독립성과 성취를 목표로 한 '의존성을 통과하는 여정'을 조망한다. 공감적인 양육과 공감적인 관계를 통해, 처음으로, 우리 자신은 '자기 대상self-objects'의 당황스러움을 인내하여 자기위안self-soothing을 갖는 능력을 계발할 수 있도록, 이상화를 통해서 무엇이든 가능하도록 '반영된mirrored' 우리의 욕망을 조정한다. 이것은 공감적인 양육으로부터 습득된다. 코헛은 발달을 위해서 '최적의 좌절'(Kohut 1971: 63-67)을 경험하면서, 자기위안을 학습하는 능력의 계발이 필수적이라고 설명한다. 개인이 분리를 자연스럽게 수용하는 것은 자기위안 능력을 통해서 발달한다.

다양한 요인들 때문에 아직 유아로 남아있거나, 또는 의존적 아동과 같은 상태로 퇴행할 수 있다. 발달/학습장애를 가진 사람들 가운데, 유아 같은 상태를 보이는 것은 거부적인 세상으로부터의 보호를 의미할 수 있다. 이 '세상'에서 유아화의 역동이 함께 공존한다는 것은 문화적으로도 고통을 회피하는 것을 의미한다. 시나손은 이 점에 대해서 누구든 무시당할 수도 있거나, 혹은 잘 알지 못하는 것에 대해 다루었다. 그리고 지식을 외면하면서 감당하기 어려운 상실로부터 우리를 어떻게 보호하는지에 대하여 설명한다(Sinason 1992: 1). 발달/학습장애(또는 다른 종류의 장애)를 가진 사람에게 있어서 성숙해지는 과정은 타인과 자신의 차이를 인정받는 것과 관련될 수 있다. 그리고 장애에 내재된 상실을 고려하는 것이 불가피하다는 점을 의미한다. 상실을 인정하는 삶의 고통스러운 부분을 공유해 본 사람이라면 견디기 어려울 수도 있다. 장애를 지닌 자신과 비장애인인 다른 사람들과의 차이를 회피하는 것은 견딜 수 없는 부러움을 피하려는 것일지도 모른다.

한 사람의 발달에 있어서, 주변환경과 가족 또는 보호자의 공감적인 양육이 가능하다는 것은 중요한 사항이다. 어느 부모에게나 육아는 수고가 따르며, 발달/학습장애가 있는 아동을 양육한다는 것은 틀림없이 더할 것이다. '결핍'이 있는 아이를 갖는다는 것은 부모의 평범한 기대와 환상을 꺾어, 마음 아프게 만들 수도 있다. 아이에게 '거울처럼' 반응하지 못하는 것에 부모가 얼마나 적응하고 대처할 수 있는가는 애착발달에 영향을 줄 수 있다. 부모에게는 장애를 피할 수 없다는 의미이며, 상실에 대한 적응은 전 생애를 보면, 매우 고통스럽고 복잡한 과업이다. 부모들은 죄책감, 불안, 수치심과 분노의 감정을 종종 설명하고 표현한다. 지올코(Ziolko 1991)는 이러한 부모들에게 고통과 과잉보상 및 부정을 피하고 싶어하는 욕구가 일반적이라고 설명하며, 이는 심리적 외상을 극복하려는 의미로 여겨질 수 있다고 역설한다.

오랜 기간 불확실한 상황에 처한 부모에게 있어서 평가받게 되고, 장애진단의 가능성은 상당한 스트레스를 주는 경험이 된다. 부모는 아이를 위해 진단명을 찾아내게 되고, 그건 결국 치료로 완치되기 어려운 것으로 밝혀지며, 궁극적으로는 무력감과 자포자기 심정을 갖게 만드는 자기의 위치를 깨닫게 될 수도 있다. 더욱 의심과 불확실성이 존재하는 것이다. 부모에게 놓인 과업은 복잡하다. 그리고 '평범한 아이'(Kuczaj 1998: 154)를 상실하고 연민을 갖는 상태에 이르도록 만든다. 이와 같은 심리적 외상은 부모 자신의 탄력성과 사고할 수 있는 능력에 영향을 미치게 된다. 아이의 전 생애 발달에 영향을 미칠 진단명을 아는 것은, 또 다른 극도의 불확실함이 된다. 그러므로 아이에게 과잉보호를 하는 것은 일반적인 반응이 되는 것이다.

장애를 가진 아동의 부모에게는 모든 주변 상황이 거부적일 수도 있다. 아이는 때론 '결핍'이 부각되는 상황에서 상당한 의료적 주의를 요할지도 모른다. 관계당국이 교육적으로 최선의 방책을 실행하려고 할 때, 아이는 보다 광범위하게 논란의 중심에 서게 될 수도 있다. 발달에 관한 용어는 자주 그들의 뇌리에 박히게 되며, 경쟁력이 있고, 이상적 이미지의 '완벽한' 아이는 대중매체에 노출된다. 사회에서 주는 거절의 시선에 맞서면서, 장애가 있는 아이를 과잉보호하는 부모들은 분명한 이유로 그렇게 행동하게 된다.

미술치료사로서 업무 상황

발달/학습장애 아동 청소년 정신건강 서비스(LDCAMHS)에서 근무하면서, 유아 및 아동, 청소년기 사람들과 그들의 가족들의 정신적인 안녕을 돕는 것에 목표를 두고 있다. 다양한 특수교육의 학교에서 다양한 업무를 하였는데, 공간을 제공받아 개별적으로 미술심리치료가 필요한 아동들과 치료회기를 함께할 수 있었다. 나는 의료환경에 속한 치료 공간을 제공받았는데, 때로는 치료가 권고된 환자들의 회기를 위해서도 활용되었다. 부모/보호자에게 상황을 전달하는 심리치료/상담 역시 제공하였다. 가끔은 그와 동시에 가족간에 아동을 바라보는 미술심리치료 회기를 진행하였다. 대부분 가족들은 서비스 내의 많은 전문가와 만나게 된다. 특히 심리학 분야의 동료들은 아이와 치료를 진행하면서 부모/보호자와 자주 마주치게 된다. 비록 규정하고 있지는 않지만 필요에 따라서 부모와 아동간에 서로 다른 치료계획을 고려하게 된다.

캐서린

유아화가 지닌 복잡한 일부 측면을 설명하기 위해, 캐서린Catherine에 대해 이야기하고자 한다. 이는 실명이 아니며, 내가 그녀에 대해 쓰기로 논의했을 당시에 그녀가 단순히 고른 이름이다. 학교에서 진행된 회기에서 나는 그녀를 만났고, 동시에 그녀의 어머니와 만났으나, 그녀보다 낮은 빈도로 회기를 가졌다. 캐서린은 15살이었을 때 미술심리치료 평가로 의뢰되었다. 치료 기간은 약 2년 반 동안 진행되었고, 작년에는 치료의 횟수를 줄여갔다. 캐서린은 자폐증 진단을 받은, 경증 수준의 발달/학습장애를 가진 젊은 여성이다. 정신과 주치의로부터 의뢰되었으며, 초기 예상으로는 그녀가 가족 이외의 사람들과 신뢰를 형성할 수 있다면, 어머니에게 많은 부담을 주는 그녀의 행동이 줄어들 수 있다고 여겼다. 특히 한밤중에 그녀는 엄마를 꽤 힘들게 하면서 자신도 매우 스트레스를 받았다. 캐서린이 침대에 있을 때 반복적으로 질문하면서 어떻게 엄마인 자신을 불러내는지 설명했다. 엄마는 가족들이 잠자리에 들도록 하기위해서 스스로 침착함을 유지하며, 그녀의 질문에 대답하려는 노력을 했다. 그러나 상황이 잠잠해지자, 오히려 캐서린은 더욱 스트레스를 받았다. 그 책임은 엄마에게로 돌려졌고, 다른 가족 구성원은 자신들의 조언이 무시당했다고 여겼거나, 어쩌면 그녀에게 더 큰 스트레스를 유발할 수도 있다고 생각하게 되었다. 캐서린에게는 혼자 있는 것이 별로 위안이 되지 않아 보였다. 결과적으로는 가족들의 질적인 수면은 부족해져만 갔다. 캐서린은 아빠와 오빠가 있다. 두 남성은 가족에게서 모두 뒤로 물러나 고립된 상태가 되었다. 결국 그들과 엄마는 스트레스를 받아 도전적인 행동을 보이는 캐서린의 주변에서 안절부절 못하게 되었다.

캐서린은 6세 때 신경섬유종neurofibromatosis 진단을 받았다. 이것은 신경조직이 종양으로 자라서 양성이 되거나, 신경 및 다른 조직을 압박하여 심각한 손상을 야기할 수도 있는 신체적인 상태를 말한다. 사람에 따라서 경도부터 중증까지 영향력의 범주는 상당히 다양하다. 인지장애를 갖는것은 보편적인 것이다. 뇌와 중추신경계에 미치는 영향이 한 사람의 인생에 걸쳐 변화를 미칠 수 있기에 이러한 상태는 지속적인 진료 및 관찰이 요구된다. 청년후기와 성인초기에는 변화가 증가되는 시기이며 좀 더 결함을 보일 가능성이 있기 때문에 위험요인이 된다. 캐서린의 사례에서는 불충분하고 불규칙적인 진료를 받은 듯 보였다-진료 기준은 국가마다 유동적으로 차이가 있다. 그리고 부모는 국내 다른 서비스에서 좀 더 정기적인 진료를 제공하는 것을 알고 있었다. 캐서린의 뇌에 있는 신경섬유(종양)의 상태가 변화된 것이 그녀의 행동문제에 영향을 끼쳤다고 걱정하였다. 점차 진행되는 손상 때문에 그녀의 행동 태도에 영향을 가할 수 있다는 사실이 부모가 가진 두려움이었다. 미래에 걱정되는 상실 때문에, 지금 알고 있는 상실에 적응하는 방식에 영향을 미치고 있는 것이다.

캐서린은 가정에서 하나밖에 없는 막내딸이다. 두 명의 오빠가 있고, 그 중 한 명은 그녀의 미술심리치료 기간 중에 집에서 머물고 있었다. 엄마는 가사노동과 가족의 돌봄을 주로 도맡고 계셨다. 반면 아빠는 가정사의 스트레스로부터 해방시켜주는 자신의 업무에 대해 설명하셨다. 캐서린은 가족이 함께 있을 때와 다른 가족들의 억울한 경험을 느껴고 그녀에게 불만을 나타낼 때, 집중적으로 엄마의 주의를 받는다. 엄마의 말씀을 듣기 위해 노력을 기울이는데에 특히 어려움을 겪어왔다. 가족들은 진이 빠지며 격한 분노를 느끼고 있다고 언급했다.

나는 캐서린의 학교에서 함께할 수 있었는데, 그곳은 그녀의 경험상으로 비공감적인 환경이었고, 다른 아이들의 필요 때문에 개별적인 주의를 요청하는 것은 거부되었다. 수용하고 거절하며, 양측면을 왔다 갔다 하면서 또래 관계를 유지하는 데에 어려움을 겪었다. 그녀는 최고의 친구*Best of Friend*라고 하는 어린이 TV프로그램에 특별히 흥미를 보였다. 프로그램에서 어린이 친구들 그룹은 상을 받기위해 특별한 노력을 보였다- 그들을 성공하도록 만든 것은 팀워크였다. 이점을 비롯해서 친구들과 강한 결속력을 갖고자 하는 캐서린의 열망은 분명했다. 그럼에도 교내 교우관계에서 나타난 것은 그 프로그램처럼 이뤄지지 않았다. 실제적인 교우관계에 좀 더 복잡한 경험을 모험하게 하는 발달적 측면을 TV프로그램의 우상화idealisation가 방해하였다. 그녀는 학교에서 집으로 돌아와 학교 생활에서 받은 스트레스를 엄마에게 표출하는 반복적인 패턴을 보였다. 그로 인해 엄마는 차츰 학교를 차갑고 거부적으로 인식보게 되었다. 엄마는 캐서린의 경험을 탓하였고, 그녀는 어떠한 변화도 기대할 수 없는 무력감을 갖게 되었다.

나는 좀 더 특수학교에서의 교우관계 발전에 관해 관심을 갖게 되었다. 캐서린과 함께 하면서 나는 얼마나 그들의 교우관계 형성이 복잡한지 비로소 알게 되었다. 대개 특수교육 시설로 통학하는 학생들은 정규학교보다 지리적으로 더 먼 지역에서 다니게 된다- 그들은 지역 인근의 학교에 다니는 또래 친구를 사귀기 어렵고, 그러므로 방과 후에 서로 만남을 갖는데 영향을 미친다. 작은 규모의 교실을 필요로 하고, 학교환경은 그 자체로 성인의 영향력을 상당히 받고 있는 장소이기에, 사적이지 못하며, 또래의 수는 적기 때문에 교우관계를 형성하는 데에 점점 어려움이 따르게 된다. 때론 모든 사람이 다른 사람들의 문제를 알고 있는 것 같은 관계경험은 강렬한 인상을 남긴다. 캐서린은 학교 밖에서 또래를 만나기 힘들다. 그리고 그녀의 부모는 학교에서 다른 아동의 부모들과 관계맺을 기회가 적다. 대부분 가족들이 버스로 자녀를 데리러 오거나 자가로 통학하기 때문에, 특수학교 정문에서 다른 부모들을 만날 수 있는 기회가 적다. 따라서 관계 맺기에 도움이 될 수 있는 일상적인 만남에 제약이 따르게 된다.

캐서린은 수집하는데 강한 흥미를 가지고 있으며 인형과 부드러운 장난감을 많이 쌓아 두었다. 장난감을 모으며 행복한 시간을 보냈고 침실에 가득히 채워두고 있다. 게다가 캐서린이 쓰레기를 모으고 그것을 버리지 못하게 하는 행위는 캐서린의 불안 수준이 증가했다는 것을 엄마에게 나타낸 것이었다. 가방 속에 쓰레기를 모으고 잠시 밀봉한 뒤에 침대 아래에 밀어 넣었다. 그녀는 이미 엄마가 쓰레기를 버리려는 시도로 스트레스를 받았었다. 멍한 미소를 짓고, 이상적으로 행복해 보이며, 매우 귀여운 소녀의 모습을 캐릭터화한 브랜드, '헬로 키티' 학용품과 자잘한 장신구들도 흥미를 보이고 수집했다. 장신구들은 가까이서 보면 작고 세밀하게 만들어졌다. 수집의 규모는 캐서린을 흥분되게 만든다. 각각의 캐릭터의 이름을 그녀는 알고 있었지만, 더 자세한 설명에 한계를 보였다. 보통 주말에 수집하게 되는데 엄마는 캐서린이 소유한 것에 대해 얼마나 만족하기 어려워 하는지를 설명했다. 캐서린의 욕구는 지속적으로 더해갔다. 몇몇 봉투에 묶음으로 수집의 일부를 담아서 매일 학교에 가져갔다. 때로는 그걸 꺼내서 다른 사람에게 보여줬으나 대부분은 가방속에 그대로 둔 채, 집으로 다시 가져오곤 했다. 가정과 학교 사이에서 불안을 자극하는 전이를 직면할 때에 수집이 가진 힘은 자기만족감을 주고 있으므로 위니캇이 정의한 '전이 대상transitional objects'이 분명했다(Abram 1996: 343-347). 그것들을 꽤 많이 수집했다는 것과 그 중에 대부분이 봉투속에 묶음으로 담겼다는 사실은 자각하지 못했던 점을 실제로 알게 되면서, 어떤 측면에서는 개선을 보였다. 그것들은 결코 충분치 못하며 지속적으로 수집을 추가해 왔다는 것을 자각하게 되었다. 분리와 관련한 캐서린의 감정표현을 감안한다면, 완벽함이 이상화된 것들로 파악되었다. 작은 봉투에 묶음으로 담겼다는 것은, 일부 거부되고 감춰졌다는 것이었다.

초기 회기

캐서린의 첫 회기에서 자신이 겪은 어려움과 연관된 애착을 연상시키는 그녀의 상당한 관심은 마무리 시간에 쏠려 있었다. 이러한 정서가 언어로 드러나게 되었지만 매우 희망적인 조짐이 보였다. 캐서린은 처음으로 자신의 선택에 대해 안심하고자 하였고, 심지어 자신을 위해 내게 선택해 달라고 부탁까지 하였다. 나는 그 부탁을 거절하였다. 그녀는 가족을 묘사했으며 그 속에서 자신을 어떻게 바라보고 있는지에 대한 이미지를 만들기로 마음먹었다. 계층은 드러나지 않았으며, 모든 인물들은 긴 줄로 서 있었고, 높낮이는 다양한데 반해 얼굴표현은 그렇지 않았다. 가족묘사는 기존에 선호하던 인형들을 나열한 모습과 유사하였다. 그러나 캐서린은 엄마와 '나나Nana' 사이에 자신을 배치하면서, 자신에게 가장 의미있는 사람이 누구인지를 보여주었다(사진 6.1 참고). 몇 년 전에 있었던 나나의 죽음으로 캐서린은 깊은 영향을 받았는데, 그림에 비롯되어 나나와 함께 즐거웠던 관계를 설명하였다. 그림을 관찰하면 모든 가족 구성원들이 매우 닮아 있다는 것을 알 수 있고, 그들의 서로다른 차이점은 회피되어있으며, 이상화된 '우리는 하나'로 그려졌다. 비록 캐서

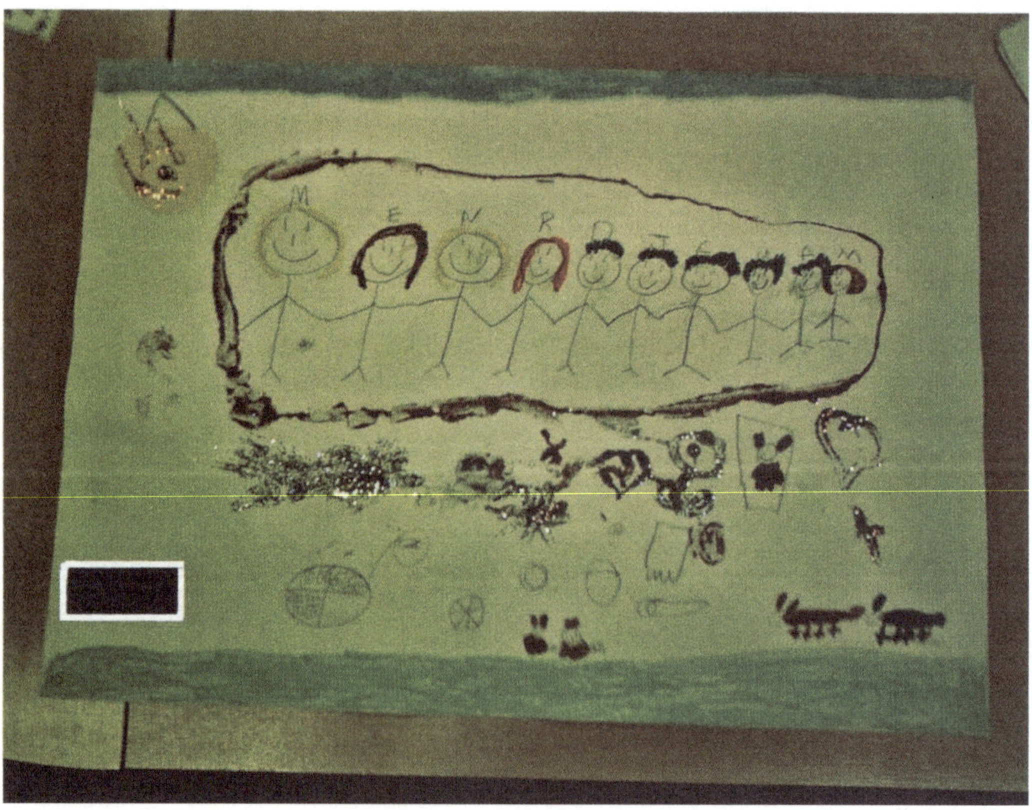

사진 6.1 캐서린: 가족 그룹

사진 6.2 캐서린: 상징적 페인팅

린이 오직 나나만을 언급해왔지만, 그림에서는 조부모 모두를 포함시켰다. 그녀에게 앞선 세대가 중요한 듯 인식되어 보이지만, 이 이미지는 하나의 완전체로 다시 되돌아온다.

캐서린이 자신과 타인을 도형과 선으로 나타내며 이미지가 추상적으로 변화하였다(사진 6.2)-자신의 주위에 많은 십자가 혹은 키스로 둘러싸여 있고 바깥의 격자무늬는 분리 및 보호하도록 한다. 십자가가 의미하고 있는 바가 잘못된 것을 의미하는지 또는 애정을 상징하는지는 불확실하다. 이후로 작은 미술작품을 만들었고 활동과 말하기에 집중을 보이기 시작했기 때문에 내게는 이 작품이 터닝포인트로 여겨진다. 그림을 다시보면, 캐서린은 취약하다고 생각하고, 공격받고 있다고 느낄 때 필요한 질적 보호를 나타내고 있는 것으로 보인다.

부모 회기

캐서린의 개별 치료 회기가 진행되는 동안 그녀의 부모에게도 회기가 제공되었다-나는 어머니와 치료 회기를 진행하였고, 그 시간 내내 캐서린에 대한 불안과 고립에 대한 고민으로 진행되었다. 어머니 자신의 청소년기 고립과 외로움을 회상하면서 차츰 딸을 깊게 이해하게 되었다. 부모의 기대가 억압적이고 죄책감을 주는 경험 때문에 부모로부터 분리에 어려움을 겪었다. 캐서린의 그림에는 엄마의 설명에 따라서 반향을 보이고 있듯이, 그녀 자신도 모르게 조부모를 포함하고 있었다. 그녀의 아버지와 함께한 회기에 심리학자 동료를 동반하고 그가 처한 고립적 상태를 생각해 볼 기회를 갖는데 목표를 두었다. 그녀의 아버지는 관계의 진전에 어려움을 겪었고 퇴행을 선택하였다. 가족 구성원은 각자 자신의 개인적인 스트레스와, 때론, 우울감으로 어려움을 겪고 있는 것이 분명했다. 캐서린의 반항과 도전적인 태도로 인하여, 특히 한밤중에, 그녀 자신과 똑같이 가족들의 감정이 표출되는 것을 볼 수 있었다. 어머니와 함께한 회기에서 '캐서린을 놓아주는 것'의 딜레마를 더욱 이해하게 되었다. 가족의 외부는 불안정하고 안전하지 못한 느낌을 받고 있고 가족안에서는, 비록 안전하지만, 때로는 분노와 화를 표출하게 되는 것이다.

브루스Bruce(연대미상)는 전문적인 조언을 들면서 '죄책감에 사로잡히는 것을 내려놓기'가 부모에게 얼마나 도움을 주는지 언급했다. 부모 자신의 연민과 심리적 외상에 정당성을 부여하며 자녀를 향한 애착정서에 어떠한 영향을 줄 수 있는지 이해하도록 도모하였다. 부모가 직면한 복잡한 과업과 과잉보호 정서를 인정할 수 있도록 경청하는 것이다. 캐서린의 어머니에게 내가 이러한 도움을 줄 수 있었기를 바랬다.

치료를 통해 캐서린의 어머니는 다양한 부분에서 딸에게 의식적으로 관심을 덜 보이도록 스스로 노력하였다. 어머니는 친구와 함께 소소한 시간을 갖는 것으로 시도하였고, 캐서린은 각각의 경험을 이겨내면서 떨어져 지낸 밤이 점차 늘어갔다. 그것은 쉽지 않았던 시간들이었고 그들이 맞닥뜨린 불안에 관한 다양한 논의와 탐색을 함께하였다. 게다가 캐서린에 대해 좀 더 분명하게 캐서린의 행동이 어떻게 엄마인 자신에게 영향을 주고 있는지에 대해서, 그리고 가족 내 다른 구성원이 받는 영향은 무엇인지를 언급하기 시작했다. 분명하게도, 그들은 그 경험을 이겨내었고, 분리에 대해 덜 두려워하였으며, 덜 혼란스러워하게 되었다.

가게와 계산

캐서린은 높은 참여도를 보였다. 회기 안에서 그녀의 자신감이 발전하면서 관계에 관한 정서를 탐색하고 '사람을 귀찮게 만드는 것'을 이해하도록 자각의 탐색이 시작되었다. 그것은 그녀가 제안한 게임과 놀이를 통해서 할 수 있었다. 캐서린은 자신의 미술재료 상자를 가게의 계산대로 디자인했고 가짜 돈을 만들었다. 그녀는 많은 대상objects을 활용했으며 매일 학교에 가지고 다녔던 값싼 장신구들을 사용하였다. 가게처럼 꾸며진 안쪽에 그것들을 진열했고 그녀는 고객이 되었다가 상점주인이 되기도 했다. 그리고 나는 다른 역할을 맡았다. 이 생기 가득한 놀이는 여러 회기동안 반복되었다. 어린시절의 가게놀이에 대해 나는 따듯한 기억을 갖고 있었고, 우리 모두에게는 꽤 만족감을 주는 놀이었다. 발생된 변화와 역할은 다양했으나, 그녀가 선호하는 것은 상점주인 역할이 분명하였다. 그녀가 정중한 태도를 습득할 수 있도록 연습하였고, 동시에 '전문적인' 가게주인이 되려는 포부도 지녔다. 이 놀이에서 그녀는 소중한 장난감과 수집품을 내게 주면서 흥정하였다- 때론 공손한 구매자로, 그러나 한편으로는 욕심 많게 싹쓸이하는 사람으로, 그리고 때로는 깐깐하게 몇 가지만 구입하였다. 모든 물품이 회수가 가능함을 알 수 있도록 게임의 구조가 형성되었으며, 우리들의 역할이 확대되어 나갈 수 있다는 인식확장의 발전을 보였다. 게임은 우리에게 사회적 역할을 경험하게 하는 것으로 여겨지고, 여기에 때로는 실망과 좌절을 극복할 수 있도록 연관되는 것이다. 우리가 계산에 참여하고 이색적인 경험 및 상품에 대한 관점을 서로 공유한 이후, '가게'를 주제로 한 치료 회기는 전형적으로 캐서린이 품목을 열거하고 홍보하는 것에서 시작하였다. 당시에 캐서린은 16세였지만, 우리는 전형적으로 매우 어린아이 같은 수준의 게임을 하였다. 그러나 이 놀이가 매우 중요한 경험으로 느껴졌다. 그녀가 초기 회기에서 말하고자 하는 방식 중, 자신의 장난감 수집품을 내게 소개할 때 목록을 나열하며 설명하던 패턴이 반복되었다. 어려웠던 한 주를 보낸 뒤, 치료 회기에서 안정을 찾기 위한 표현으로 받아들여지고, 그녀가 다음 회기에서 가게 놀이를 할 수 있다는 가능성은 치료의 안정성을 의미하였다. 가게 게임을 하는 동안에 학교에서의 관계가 그녀에게 어떠한 영향을 미치는지 그러한 패턴에 관한 논의가 시작되었다. 캐서린은 현실적인 실망감에 대해 논의하고 싶어했다. 그러기 위해서 그녀의 감정을 반영하였고, 진실한 우정에 대한 환멸과 고독의 두려움의 탐색을 도모하는 것을 목표로 삼았다. 그녀가 좀 더 성숙한 관계를 갖기 위한 발달을 도모하였고- 그녀는 사람들이 타인을 비난하거나 또는 타인이 어려움을 해결해 주도록 바라지 않는 이유와 그런 행동방식을 이해하고자 애를 썼다. 이 즈음 어린이 TV프로그램 '친한 친구들*Best of Friends*'에 그녀의 흥미는 시들해졌고, TV드라마 '동부 사람들*Eastenders*'에 새로운 흥미를 가졌다. 이 프로그램의 매 회차마다 갈등이 주제가 되며, 상실은 받아들여지고, 드라마는 모든 기회를 추구하였다. 캐서린의 역할부여 방식은 여전했고 흥미로움과 이야기의 흐름을 연결지어 보았지만, '친한 친구들' 프로그램에 대한 기대 및 이상과는 매우 달랐다.

나는 때론 우리가 몰두했던 부분이 신뢰할 수 있었는지에 대해 의문을 가졌다. 슈퍼비전을 통해 우리의 목표 지점을 파악하기 힘들었다는 것을 이해하게 되었다. 한번은 희망적으로 느꼈을 때, 학교에서 혹은 형제자매와 충돌이 있거나 실망스러운 상황이 발생되었다. 마치 캐서린이 항상 엄마와의 관계에서 의존적이었던 것처럼 보였고, 스스로를 안심시키고자 하려는 것은 더 넓은 세상을 탐색하는 의미로 비춰졌다. 캐서린은 회기의 마무리에 질적인 안정감을 필요로 했고, 다음 회기를 위한 계획이 지속되기를 열망하였다. 그러나, 그녀는 마치 더 이상 만나지 못할지도 모른다는 느낌이 들도록 인사를 몇 번이나 반복하였다. 놀이는 유희적이지만 이상화된 관계를 그 안에 묶어 두고 있는 거품의 보호막처럼 느껴졌다. 이 회기에서 내가 경험한 유희로 인해 누가 '치료사'였는지 혼란스럽게 만들었다. 내 기억을 불러온 작업에서 나의 유희가 외로움의 고통을 회피하려는 의미였을까? 마치 유희가 부담스러운 경험이 되어야만 하는 것처럼 죄책감과 함께 뒤섞였다. 나는 치료사와 내담자의 사이에서 경계가 어디인지 의문을 품게 되었다. 또 다시 죄책감이 들었다. 비록 회기는 비지시적이며 탐색할 주제도 캐서린이 주도했지만, 상실의 존재를 부정하는 방식으로 내가 가진 두려움을 극복할 수 있는가? 외부 현실세계로부터 내담자를 보호하는 것이 치료사의 역할은 아니지만, 내가 마치 그렇게 한 것과 같은 착각이 들었다. 치료에서 나는 캐서린의 외로움과 심지어 그녀의 장애까지 해결할 수 있으리란 기대가 다소 높았다. 이 점이 캐서린의 어머니가 겪은 스트레스와 캐서린 자신이 가진 장애를 부정하고 싶은 스트레스를 내가 경험한 것이란 생각이 든다.

친구맺기와 우정을 유지할 수 있다는 것은 홀로 설 수 있는 능력에 기반한다-'친구맺기를 위해 분리를 인식하면서도 유념하는 것'(Abram 1996: 349)이다. 캐서린은 자폐성 장애로 진단받았고, 이런 진단군은 그녀가 타인이 경험하고 있는 것을 이해하는데 어려움을 겪듯, 타인과의 관계의 어려움을 유추할 수 있다. 그러나, 캐서린은 분명하게 관계가 발전되기를 원하며 진실된 관계를 의식적으로 이해하기를 열망하고 있다. 그녀가 좀 더 분명하게 홀로서기를 감당할 수 있도록 발달 단계를 밟아 나갈 수 있다면, 또래 및 다른 사람과 경직된 수준의 관계경험을 탐색하길 바라는 것은 희망적으로 여겨진다. 나는 그녀가 가진 가능성에 놀랐다. 자폐성 장애를 가진 사람에 대한 나의 편견이 무너져 버렸다.

내면의 보호를 위해 외부를 비난하기

나는 마치 시소를 타는 것 같은 느낌을 느꼈다. 외부의 '문제점'에서 멀어져 캐서린이 고립된 경험에 나는 깊은 당혹감을 느꼈다. 또 다른 시간에 나는 외부세계가 그녀로부터 멀어진 이유를 파악했으면서도 캐서린이 경험할 수 있도록 유도했다. 따라서 나는 그녀에게 공격을 가한 죄책감에 사로잡히게 되었다. 위니캇의 이론을 따르는 연구들에서 청소년기에 홀로서기 경험은 필수적이라고 하였다.

> 청소년기에 개인이 사춘기 변화를 겪어가면서 성인사회의 일원이 되기 위한 준비를 하지 못했을 때, 그 점이 발견되지 않도록 방어defence는 강화된다, 소위, 알아주기 이전에 발견되는 것을 말한다. 설령 타협의 댓가가 일시적으로 눈가림을 의미한다해도, 그들은 모든 노력을 기울여서, 매우 개인적이고 진실된 감정을 방어해야만 하는 것이다.
>
> 에이브람(Abram 1996: 100)

캐서린을 이해하기 위한 노력에 힘이 들고, 알수 없는 혼란스러움으로 인하여 근본적인 방어상태를 가졌다. 그녀는 발달/학습장애를 갖고 있지만, 나는 그렇지 않아서 우리 사이의 차이로 그녀를 알아가는데 처한 어려움이었다. 혹은 이러한 점이 그녀의 발달/학습장에 수준과 관련있는지 궁금하였다. 나의 혼란은 내가 가진 생각대로 그녀를 반영하고 있었다. 정서적 마비가 내게 덮쳤다. 우리는 자신감이 바닥을 칠 때, 경험한 것을 지탱할 수 있는 수준이 불안정해진다. 그리고 우리는 우리가 생각한 바를 의심하게 된다. 나는 캐서린이 경험했던 충격의 강도를 깨닫게 되었고 이를 '반영하는mirroring' 상태가 되었다. 그녀의 설명과 놀이수준이 때로 매우 어린 아이들의 놀이영역에 머물고 있다는 점은 흥미로웠다. 하지만, 새롭게 드러난 딜레마는 청소년들이 겪는 상당한 어려움으로 여겨졌다.

치료에서는 퇴행상태가 일반적이고, 좀 더 태고적의 자기대상self-objects의 영역을 직면하고, 치료적 양자관계therapeutic dyad와 함께 경험하게 된다(Kohut 1971: 7). 그러나 발달/학습장애를 가진 내담자에게는 퇴행을 방해하려는 욕구가 있을 수 있다. 치료사가 감당해야하는 또 다른 상태의 손상이 아직 나타나지 않은 것처럼- 마치 퇴행의 초기단계에서 발달에 필요한 모든 노력을 회피하려고 할 것이다. 나의 관리자나 학교 담임선생님이 회기에 참여한다면, 그리고 내가 그들의 생각을 유추 해 본다면- 남몰래 관찰하는 사람처럼- 굴욕감과 부끄러움은 분명하게 느껴질 것이다. 어쩌면 내가 발달/학습장애가 없는 내담자에게 이러한 놀이경험에서 전이를 가졌다면, 캐서린이 회기에 가져온 영향에 대해서 보다 자신감있는 수준에서 건강한 상황을- 건전하게 퇴행하는 것, 유용하게 사용할 수 있는 장점을 지니고 있는 발달단계를 다시 거치는 것- 대하였을지도 모르겠다는 생각이 들었다.

치료가 진행되면서 그녀는 밤중에 스트레스를 받는 빈도수가 현저하게 줄어들었고, 세심한 슈퍼비전을 통하여 종결 날짜를 합의하기에 이르렀다. 캐서린은 이제 한밤중에 그녀의 엄마와 떨어져 있어도 참을 수 있고, 먼 거리의 수학여행도 다녀왔다. 일상 생활에서 만족스러웠던 부분도 있고, 그렇지 않은 부분도 있었다. 관계에 있어서 자신의 요구에 좀 더 목소리를 내었고 직접적으로 관련된 사람들에게 불만족스러움도 표현하기 시작했다. 이것은 기술적인 발달이었다. 또한 변화는 엄마에게도 나타났다-여전히 딸에 대한 엄마의 커다란 책임감이 지속되고 있었지만 피할 수 없는 실망에 대해 일부는 체념을 보였다. 캐서린은 엄마의 경청하는 능력 덕분에 차분해졌다.

나는 엄마가 모든 것을 돌려놓지 못할거라고 느끼고 있는 것으로 생각되었다-그녀의 (그리고 어떤 사람이라도) 능력을 뛰어넘는 것이다. 일 년이 넘는 기간 동안 치료의 종결이 이뤄졌고 회기의 빈도는 줄어들었다. 그리고 회기에서 점진적으로 종결에 중점을 두고 있었다. 종결 회기가 가까워오자 성취점과 그렇지 않은점에 대하여 검토를 하였다. 캐서린은 치료 회기가 끝나지 않았으면 좋겠다고 말했다. 그녀는 편안하게 회기가 이뤄지고, 집중을 잘하고, 잘 듣는 것에 관심을 두었다. 다른 분리와 마찬가지로 스트레스를 받고 있었지만 역시나 살아가기 위해 필요한 것이었다.

그래서 유아화란?

부모가 '현실real' 세계에서 실망감을 느끼게 될 때, 아무렇지도 않게 자녀에게 그 책임을 돌릴 수 있다. 어린이나 유아를 둔 부모들은 일반적으로 자신들의 보호가 실패하게 된다면, 그들에게 무슨 일이 일어나게 될 것인지 꽤 비극적인 생각에 사로잡히게 된다- 비록 부모가 스트레스를 받고있지만 지속적으로 보호할 수 있다는 것을 의미하므로 생각은 필요할 수 있다. 유아화의 특징은 자신의 자녀가 출생했을 때와 같은 취약한 느낌이 영원한 상태로 남을 수 있다는 것이다. 비극적인 장애가 발생했다는 사실과 어둠에 깔린 듯한 죄책감의 양상 때문에 현재 발달을 하고있는 자녀를 인정하는 것이 다소 어려워 진다. 고립된 입장은 피해망상의 기분을 더욱 극대화시키고 감옥의 창살을 떠올리게 한다. '죄책감에 빠지지 않고 해방되는 것'은 분명히 필요한 것이지만, 일부 부모에게 연민의 감정을 불가능한 것을 시도해야 하는 것처럼 매우 복잡하다. 감정이 굳어버린 채로, 연민을 느끼게 되는 것이다. 과거, 현재, 미래의 두려움들은 압도적이고 엄청난 충격이다. 이러한 불안을 잠재우는 것은 능력 밖의 일이 될 수 있다.

캐서린은 치료에서 바라보기 또는 발견하기의 능력을 길렀다- 통찰을 갖게 된 자신을 스스로도(그리고 나도) 놀라운 것 같았다. 그녀가 내게 신뢰를 구축했던 놀이와 게임을 자발적으로 이끌었다- 내가 가게놀이를 즐겼다는 것을 그녀가 알고 있다는 생각이 들었다. 그녀는 진정으로 즐기고 성취하기를 바랬었다. 그렇게 할 수 있는 능력은 그녀가 거부하지 않았던 추억인 애정을 담은 양육과 놀이의 경험으로부터 온 것이다. 그녀가 분명히 장애의 실상으로 다가가기에 매우 고통스러운 일이었고, 그 점을 논의하려던 제안을 회피하고자 했다. 캐서린이 희망적인 점은, 미술치료 경험을 통해 지속적으로 탐색하고, 성장하며, 성숙해 나가도록 단단한 밑거름을 제공해 주었다는 것이다.

참고문헌

Abram, J.(1996). The Language of Winnicott: *A Dictionary of Winnicott's Use of Words.* London: Karnac Books.

Bruce, E.(undated). 'Mother, Father, Siblings and Children Adapting to Disability'. Vicnet(State library of Victoria, Australia), Soured from the internet: home.vicnet.net.au/~ejbruce/elite.htm(accessed I February 2011).

Kohut, H.(1971). *The Analysis of the Self: A Systematic Approach to the Psychoanalytic Treatment of Narcissistic Personality Disorders.* Chicago: University of Chicago

Press.

Kuczaj, E.(1998). 'Learning to Say "Goodbye"', in M. Rees(ed.) *Drawing on Difference.* London: Routledge.

Sinason, V.(1992). *Mental Handicap and the Human Condition: New Approaches from the Tavistock.* London: Free Association Books.

Ziolko, M.(1991). 'Counselling Parents of Children with Disabilities: A Review of the Literature and Implications for Practice', *Journal of Rehabilitation* April-June issue.

제5부

두려움

두려움과 불안에 대해 말하기

죠 Jo

난 너무 화가 났었어… 이 세상은 믿을 수 없었고… 세상이 나를 등지고 있다고 생각했어… 많은 문제에 빠지게 되었었지… 불안은 정말 높았고… 가치없다고 느낄 정도였지.

나한테는 음 나쁜 목소리가 있어… 나한테 모든 종류의 그런 것들을 말하는 음 모든 좋은 것은 하지 말라고 했어. 그냥 나쁜 짓 같은 것. 그걸 선택할지 말지 망설였지만 내가 나쁜 짓을 하도록 유도했고 결국 칼로 범죄를 저질렀지… 외과수술을 하는 것처럼 그리고… 스스로 나를 죽이도록 위협했었지 음 결국 그러지 못했지만… 경찰서에 가게 되었고… 다음날 나는 법정에 서게 되었어.

내가 앞으로 나아가지 못하도록 마치 옛날로 돌아가는 것처럼 만들려고 했던 거야… 난 그림으로 표현했고 글로 써 내려갔어… 나한테 그렇게 하라며 하나씩 해보라고 말했던 목소리에 대해서… 그리고 무슨 일이 벌어졌는지, 뭐가 잘못됐는지 그리고 그렇게 만든 건 나의 평범한 자아가 아니었다는 것을 깨달았지, 그것은 그저 그 당시 나를 가득 채웠던 목소리였어.

그 목소리를 내가 처음 마주치게 되고 듣게 되었을 때, 그런 것은 내 주변에 있었어. 결국 난 그게 어떻게 생겼는지 그리고 얼마나 많이 그곳에 있었는지 그림으로 그렸지. 검은 형체의… 이미지에서 그 목소리는… 검은색 웅덩이랑 파란색 웅덩이와 빨간색 웅덩이 같은 것이었어… 화산 폭발로 뿜어져 나온 용암 덩어리처럼. 정말로 그것들은 하나로 결합시켰고 내가 그 목소리가 사라지길 얼마나 바랐는지 보여줬지… 그리고 음 그들과의 싸움을 내 스스로 조절하게 되었지 그리고 그것을 없애버렸어… 왜냐하면 목소리가 너무 성가셨고 그게 인생에 가득 차게 되고… 나를 차지할 수 있기 때문이었어.

제7장

'두려운 가운데 손가락'

엘리자베스 애쉬비 Elizabeth Ashby

20분 전에 중증 발달/학습장애와 자폐성 장애를 가진, 키가 크고 건장한 40세 남성인 스티브Steve가 두명의 돌봄 관계자들을 내려쳤을 때 사건이 발생하였다. 그의 분노로 인해 또 다른 날엔 신디Cindy라 불리는 센터 구성원 역시 타격을 입게 되었는데, 그 이유는 자신의 길에서 비키라고 그녀를 세게 밀었던 것이다. 타격을 받은 두 직원은 호흡이 가빠지고 멍이 들었지만, 큰 상해를 입진 않았다. 그리고 달려가 그녀를 돕고자 했으나 그녀는 이미 매우 고통스러워 했고 바닥에 푹 쓰러지며, 신음 소리를 냈다. 다른 두 직원은 동료들보다 빠르게 앞서 스티브가 다른 누군가에게 돌진하기 전에 그를 저지하였고, 그를 진정시키기 위해 감각의 방sensory room에 들어가도록 도왔다. 이 단지unit 내 환경에서는 중증 발달/학습장애와 또한 자폐성 장애를 가진 12명의 사람이 머물고 있다. 다행히도 그 당시엔 그 중 다섯 명만이 그곳에 있었다. 개인은 각자 매우 다른 방식으로 반응 하였다.

나는 토니Tony와 함께 할 치료 회기를 준비하며 미술치료실에 있었다. 토니는 화가나서 빠른 걸음으로 로비로 나갔고, 직원의 얼굴 가까이에 공격적으로 얼굴을 대고, 짧게 쏘아붙였다. *'리(즈)는 어딨어요?'* 직원들은 한 발 물러나 그를 노려보며, 그에게 치료시작이 5분 남았으니 기다리라고 말했다. 그의 오른편에, 벽에 기댄 채 바닥에 쓰러져 있는 신디가 있었다. 그녀는 순간 주먹으로 머리를 부딪쳐 벽에서 튕겨 나와 바닥에 쓰러졌다. 그리고는 바닥에서 일어나기 어려워하며 신음하고 있었다. 이 상황은 그곳에 있던 모든 직원을 무능하고 의기소침하게 만들었다. 그녀를 멈추게 할 수 없어 보였다.

조Joe는 머리를 계속 돌리고 발을 번갈아 앞뒤로 왔다 갔다 몸을 흔들며 음악실 문을 여닫았다. 헨리Henry는 라운지의 한 구석에 몸을 숨기며 사람들을 향해 주먹을 흔들고 말을 더듬었다. 그리고 수지Suzy는 복도를 오르내렸고, 펄쩍 뛰고 소리지르며 지나가는 모든 사람들을 때리려는 위협을 보였다(실제론 그러지 않았다)- 그녀는 일부 혼돈을 즐기는 듯 보였으나, 일부 두려움에 떨고 있었다. 직원은 불안함을 감추기 위해 고군분투했고, 이 상황에서도 진정하려고 애썼음을 짐작할 수 있는 분위기였다. 이 시설에서 발달/학습장애를 가진 사람들은, 특히 신디는, 매우 동요되었으며 냉정을 잃었다. 나는 토니와 함께 해야 할 치료 회기가 걱정되었다. 회기를 취소해야 하는지 고민이 되었다.

토니의 보조인이었던 밥Bob은 내가 방에서 나오는 순간 내게 와서 수지와 신디로부터 떨어져 있도록 조치를 취하였고, 그리고 이 상황에서 자신은 방 밖에 앉아 지켜 볼 것이라고 말했다. 나는 치료 회기의 진행중에 도움이 필요했고, 스스로 경각심이 작동하였다. 양손에는 약간 땀이 났고 심장은 빠르게 뛰고 있었지만, 나는 최대한 안정적인 목소리톤을 유지하면서 로비 중앙으로 걸어가 *'안녕 토니'* 하고 인사했다. 그는 창밖을 바라보던 자리에서 돌아서 나를 바라보며, 눈살을 찌푸리고 있었다. 토니는 앞쪽에서 자신의 팔을 흔들면서(좋은 신호가 아닌 공격적인 행동으로 여겨질 수 있는) 약간 구부정한 몸동작을 보였다. 그리고 튀어나와 복도 아래의 나의 방으로 향하였다. 밥과 나는 최대한 빠르게 그를 쫓아갔다.

나는 미술치료실로 입실하였고 토니는 미술재료에 둘러싸인 채, 그를 위해 내가 놓아두었던 자리에 여느 때와 같이 앉아있었다. 그는 종이 위에 정신없이 바쁘게 큰 원 모양의 그림을 그리기 시작했고, 필압이 꽤 강해서 연필 끝이 휘어져버렸으며, 그만 종이에 구멍을 내고 말았다. 나는 만일의 경우를 대비해 빨리 밖으로 나갈 수 있도록 최대한 문 근처에, 그의 왼편에 조심스럽게 자리하였다. 그가 그림을 그리는 동안 조용하게 기다려주었으며, 움직임이 거의 없도록 조심스레 숨을 몰아 쉬었다. 그가 가끔 말을 하면서 빠르게 몇 장쯤 그림을 그리고 나자, 나의 조심스러웠던 마음이 토니의 기분을 점차 누그러지게 하였다. 그가 차분해진 지 10분 후쯤, 자신이 하던 것을 멈추고 나를 바라보며, *'보세(요)!'* 라고 미소 지으며 작품을 가리키며 말했다. 나는 내심 안도의 숨을 내쉬며 몸에 긴장이 풀렸다. 치료 회기가 진행되면서 치료실의 분위기는 좀 더 편안하게 바뀌어 갔다. 토니는 좀 더 의사소통 하려는 모습이었고, 그림을 천천히 그리기 시작했으며 한층 더 생각에 잠기는 모습이었다(사진 7.1).

사진 7.1 토니: '차분해지는 나'

이 장의 목표

이번 장에서는 나와 함께 미술치료를 경험했던 발달/학습장애를 가진 사람들의 두려움과 인생 경험에 대해 다룬다. 발달/학습장애에의 경증(로라Laura), 보통(셰릴Cheryl), 중증(토니Tony)에 대해 설명하고, 덧붙여 정신건강 문제와/또는 자폐적인 특징에 대해 다룬다. 어떻게 그들의 두려움이 표현되는지 그리고 때론 분노와 같이 다른 정서로 가면을 쓰게되는 것이 어떻게 두려움으로 확인되는지 입증하고자 한다. 또한, 치료 상황에서 치료사가 두려움을 어떻게 경험할 수 있는지에 관하여 논의한다. 그리고 두려움의 수준이 가득하여 폭발하려는 시도라는 점과 또한 인생의 본성으로 존재한다는 점에서 이번 장을 '두려운 가운데 손가락The Long Fingers of Fear(영어권에서는 가운데 손가락이 원초적인 의미와 감정이 폭발하는 욕을 상징하므로)'이라고 부르고자 한다.

짧은 상황을 이 장에서 논의하기전에, 발달/학습장애를 가진 사람들에게 두려움이 어떤 영향을 미치는지 고려할 때 유용한 이론을 검토하였다. 처음으로 불안, 두려움, 공포에 관한 개념을 탐색하고, 투사적 동일시projective identification와 분열splitting 같이, 연관된 무의식 과정을 논의한다. 그리고 나서 발달/학습장애를 가진 사람들의 두려움의 근원에 대해 살펴보도록 한다. 예를 들면 의사소통하기, 사고하기, 이해하기 같은 것이다. 개인에서부터 가족구성원까지, 가족단위와 사회, 국가적으로 서로 다른 수준의 두려움이 어떻게 작동하는지 입증한다. 끝으로 발달/학습장애를 가진 사람들에게 그와 같은 두려움들이 어떻게 영향을 미치고 있는지 사례를 살펴보고자 한다.

토니와 함께한 미술치료 회기 중 일부사항을 논의하고 중증의 발달/학습장애를 가진 사람들이 두려움을 어떻게 반응하고 있는지 고찰한다. 앞서 다루었던 상황을 좀 더 살펴보고, 그리고 이후에는 치료사들이 겪는 두려움을 생각해 보고자 한다. 셰릴(보통의 발달/학습장애를 가진)과 함께한 미술치료를 다루고, 마지막으로 로라Laura(경증의 발달/학습장애를 가진)에게 두려움이 어떻게 나타나고 설명되는지를 다룬다. 대두된 이슈를 이 장에서 논의한다. 개인신상의 세부사항을 보호하기 위해서 가명을 사용하고 재구성되었다. 나는 두려움이 어떻게 사회로 확장되는지 바라보았으면 한다. 그리고 미술치료사는 사람들이 가지고 있는 다른 이슈들의 이면에 깔린 두려움을 어떻게 인식할 수 있으며, 그들과 함께할 수 있는 소중함을 지켜볼 수 있었으면 좋겠다.

불안, 두려움, 공포

나와 함께했던 발달/학습장애를 가진 많은 사람들에게는, 매일매일 불안과 두려움이 수반된 경험을 할 수 있다. 정신분석적 이론에서 **불안***anxiety*은 분명한 대상이 없는 감정을 설명하는 용어이다. 반면, **두려움***fear*은 감정을 불러일으키는 분명한 대상이 구별될 수 있을 때 사용한다. 그러나 **두려움**은 **불안** 보다 좀 더 강력한 감정을 시사하는 용어로 일상생활에서 사용되고 있다(Wood 1997). 우드Wood는 정신병력을 가지고 있는 함께했던 사람들의 두려움에 대해 서술하였다. 그리고 심리학적 관점에서 '내담자clients와 임상가practitioners에게 즉각적으로 각성된 결과와 비슷한' 두려움을 거의 다루지 않았던 점에 주목했다(1997: 41). 그녀는 정신병리의 전반적인 경험의 **공포***terror*(강조하여)를 치료사가 자각하며 이해하고 있음을 사람들이 알 필요가 있다고 믿고 있다. 또, 다음과 같이 생각한다.

> 미술치료사는 심각하게 결핍된 내담자와 함께하는 경우에 스스로를 자각하면서 치료적 담아두기의 개념화 방식이 매우 필요하다. 이들은 경험을 이해할 수 있는 능력의 심각한 장애로 인하여 결핍을 경험한 사람들을 말한다.
>
> 우드(1997: 43)

이러한 '정신병력을 가진 사람들이 원초적 수준의 불안을 경험한 것'은 '성인기 정신병리상에서 발현될지도 모르는 공포가 확산될 조짐'을 제시하면서, '초기 영아기의 죽음과 자멸의 두려움'과 비교하게 된다(1997). 투스틴Tustin은 자폐적인 아동의 경험에 대해 '두려움이 없는 것 같이 보이는 아동을 낙오시킨다면, 표현되지 못한 공포가 크게 자리한다'는 측면을 설명하고 있다. 이것은 치료사에 의해서 언어화 될 필요가 있고, 치료사는 아동이 그 부분을 표현할 수 있도록 도움을 주어야 한다(Tustin 1992: 123). 투스틴은 비욘Bion의 용어, '이름없는 공포nameless dread'가 자폐적인 상태에서 극도의 공포를 불러일으키고 강한 외부가 무르고 취약한 '자신'을 보호하는 캡슐화된 자폐증적 상태로 야기시키는 정신병적 경험을 적절하게 설명하고 있다고 보았다. 그러한 아동이 느끼는 원초적인 충동primitive impulsion을 처리할 수 있는 기관이 결핍되어 있고, 꿈을 꿀 수 있는 능력이 없는 것- 실제로 '꿈의 원초적인 것들이 현실을 깨닫게 해주는 것'과 종종 '분노, 공포, 흥분같은 마음의 동요'를 느끼는 것이다(1997: 159).

발달/학습장애를 가진 일부 사람들은(장애의 심각성에 따라) 인생의 경험을 이해하는데 필요한 능력에 상당한 결핍을 갖게 된다. 그 결과도 **불안**과 혼란, 그리고 학대 받았던 기억과 연관된 **두려움**이 일반적으로 발생된다. 게다가 발달/학습장애와 더불어 자폐적인 상태 와/또는 병리적 경험을 가지고 있는 사람들은 **공포**를 느낄 수도 있다. 투스틴이 위에서 언급한 것처럼, 그리고 우드가 확장된 공포를 경청하는 것에 어려움을 겪는 치료사들은 그것 다루기를 회피할 수도 있다는 경험을 제시하였다(Wood 1997: 41). 혼란스러움으로 불안이나 두려움이 나타나는 것은 반복되는 경향을 보이고, 한 사람이 경험한 사고에 미치는 공격의 결과는 더욱 두려움을 경험하게 만들고 지속시킨다.

무의식적 과정

발달/학습장애를 가진 사람들은 의사소통의 문제를 자주 경험하고 있고, 발달/학습장애의 유무와 상관없이, 일반적인 능력을 가진 사람들과 함께하는 작업에서도 미술치료사가 대면하기 쉬운 의사소통의 무의식적인 형태는 투사적 동일시projective identification이다. '내담자 혹은 환자는 스스로 통제할 수 없는 실제적 경험을 치료사에게 직접적으로 전달할 수도 있기 때문에' 특히 역전이의 가치를 지니는 형태로 여겨진다(Gomez 1997: 39).

투사적 동일시의 과정은 사람의 감정을 치료사에게 투사하고, 그리고 나서 치료사는 이러한 감정을 자신의 것으로 경험하게 되며, 심지어 그 사람과 동일하게 행동하기도 한다. 이것은 강력한 비언어적 형태의 의사소통이다(1997: 39). 아기와 엄마의 사이에서 투사적 동일시가 발생할 때, 아이에게 투사와 재투사reintroject를 다루는 어머니의 능력에 따라서 결과의 성공여부가 결정된다. 치료사의 역전이는 투사적 동일시를 통해 매우 유익한 내면적 경험을 갖게 한다. 그러므로 치료사들이 인식하고 있는 투사를 풀어내도록 해주는 임상 슈퍼비전은 특히 중요하다. 샤베리엔Schaverien(2007)은 투사적 영향 하에 놓인 미술치료사가 힘든 행동을 보였다가, 슈퍼비전을 통해 마치 마법에 걸린 듯 의식적으로 그것을 다루게 되면서 상황을 깨닫게 된 임상경험 사례를 제시하였다.

중증 발달/학습장애의 사람이 가진 투사적 동일시를 경험한 것이 나의 역전이에서 불안과 두려움, 당혹감과 분노 및 사고의 미숙함과 어려움이 느껴지는 모습으로 나타났다. 특히 역전이의 감정을 처리하기에 어려운 것들 중 하나는 무감각인데, 그것은 지루함, 고착된 감각, 냉담함 그 자체로 입증되며… 마치 치료사를 허무함으로 뒤덮어 버려서 어렵게 만드는 역할로 여겨지는 것이다. 리스(1998)는 슈퍼비전을 가졌던 미술치료사들에게서 이런 역전이를 공통적으로 경험하는 것으로 설명하였다. 그녀는 '질식 또는 가라앉는 느낌'을 개인의 무감각 또는 죽음을 갈망하는 감정이 표현된 것으로 보았다. 또한, '이름 없는 공포nameless dread'(Bion [1967] 1993)라는 비온의 개념을 의미없고 이해하기 힘든 이상한 세상에 있는 것 같은 느낌으로 적절하게 설명하여 구별하고 있다. 나의 미술치료로 의뢰되는 사람들 중 일부는 그 점을 분명히 인식할 수 있으리라는 확신을 갖게 된다.

직접 경험했던 상황을 제시하며, 발달/학습장애를 가진 사람들이 겪는 또 다른 무의식의 과정은 분열이었음을 논의할 것이다. 클라인Klein에 의해서 발전된 개념인 분열은 아동이 나쁜 내면의 대상의 공포를 경험했으며, 좋고 나쁜 대상에 대한 이미지와 지속적으로 분리를 시도하는 것을 말한다. 아동은 나쁜 대상과 자신의 파괴를 두려워한다. 아동의 환상세계가 좀 더 공포스러울수록 더욱 분리에 압박감을 갖게된다. 그러나 아동이 갖는 나쁜 대상의 내적투사introjection를 막는 것은 불가능하다(Segal 1988a).

분열이 진행되지 않는다면(사례가 경직으로 진행될 수도 있으며) 억압처럼 덜 원초적 방어형태로 기저에 깔린채 이후의 생애에 의미심장한 초기의 방어가 될 가능성이 있다. 피해망상적 불안과 이상화와 관련된 분열을 성인기까지 지속적으로 경험할지라도, 만약 일반적 발달을 갖게된다면 덜 심각한 확장을 보일 수도 있다. 그렇지 않으면, 분열은 성인의 적응을 왜곡시킨다. 성인에게 낮은 수준의 피해망상적 불안은 위험을 감지하고 적절히 반응하게 하며, 이상화는 타인과 질적 신뢰의 발달을 도모하고, 이것들은 좋은 대상관계object relation의 토대가 된다(1988a).

셰릴Cheryl과 로라Laura의 미술치료 회기에 대한 논의에서 나는 두 사람 모두에게 느꼈던 분열을 설명한다. 사람들은 모두 어느 수준의 분열과정에 관여될 수 있다는 것을 고려한다. 비록 언어적 결핍이 발달 이하 수준을 나타낸다고 해도, 중증 발달/학습장애를 가진, 거의 또는 전혀 말을 할 수 없는 사람들의 분열을 겪는 상황을 파악하기란 너무 어렵다. 따라서 분열경험의 가능성은 증가할 수 밖에 없다.

의사소통과 이해 및 사고하기의 어려움

발달/학습장애를 가진 대부분의 사람들은 의사소통에 어려움이 있으며, 인생 경험을 이해하고, 사고하기에 어려움을 보인다. 개개인이 각자 이러한 경험을 표현하는 데에 상당히 다름을 인정하는 것이 중요하다. 발달/학습장애를 가진 사람들과 함께 하는 경우, 역전이로 인하여 치료사는 업무에 대한 사고 능력을 방해 받는 경험을 할 수도 있다. 시나손은 폭력적인 소년과 치료 회기에서 자신의 두려움을 사고하는 것의 불가능함에 대해 논의하였다(Sinason 1992: 118). 충분한 임상 슈퍼비전은 치료사의 사고를 방해하는 영향에 대항하기 위해서 필수적이다. 그리고 동료들과 함께 사고하는 것이 도움이 된다고 깨달았다. 발달/학습장애를 가진 사람들과 함께하는 치료사에게는 일반적인 경험들이 문헌에서 거의 논의되지 않고 있다는 사실이 놀라웠다.

의사소통하기, 이해하기, 사고하기를 향한 발달과정은 상당히 복잡하다. 여기에는 상징화하는 능력과 마음이론의 발달, 꿈을 꾸고, 느껴진 감각을 언어적 사고로 표현하는 능력, 기타 등등을 포함한다. 사고하기에 관한 비온의 이론은 두 가지 발달 과정에 달렸는데, 첫째로 사고의 발달, 그리고 둘째로 생각을(사고하기)를 처리하는 기관의 발달이다. 그의 가설에 따르면 생각은, 전개념preconception에서 구상conception 또는 생각thoughts으로 발전하며, 그리고 나서 개념concepts으로 발달한다고 보았다(명명되고, 준비된 구상/생각이 된다). 전개념('빈empty' 생각)이 비로소 '현실화realisation'의 접점을 찾게 될 때 구상이란 결과를 갖는다. 당황스러움을 견뎌내는 유아의 능력을 통해 사고의 능력을 더욱 계발시키지만, 만약 불완전한 발달을 갖는다면 사고의 발전을 저해할 수 있는 것이다(Bion 1993: 110-112).

세갈Segal은 상징화Symbolisation 능력이 언어적 사고에, 그리고 어휘활용에 근간이 되기 때문에, 상징화를 발화의 발달에 결정적인 것으로 생각하였다. 이는 다른 사람의 무의식을 알아차리는 능력을 뒷받침하는 내적과정internal process이면서, 외부로의 의사소통을 위해서 필수적이다(Segal 1988b: 165). 이러한 능력의 발달에 방해를 받으면 의사소통의 경험에 상당한 어려움을 겪게 된다. 많은 발달/학습장애를 가진 사람들은 구상적 용어concrete terms로 생각하며, 신디처럼 일부는 상징화 능력을 거의 획득하지 못하였다(그 결과로 발화의 결핍과 난화 같은 전-표상적인pre-representational 이미지를 표현하기에 어려움을 보였다). 일부는 상징화 발달의 잠재성을 가지고 있는데(토니는 어느 정도 어휘를 사용, 일부 발달에 진전을 나타냈다) 반해, 그리고 몇몇은 상징화 능력을 보이지만, 추상적 사고능력을 갖지 못했다(셰릴이 겪은 경험이었다).

충분하게 양육 받지 못한 아기들은 '어머니'에 대한 사고와 정서를 엄마의 부재에 대하여 피해 망상적이고 참을 수 없는 것으로 경험한다. 두려움의 감정의 결과이다. 만약 누구도 아이에게 그렇하지 않았다면, 아동이 그와 같은 개념을 사고하고 느끼면서 이해하기란 어려운 것이다(Sinason 1992: 189). 애착의 어려움으로 인한 결과와, 일반적인 발달을 위해 필수적인 전제조건을 갖추지 못했던 아동은 자라면서 상징 및 언어발달에 어려움을 경험하게 될 것이다. 또한, 시나손은 신체적 장애가 지능에 영향을 미치지 않는 아이들이 어떻게 주 양육자에 의한 학대로 장애를 갖게 되는지 보여주었다(1992).

발달/학습장애를 가진 사람에게 사고하기와 의사소통에 영향을 미치는 이러한 어려움의 부분, 또는 모든 것을, 경험할 때, 개인의 일상생활의 모든 면에 영향을 미치는 장애는 결과적으로 그것을 이해하기 위해 애쓰려고 하기 때문에 불안과 두려움의 요인이 된다.

그 밖에 두려움의 요인

두려움과 불안은 광범위하며 서로 다른 관계적인 수준에서 경험하게 될 수도 있다. 이러한 개인의 정서경험은 가족구성원 사이에서(한 사람이 또 다른 사람을 학대하는 경우에) 어떠한 수준으로 존재한다. 그리고 가정의 두려움과 불안이 가정 밖의 타인에게도 위협적으로 감지되도록 느껴질 수 있다. 인종적이거나 종교적인 집단을 나타내는 커뮤니티, 또는 다소 다르게 보여져서 받아들여지지 못하는 사람들은 어쩌면 그들과 반대의 집단으로부터 간섭, 협박, 폭력을 경험할 수도 있다. 본질적으로는 국가(영국)와 대륙(유럽)에서 이와 동일하게, 심지어 더 끔찍한 수준으로, 그리고 상당한 결과를 초래하는 문제를 겪고 있다.

드 그레프De Groef는 발달/학습장애를 가진 사람들에게 향한 태도를 '어두운 대륙 dark continent'으로 논한다. 그 부분은 장애를 가진 유아에게 혐오감을 내포하고 있으며, 일반적으로 아동이 가진 발달과정에서 실패에 대한 부끄러움을 담고 있다(De Groef 1999; Sinason 1992). 그리고 두려움이 확산되면서, 미쳤다고 여겨지거나 또는 발달적 장애가 있다고 생각되는 사람들에게 학대한 사실을 숨기며 속박하려는 결과를 가져온다. 토니와 함께 했던 공동단지에 속한 몇몇 어르신들은 감금당하였고, 큰 규모의 보호기관에서 아이들은 인간보다 못한 취급을 받았으며, 사회보장법Community Care Act(1990)의

후속조치로서 몇 해가 지난 뒤에 사회로 복귀하도록 재활치료를 받게 되었을 뿐이었다.

발달/학습장애를 가진 개인 중 상당수는 유전적인 장애와 관련될 수 있으며, 일부 사례에서는 사고로 인한 신체적 문제 역시 경험할 수도 있다. 뇌전증Epilepsy은 특히 발달/학습장애를 가진 사람들에게는 널리 알려진 병이다. 뇌전증에는 다른 발작seizure 유형을 유발하는 몇 가지 유형이 있는데, 그 중 일부는 고통받는 사람들에게 전혀 달갑지 않을 수 있다. 불수의적인 신체의 움직임으로 폭력을 유발할 수 있으며 뇌 기능을 방해하거나, 때로는 뇌손상을 가져온다. 일부는 발작이 있을 것 같은 순간을 알고 있으며, 또 다른 사람은 어떠한 전조도 없이 발작을 경험한다. 발작은 너무 끔찍하고 심각하게 정상적 생활을 하지 못하도록 만든다.

두려움은 의식적이면서도 무의식적으로 모두 경험된다. 도전적 행동이 나타났을 때, 당황스러움과 분노는 점차 분명하게 표현되는 반면에 두려움은 정서가 된다. 적어도 두려움은 상황에 대한 개인의 반응이란 측면으로 다뤄지는 경향이 있다. 비록 개인과 주변사람들 모두에게 도전적이라는 것을 인식할 수 없을지라도, 처음으로 신체적으로 경험하고 난 뒤 인지적으로 느껴지기 때문에, 두려움의 반응은 각양각색이며 서로 오해의 소지가 있다. 앞서서 우리가 다루었던 일화를 통해서, 각자가 서로 다른 방식으로 반응하긴 했지만, 많은 도전적 행동은 상황에 대한 두려움에서 비롯된다. 이제껏 가장 공격적인 사람들이 자주 두려움에 빠지는 것을 경험했지만- 두려움이 분노로 바뀌는 것이 보다 통제적이며 반응할 수 있도록 보조하는듯 보인다. 이는 꼭 강박적이고 자해행동과 비슷한 결과처럼, 압도되는 편을 선호하는 것이다.

혐오 범죄와 두려움 극복하기

내가 만났던 발달/학습장애를 가진 사람들의 대부분은 슬프게도 인생을 살아가는 동안에 학대와 같은 종류를- 신체적, 성적, 정서/심리적, 부정적, 경제적, 인종적, 제도적, 차별적으로- 경험한다. 그리고 이러한 학대적 경험은 상당한 두려움과 불안, 심지어는 공포의 요소로 바뀌어간다. 따라서 발달/학습장애를 가진 사람들이 질적인 삶을 살도록 하는 것이 중요하고, 비록 어리석을지라도(1장에서 충분히 다뤄졌던) 그들에게 선택권이 주어지고 중요한 결정을 할 수 있도록 해야 하는 것이다. 앞으로 다뤄질 상황은 얼마나 발달/학습장애를 가진 사람들이 사회와 가정에서 모두 취약한지 보여준다.

나는 함께했던 두 사람의 요절을 충격적으로 경험했다. 그룹 홈에서 직원의 도움을 받아 생활한 찰리Charlie는 보통의 발달/학습장애를 가진 40대의 남성이었다. 그는 꽤 독립적이었으며 다른 사람의 도움없이 지방으로 여행을 다녀왔다. 그러나 그는 과거의 사건으로 인하여 극도로 충격을 받았고, 고독했으며, 결과적으로 의심스러운 사람들과의 관계에 취약했다. 어느 날 찰리는 자취를 감췄었고 관여된 사람들 모두 함께 경찰에게 소식듣기를 고대하며 그의 안전을 염려하고 두려하였다. 몇 달이 지난 후 강에서 몇 마일 떨어진 인근에서 그의 시체가 발견되었다. 그 동안 그에게 무슨 일이 일어났는지 아는 사람은 아무도 없었다.

두번째 인물은 마가렛Margaret으로 불안과 두려움의 원인 제공자였던 보호인 때문에 힘겨운 경험을 하였다. 보호자를 신뢰하지 않았고, 경제적 학대가 의심되었으며, 그들이 그녀의 일상사를 통제하는 것은 불행한 일이었다. 하지만, 그녀는 두려움으로 보호인을 대체하는데 무력감을 느꼈고, 그녀를 대변하거나 보호할 만한 가족은 전혀 없었다. 그녀는 휠체어를 타고 다니면서 자신의 삶의 질을 높여주는 중요한 수행을 필요로 했다. 이것은 복잡한 절차였고, 희망적인 요소였으나, 역시 두려움이기도 했다. 상당한 기다림 끝에, 그것이 이루어졌을 때, 성공적으로 숙련된 수행을 받게 되었고 마가렛은 좋은 회복을 기대했으며, 요양 이후에 활력을 찾게 되었다. 입원생활로 좋은 차도를 보였으나, 집으로 돌아왔을 때 그녀의 건강이 나빠지기 시작했고 갑자기 세상을 떠났다. 보호인이 그녀를 방치한 결과, 죽음을 맞이했다고 여겨졌다.

발달/학습장애를 가진 사람들이 사회로 나갔을 때 취약함에 대해서 찰리의 죽음이 나타내고 있으나, 반면에 마가렛의 죽음은 발달/학습장애를 가진 사람들이 지닌 가정에서 비롯된 학대 가능성을 시사하고 있다.

토니와 미술치료

서문에서 다룬 일화로 돌아가서 토니Tony와 주간보호 센터의 다른 사람들과 함께했던 나의 작업에 관해 다룰 예정이다. 토니는 건강하였고, 강했고, 건장했던 중증의 발달/학습장애와 자폐성 장애를 가진 젊은 남성이었다. 그는 말을 거의 하지 못했고, 간단한 문장 정도만 이해할 수 있었다. 자신에 대해서 남들에게 '나I/나의me' 개념을 꽤 이해하지 못한 채 표현하였다. 생물학적 엄마의 보호에서 컸으며 10살 때부터 위탁보호 기관에서 자란 그는, 어린시절의 방임, 두려움, 학대 사실이 밝혀지게 되었다. 토니는 사건이 발생된 당시에 약 일 년 동안 나와 함께 미술치료 회기를 진행하고 있었다. 나는 미술치료실에서 그의 회기를 준비하였지만, 그 시간에 그는 회기가 시작되기 전까지 문을 성급하게 쾅 하고 닫으며 정원이 있는 밖으로 달려나갔다가, 다시 창문을 쾅 하고 닫기를 반복하였다. 그의 행동을 내가 처음 알아차렸을 때 꽤 경각심을 느끼고 우려하였으며, 우리가 함께 시작했을 당시에는 회기가 어떻게 진행될지에 대한 확신이 없었다. 하지만 회기가 진행될수록, 나는 제한적인 토니의 어휘를 보다 이해할 수 있었고 그의 정서, 신체적 언어, 행동을 읽을 수 있었다.

그 공간에서 최고조의 흥분과 두려움의 상태가 피부로 느껴졌다. 그 사건 이후, 토니는 회기를 시작하려는 찰나, 잠재적인 공격상태가 되었다. 그가 상당히 미술치료실 분위기를 조장하였지만, 나는 그의 긴장을 풀어줄 수 있었던 담아주는 환경을 제공하였고, 그가 그림 그리는 안정적 본능에 꽤 잘 반응한다는 것을 파악하고 있었다. 그 사건으로 인해 도전적인 행동을 증가시켰던 결과로 인해서 공동단지에 속한 개인에게 어떻게 두려움이 확산되는지, 그리고 직원들이 경험한 두려움 역시 증가하였다는 것을 증명하였다. 그런 혼돈의 상황에서 벗어나 안전하고 담아주는 공간인 미술치료 회기가 토니에게 시작되었듯, 만약 그러한 상황이 중단되지 않았다면, 계속 반복되어 더욱 고조되었을 것이다.

그 주간보호센터의 모든 사람들이 공격을 받아 서로 다른 방식으로 자신의 두려움을 표현하였을 때 두려움은 최고조에 달했다. 무발화의 다운증후군을 갖고있던 신디는 복도에서 매우 강하게 밀쳐졌을 때 급격하게 동요되기 시작하였다. 그녀는 바닥에 쓰러졌으며 손으로 머리를 자해하듯 때리고 벽에 머리를 세게 쾅 하고 부딪히면서(아마도 두려움을 떨치기 위해 두드리려는 시도처럼) 익숙한 행동패턴으로 반응했다. 센터에서 가장 연장자이면서 혼란스러운 수수께끼 같은 언어을 구사하는 헨리Henry는 퇴행을 보였다. 그는 라운지 구석의 선호장소에서 반쯤 벽으로 돌아서서(보호를 하면서) 방어적으로, 화가 난 상태로 말을 더듬었다.

죠Joe는 취약X 증후군Fragile-X syndrome을 가지고 있고 큰 음성을 내는 것 외에 언어표현이 어려우며, 계속해서 강박적으로 소란스럽게 문을 쾅 하고 닫는다. 모든 사람들을 귀찮게 하더라도 이러한 행위를 다스리는 것이 그가 두려움을 극복하도록 돕고자 하는 것이었다. 수지Suzy는 사람들을 때리려는 위협에(가끔 그녀가 그렇게 했다) 의해서 과잉자극이 되었고 공격적으로 반응했다. 그리고 주위에 소리를 지르곤 뛰어올랐다. 이러한 행동으로 센터 직원들을 포함하여 모든 사람들이 겪는 두려움은 점차 격렬해졌다. 토니도 역시 공격적으로 반응하였는데, 그가 화를 표현하는 방식은 우리가 보았을 때 수지보다도 좀 더 위협적이라고 느껴졌는데, 아마도 그가 신체적으로 크기 때문일 것이다. 토니가 무슨 일이 발생했는지 알아차리기도 전에, 처음으로 신체로 겪은 매우 원초적인 두려운 감정보다, 화의 감정을 참는 것이 쉬운 것처럼 보였다.

3년이 넘는 기간 동안 미술치료 회기를 통해서 토니는 당황스러움을 감당할 수 있었고 만족지연을 가질 수 있는 커다란 능력을 발전시켰다. 기본적인 수준에서 사고하는 것을 돕기 위해 미술재료를 활용하고, 그가 동요될 때 스스로를 안정화할 수 있도록(그래서 공격성의 확장을 줄이며) 미술재료를 다룰 수 있게 되었다. 그가 만든 이미지의 대부분은 전-표상적인(사진 7.1의 드로잉같은) 것이었지만, 일부 아이디어를 의사소통하기 위해서 상징화를 돕는 스텐실의 활용이 가능했다. 극도로 높은 수준의 두려움, 당황, 화, 소진, 무능력감, 게다가 나의 사고의 과정을 방해하는 것들이 일상 생활에서 내게 투사되었다(모든 직원들에게도 사실로 비춰졌다). 나는 허무한 역전이를 매회기마다 경험하게 되었고, 그 사실이 매우 두려워졌다. 하지만, 그와 같은 어려움에도 불구하고, 토니는 치료적 관계에 있어서 진정한 가치로 다가왔고, 오랜 시간동안 치료관계가 지속된 것은 그에게 매우 천천히 진행될 수밖에 없었던, 발달을 위해 매우 필요했던 시간을 보내게 된 것이었다. 또한, 소중했던 돌봄 직원들과 이별하면서 빠르게 누적된 상실 경험 때문에 그에게는 지속적인 시간이 필요하다고 자각하게 하였다.

치료사의 두려움

다음 두 가지의 일화를 논의하기에 앞서, 중증 발달/학습장애를 가진 사람들과 함께하며 그들의 도전적 행동을 겪을 때, 나를 포함한 치료사와 다른 돌봄 직원들의 두려움에 대해 언급하는 것이 중요하다고 생각되었다. 직원이 공동단지 내로 들어갈 때마다 두려움을 경험하였다. 그것은 말로 할 수 없는 것을 표현하기 위해 신체를 의사소통의 형태로 활용하는 사람들과 함께하는 작업에서 따르는 두려움이다. 그러한 행동을 촉발할 수 있는 사건에 의해 좌우되는 상황을 예측할 수 없으며, 혼란스럽고, 때로는 폭력을 가하는 사람들이다. 가학적인 언어와 신체적으로 학대적인 물질에 노출되고 자신들이 막을 수 없을지도 모르는 내담자의 자해를 목격하게 되면서, 미술치료사를 포함하여 직원들은 업무에서(대다수가) 사실상 꽤 부상당할 가능성에 노출되어 있다. 게다가 그러한 사건이 발생하는 동안, 직원을 보호하는 차원의 상황 통제는 불가능할 수 있다. 도전적인 사람과 다른 직원을 포함하여 주위의 다른 사람들을 보호하고자 노력하면서, 위험 발생감소를 위한 절차를 수행할 때에 상당한 수준의 책임이 직원에게 달려있기 때문이다.

휴엣Huet(2011)은 미술치료 기반 조직의 컨설팅 보고서에서, 발달/학습장애를 가진 사람들을 위한 보호단지secure unit 팀 소속 직원들과 함께했던 업무를 논의하였다. 특히, 매일매일 도전적 행동이 발생하는 환경속에서 정서적 충격을 다뤘던 작업에 대해 살펴

보았다. 휴엣은 포스터Foster(2001)를 다음과 같이 인용하였다:

> 사회에서는 가장 희생을 필요로 하며 부담이 큰 내담자의 복지의무에 대해 직원들이 전문가를 도와 내담자의 감정에 정서적으로 다가가도록 기대한다. 하지만, 이것은 직원들의 관여가 가까울수록 자주 저항을 보이는 내담자에게는 도움이 되지 않는 행동을 의미하며, 그렇게 하는 복지사와/또는 직원들을 공격할 수도 있다는 의미이다.
>
> 휴엣(Huet 2011: 12)

휴엣은 직원들이 어려운 감정을 관리할 수 있는 방법을 언급한다. 꽤 의식되지 않은 채 두려움이 남아있으면서, 일부는 '도전행동을 거의 대부분 환영'하기 위해서 스스로를 '두려움에 내성을 가진 것'으로 주장한다고 보았다.

나는 한 사람이 내 머리채를 잡고 당황하게 만든 사건을 경험하였다. 다른 직원은 그 사람의 손을 고정할 수 있도록 붙잡으며 나를 도우려 달려왔지만, 그가 쥔 손을 푸는데에는 시간이 꽤 걸렸다. 이런 피습은 위험한 것 같지 않았고, 다행히 이 경우에 나는 멍이 들고 두통이 발생한 수준이지만, 희생자에게는 심각한 뇌의 손상을 가할 수도 있다. 나의 모든 동료들 중 몇몇은, 상채기, 타박상 또는 때린 상흔과 같은 상처를 가지고 있다. 그들은 전문적인 자신의 반응을 유지하기 위해 관리하며, 사람들이 공격을 가할 수도 있음을 인지하더라도 지속적으로 업무에 임하고 있다. 이러한 직업에서 개인적인 경각심과 팀의 응대와 같은 위험 관리는 전략적으로 중요한 부분이다. 그리고 그런 환경에서(범죄 단지가 아니다) 예방책없이 일하는 것은 현명하지 못한 처사이다.

여기서 내가 설명해왔던 이슈에 대해 개인적인 경험을 다룬 미술치료사들은 거의 없었다. 그러나 티플Tipple(1992)은 병동에서 한 남성의 공격적 행동이 약해질 때까지 함께 하고, 미술치료 스튜디오로 이동할 수 있었던 일화를 설명한다. 그리고 할람(Hallam 1984)은 협력적 접근과 상당히 거리가 먼 파괴적 사람과 함께하는 것을 다루었다. 그가 방에 남아있으면서 가구를 부수려는 시도와 다른 파괴적인 행동들을 견뎌내며 관여했던 것을 설명하였다. 시나손(Sinason 1992)은 자기와 타인을 향해 폭력적인 행동에 관여하는 아동 청소년과 함께 할 때, 발생하는 두려움을 설명했다. 사고 과정상에 두려움이 미친 영향을 탐색하고 스스로를 보호하기 위해 행했던 임상적 반응정도를 측정하였다.

그와 같은 정신이 번쩍 드는 경험에도 불구하고, 내가 속한 팀의 직원들은 단지 내에 포함된 사람들과 함께하는 업무에 매우 전념하고 있었다. 그리고 돌봄시간에 가졌던 치료적 접근법은 상당히 달라진 행동과 더 나은 삶의 질의 결과로 입증될 수 있었다.

셰릴의 미술치료

일상적인 생활은 일부 발달/학습장애를 가진 사람들에게 불안의 요소가 될 수도 있다. 이는 대부분 인지적이면서/혹은 신체적인 제한 때문에 그들이 일상생활을 영위하는데 필요한 기술을 부분적으로만 활용 가능하기 때문이다. 결과적으로 일반적인 발달을 갖는 사람들은 당연하게 생각하는 일상생활이, 그들에게는 힘이 들게 되고 불안을 자극하게 하는 것이다. 셰릴에게 이것은 사실이었다.

셰릴Cheryl은 35세로, 보통의 발달/학습장애를 가지고 있었으며 협조요청을 거절하며 일시적으로 공격하는 도전적인 행동을 보며, 보호인이 어려움을 겪고 있다는 사유로 미술치료에 의뢰되었다. 셰릴이 가정환경에서 가정폭력, 만취, 방임에 노출되었으며 변덕스럽고 혼란스러운 양육을 경험하였다고 보고되었다. 몇 해전 한 형제가 세상을 떠나기 전까지 그녀는 가족들과 연락이 없었다. 셰릴은 몇 명의 사람들과 그녀의 생활을 돕는 몇 명의 보호자와 함께 집단거주 홈에서 생활했다. 2년간 개별 미술치료에서 함께하였고, 이후 1년 반 동안 그룹에 참여하였다. 그녀의 치료는 심리학 부서 내에 미술치료 스튜디오에서 진행되었다.

셰릴은 말로 표현하는것 보다 자신에게 하는 말을 좀 더 알아들을 수 있는 것처럼 보였다. 자신의 이름으로 서명할 수 있었으며 단어를 말해주면 편지쓰기도 할 수 있었다. 그러나 스스로를 너무 불확실하게 바라보며 세상을 이해하는 것도 불확실해 보였다. 그녀의 상호작용에 끝없는 불안이 만연했을지라도, 그녀가 나를 알게 되었을 때, 그녀를 이해하고 있는 나를 스스로 인식하고 용기를 얻게 되면서 짧은 기간 동안에 안정적인 상태가 되었다.

셰릴은 구체적인 용어를 통해서 지금-여기here-and-now에서의 인생을 경험하게 되었다. 이것은 치료에서 현재 그녀가 고민하는 이슈만 논의할 수 있는 것을 의미한다. 시간이 지나도 기억에 휘말리는 경험을 하게 되고 도전적 행동의 결과를 낳는 사건을 내가 지켜보게 되면서, 그녀는 어린시절과 연관된 사건으로 들어가지 않으며 그러한 기억에서 멀리 떨어져 있을 수 있게 되었다.

사진 7.2 셰릴: '우리 집과 친구들'

셰릴은 시계를 보거나, 돈을 세거나, 글을 읽을 수 없었기 때문에 그녀에게 일상 생활은 어려움이었다. 그리고 자신이 들은 것을 이해하는 데에 상당히 힘들어하였으며, 따라서 끝없는 불안이 지속되었다. 이러한 이슈들을 치료에 가져왔지만, 말했던 고민들을 그녀의 이미지가 반영하지 않고 있었다. 마치 그녀는 분열된 듯 비춰진다. 그녀의 투사적 동일시로 인하여 역전이는 잠시 동안 허무한 상태를 보였고, 그점은 내게 종종 고통스러움으로 다가왔다. 그녀의 두려움과 분노를 야기시킨 사건에 언어적 상호작용이 집중되었다(버스 지붕에 올라탄 청소년이 그녀를 협박하며 언어적으로 학대했었던 사건처럼). 동시에 행복한 시간과 장소(종종 그녀의 집, 버스, 공원의 산책)에서 자신과 타인을 보여주는 이상적인 시나리오를 그림으로 그렸다(사진 7.2). 나는 두려운 세상에 맞서기 위해 그녀가 필수적인 방어로 사용한 것이 분열이었음을, 그리고 그 이상 그녀가 발전할 수 없을 것이라는 것을 느꼈다.

셰릴은 많이 경험했었겠지만, 겪었던 어려움을 결코 그림으로 그리지 않았다. 그녀의 인생과 이상화된 행복한 이미지에 가득했던 두려움과 불안의 언어적 논의에 아직 분열이 남아있긴 했지만, 그녀는 치료를 통해 자신감을 얻었다. 그녀의 삶이 마치 마법처럼 나아지도록 하기위해 계속 분리시키는 분열이 내게는 부적과 같이 느껴졌다. 그러나, 그녀의 이미지는 시나손(Sinason 1992)이 '장애의 미소handicapped smile' 현상을 언급하였던 표현으로 생각되었다. 그리고 엄밀한 의미에서 나를 만족하게 하려는 시도이면서도 어쩌면 그녀의 고통스러운 감정으로부터 나를 보호하기 위한 표현이라고 생각되었다. 미술치료 과정이 지남에 따라, 셰릴의 도전적 행동이 좀 더 약해졌고 특별히 그녀가 속상했을 때, 그녀를 돕는 직원들과 소통하면서 감정을 조절할 수 있는 방법을 이해하도록 하였다.

로라의 미술치료

로라Laura는 경증 발달/학습장애를 가진 젊은 여성이었다. 위험한 방화 행동으로 인해 사법적 공동단지에서 시간을 보내고 사회로 다시 복귀하고자 할 때, 미술치료로 의뢰되었다. 로라의 가정 환경은 매우 폭력적이었다. 그녀의 엄마가 집안일을 처리하거나 혼란스러운 관계를 가졌기 때문에 집에서 그녀는 안정감을 느낄 수 없었고 그녀의 성인기 인생은 준비되지 않았다.

그녀의 세계는 불안으로 가득했고, 어느 날 그녀는 엄마로 인한 화를 치환된 반응으로 라운지의 커튼에 불을 질렀다. 그 불은 꽤 빠르게 번졌고, 그녀는 그녀가 불장난을 할 때 느꼈던 그 힘에 매혹되었다. 그녀는 화가 나고, 분노와, 두려울 때마다 불장난을 하였고 불씨를 가지고 땅바닥의 쓰레기에 시험했다. 가정에서의 상황은 점점 더 불안을 자극하게 되었고 가정이 파탄이 나자, 로라는 두려웠다. 그녀는 집에 지속적으로 불을 질렀고, 결과적으로 정신건강법Mental Health Act(1983)에 따라서 치료를 위한 구금형에 처해졌다.

로라의 주요한 어려움은, 사실 알고 보면, 정서와 행동사이에 연결 짓기가 어려웠고 정서적인 단어의 결핍으로 부정적 감정을 처리하거나 인식하는 것이 불가능하였다. 로라는 사회속에서 독립적으로 살 가능성이 있었고 효과적으로 읽고, 쓰고, 언어 상호작용이 가능했다. 하지만 분명히 보기보다 이해도가 낮은 취약함을 지녔다. 로라는 결국 24시간 동안 그녀의 활동을 감시하는 직원과 함께 사법 공동단지의 주택으로 이사하였다. 그 때, 직원들은 보다 도움을 줄 수 있었으며, 그녀가 교육을 받거나 양육을 받아본적 없었던 기본적인 가계 관리기술을 가르쳐 주었다.

사법 공동단지에 있는 동안 로라는 자세한 행동을 기록하는 것과 관련된 심리학 부서의 관리를 받고 있었지만, 그들을 기억하지 못했다. 로라는 꽤 창의적이었고 이미지를 만드는 것을 즐겼으며, 그녀가 정서적인 지능을 가지고 있는 것이 분명하였다. 그녀도 셰릴처럼 드로잉, 페인팅, 입체작품 만들기를 즐겨했었지만, 흥미롭게도 항상 그녀의 주제는 이상적이었으며 자신이 언어로 설명할 수 있는 감정과 연결되지 않고 있었다. 나는 그녀가 전반적으로 너무 분열에 몰두되어있음을 감지했다.

치료에서 그녀가 완성했던 작품은 여러 단계로 변형되었지만, 일기 쓰기를 통해서 가장 분명하게 관찰할 수 있었다. 지난주 동안 그녀가 겪은 경험이 어떤 느낌이었는지를 상세하게 적었다. 칭찬과 함께 글쓰기는 좀 더 창조적이며 표현하도록 되어갔고, 이전에 그녀를 힘들게 했던 완고함은 더 이상 장애가 되지 않았다. 로라는 매주 그녀가 기록하던 일기를 내게 읽어주었다. 그리고 얼마 지나지 않아, 부정적인 감정이 설명되지 않았다는 것을 나는 깨달았다. 비록 언어적 의사소통으로는 분명하지 않더라도, 글과 이미지에서 그녀의 분열은 존재하였다.

그녀가 만든 하나의 이미지는 '감정 차트feeling chart'였다. 그것은 꽤 큰 크기로 세울 수 있고, 빨강과 초록의 카드조각으로 구성되었다. 그리고 매주마다 작품을 꺼내어 조심스럽게 덧그렸다. 로라는 눈에 띄는 방울모양에 그녀가 생각해낼 수 있는 모든 감정 단어를 적었다. '나쁜' 감정은 빨간색 차트의 일부로 구성했고, '좋은' 감정은 초록색 부분으로 배치했다. 그녀는 긍정적인 것보다 부정적인 정서를 알아차리는 것이 좀 더 어렵다는 것을 알았다. 그리고 그녀의 긍정적인 정서의 어휘가 부정적인 것 보다 좀 더 복잡해지면서 매주마다 진전을 보였다. 그러나 이내 이 차트는 비등해졌다. 이 작업은 고심끝에 정서적 어휘의 확장과 발달에 도움을 주었고 치료 회기의 배경으로 형상화되었다.

그녀의 어휘가 향상되었음에도 불구하고, 마치 그녀의 삶속에 부정적인 감정이 없는 듯, 일련의 시간동안 그녀의 글 속에서 지속적으로 분열이 확인되었다. 나는 완전히 그녀를 압도당하게 만드는(그녀가 불을 질렀을 때 그랬던 것처럼) 두려움과 그녀에게 너무 큰 힘을 부여할 수도 있는 어려운 감정들을 명명하고 그녀가 인정하는 것이 얼마나 무서운지(어쩌면 공포에 질린) 깨닫게 되었다. 그때 로라는 하나 혹은 두 가지의 부정적 정서를 그녀가 '좋은' 감정으로 적은 측면의 반대로 인식하는 것이 가능했다. 그녀는 자기 자신의 '좋고' '나쁜' 부분과 '좋고' '나쁜' 감정의 개념을 서로 동등하게 생각하는 것 같았다. 그리고 그녀는 나쁜(그녀가 어쩌면 다시 잠궈 닫아버릴지도 모르는) 것으로 비춰지는 것을 너무나도 두려워했다. 하지만, 그녀는 지지적인 주거생활에서 좋은 진전을 보이고 있었고, 일년 후 직원은 점차 도움을 줄여갔으며 그녀가 집에서 혼자 있는 시간을 조금씩 늘여가도록 하였다.

삶이 점진적으로 향상되면서 두려움은 일정 수준으로 가라 앉게 되었고 스스로 어떻게

'좋은' 것을 할 수 있는지 좀 더 나타낼 수 있었다. 자신감은 향상되었고 본인의 '나쁜' 감정을 인정하려면 모험을 할 수도 있다는 것을 느끼기 시작하였다. 그리고 우리는 점점 좋은 것과 나쁜 것을 함께 포함시키는 긴 여정을 시작하게 되었다. 좋은 감정의 페이지를 다루기가 좀 더 쉬웠고, 구별할 수 있는 나쁜 감정은 좀 더 꺼려했다. 점차 나쁜 감정을 확인하고 인정하는 인내력은 향상되었으며, 상대적으로 분열은 잦아들었다. 그녀의 분열이 줄어들수록, 내 생각을 방해하는 전이 감정 역시 다루기 쉬워졌고, 나는 치료 회기에서 시간이 지날수록 좀 더 활력을 받았다.

2년이 지난 후 그녀는 좋고 나빴던 경험 모두에 대해 한 페이지를 쓸 수 있었으며, 통합을 향한 여정은 탄력을 받게 되었다.

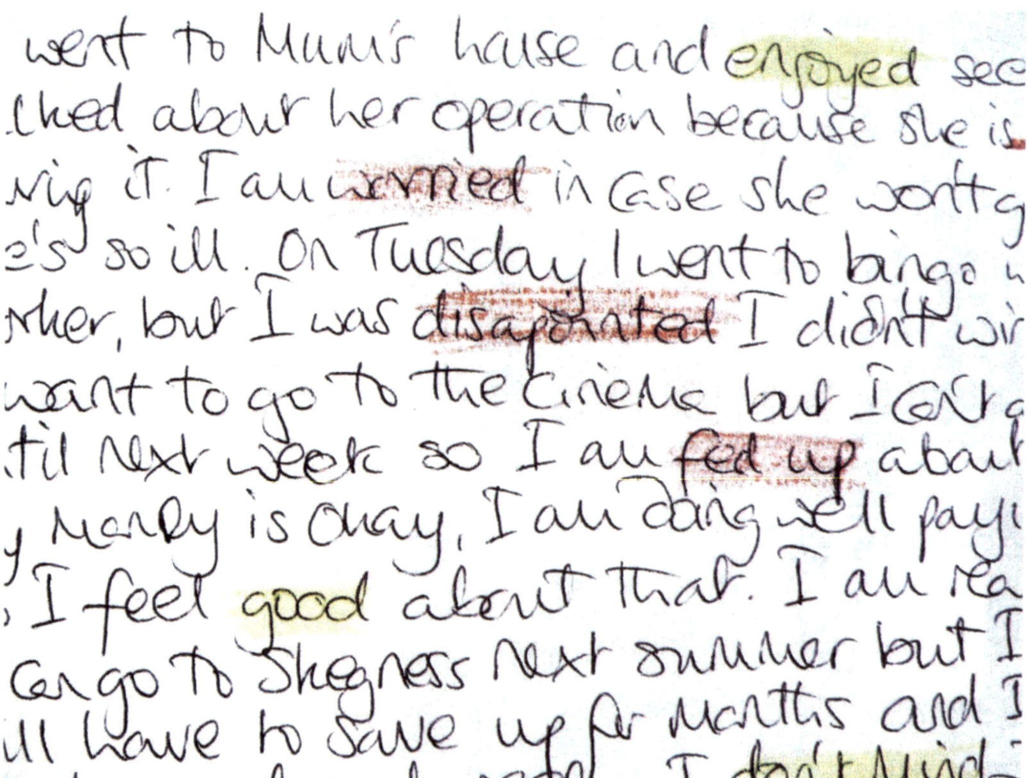
went to Mum's house and enjoyed see
ched about her operation because she is
nig it. I am worried in case she won't g
e's so ill. On Tuesday I went to bingo w
ther, but I was disapointed I didn't wi
want to go to the cinema but I can't g
til next week so I am fed up about
Money is okay, I am doing well payi
I feel good about that. I am rea
can go to Skegness next summer but I
ll have to save up for months and I
I don't mind

사진 7.3 로라: '좋고 나쁜 감정들'(일기 도입부)

사진 7.3에 나타난 일부분은 좋은 감정(노란색 부분)과 나쁜 감정(빨간색 부분)의 통합을 보여주고 있고, 많은 시간(그녀가 걱정을 언급한 부분) 그녀의 불안이 희미해지는 수준을 나타낸다. 로라의 두려움은 점차 가라앉았고, 성장된 독립성을 만끽하기 시작하였다. 그리고 어려운 영역을 점차 인식하게 되었고 감정의 조절에 전략적인 계획을 세울 수 있었다.

로라는 미술치료를 통해서 커다란 성취를 보였지만, 여전히 외로운 감정과 직업적 의미로 결핍(그녀는 실직한 상태다)과 같은 일상 생활에서 어려움을 경험하고 있다. 그녀가 덜 외로울 수 있도록 엄마와 다시 더 나은 관계를 형성하도록 했다. 하지만 속해있는 커뮤니티에서 그녀가 가진 발달/학습장애는 여전히 취약한 상태를 나타내기 때문에, 그래도 상당히 안정된 상태에서 적당한 불안경험이 지속될 수 밖에 없는 것을 의미한다.

결론

이 장에서 어떻게 두려움이 발달/학습장애를 가진 많은 사람들에게 팽배해져 있는지 보여주고자 노력하였다. 그리고 많은 일상적인 경험 속에서 그들의 가운데 손가락은 음흉스럽게도 뚜렷해 보인다. 협박, 학대 또는 전쟁처럼 많은 수의 공포로 인해 희생자를 갖게 되면, 일부 사람들에게 두려움은 상당히 큰 강도로 경험된다.

미술치료 일화에서 투사적 동일시는 무의식적 상호작용의 형태로서, 그리고 분열은 방어기제의 주요한 형태로 활용 가능성을 설명했다. 토니는 당혹감을 인내하고 그 점을 포함한 일부 이슈를 이해하는데 차츰 발전을 보였다. 그리고 이미지 만들기를 통해서 감정의 동요를 감소시킬 수 있는 의미에 대해 파악하였다. 하지만 아직도 신체적인 감각이 지배하여 사고과정에 상당히 원초적인 주제가 주요하게 자리잡고 있었다.

셰릴은 의사소통과 사고하는 능력이 좀 더 향상되었지만, 분열하는 것 그 이상으로 넘어서는 것이 불가능하다고 판단되었다. 게다가 자신이 겪고 있는 것을 이해하지 못할 때에는 신체적 감각에 의해 행동이 지배당하고 있었다. 미술치료는 보호인과 좀 더 효과적으로 의사소통 하는데 도움을 주었고, 담당자와 적절한 연대를 통해 이해된 정보를 공유하며 더 나은 발전을 도모하였다. 그리하여 가정생활 경험이 차분해지도록 도왔다. 또한 로라는 분열을 방어로 활용하는 것처럼 보였고, 파괴적이고 두려운 경험을 스스로 이해하기에 어렵다는 것을 확인했다. 그러나 분열을 뛰어넘어서 좋고 나쁜 감정들을 통합시키는 발전을 보일 수 있었다. 이것은 삶의 기술의 측면에서 이전에 이해할 수 없었던 것을 배울 수 있는 능력을 부여하였다. 어떻게 그녀의 정서와 행동이 연결되는지를 이해하고, 정서적 어휘의 괄목할만한 발전을 보였다. 이 발전은 그녀의 인생에서 변화를 만들어 멀리까지 도달할 수 있도록 하였다. 비록 셰릴과 로라는 둘 다 이상적인 이미지를 만들었지만, 로라는 의식적으로 선택한 것처럼 보였다. 부분으로 찢어져서 다루기 어렵게 만드는 분열은 치료사에게 혼란스러운 것이었다. 다른 사람들은 가능한 반면, 일부 사람들은 이러한 방어를 해소하기에 불가능할 수 있고, 보다 복잡한 양상을 보인다.

글머리에서 다루었던 일화는 중증 발달/학습장애를 가진 사람들이 두려움을 대응하는데 서로 다른 양상을 보였다. 두렵게 만드는 사건 발생에 대해서 사람들이 언어로 의사소통하기 힘들기 때문에 사건을 목격하지 않은 직원이 그와 같은 반응을 이해하기란 매우 힘들다. 게다가, 심지어 그들이 보인 반응이 두려운 요인으로 직원들에게 전혀 파악되지 않을 수도 있다. 발화에 결핍이 있고, 의사소통이 어려운 사람들에게는 이와 같은 상황이 보편적인 것으로 생각된다. 이러한 환경에서 반응의 요인에 대한 이해부족은 보호인이 대처하는 데에 잘못된 개입을 가져올 수 있다.

이 장에서 사고하기, 의사소통하기, 이해하기의 발달과정의 복잡함과 불완전한 발달의 결과에 대해 논의하였다. 발달/학습장애를 가진 사람들에게 많은 두려움과 불안이 엄습하는 이유에 대해 보여줄 수 있었기를 바란다. 이와 같은 어려움에 더하여, 예를 들면 공포가 수반된 자폐성 장애와 위협적인 뇌전증의 경험처럼, 일부 사람들은 더한 어려움을 겪고 있다. 그리고 우리는 좀 더 발달/학습장애를 가진 사람들에게 두려움의 손가락들이 뿌리깊게 깔려 있다는 사실을 인정하게 될 수도 있다.

발달/학습장애를 가진 사람과 함께 작업하기 어려운 측면은 치료사가 사고하는데에 방해를 받는다는 것이다. 만약에 일부 측면이 확인되지 않은 채 지속되고, 슈퍼비전과/혹은 동료의 지지를 통해서도 이해하지 못한다면, 가치 있는 정보의 자원을 잃어버린 것이다. 특별히 중증 발달/학습장애를 가진 사람과 함께할 때에도 마찬가지로, 이해하기와 의식화는 무의식의 과정이 필요하다. 그 이유는 상호작용의 형태로 투사적 동일시는 상당히 활용될 수 있으며, 치료사의 역전이에 상당한 영향을 주기 때문이다. 언어적으로 두려움을 의사소통 할 수 없는 일부 사람들은 경험을 의사소통할 다른 의미를 찾을 것이며, 그러므로 치료사 역시 그와 같은 두려움을 느끼게 된다. 그러나, 분열과 같은 방어기제와 연관된 사람들은 어려움의 감정으로부터 스스로와 치료사를 보호할 수 있을지도 모른다.

치료사가 경험한 두려움은 무의식 과정에서 제약받지 않을지도 모르지만, 실제로 신체적인 상해로 위험한 결과를 가져올 수도 있다. 그리고 직원에게 도전적인 양상을 보이는 사람들에게 치료적 개입의 계획 과정에서부터 적합한 위험관리 절차가 마련되어야 한다. 또한 치료사들은 두렵지 않은 듯한 거짓된 인상을 표현하고 직원들에게 방어적일 수도 있는 자신과 동료들이 지닌 이면의 인정되지 않은 두려움을 인식할 필요가 있다.

매일 일상생활에서 의사소통하고 이해하는데 직면하는 어려움들을 내담자가 치료사와 함께 공유하는 작업을 할 때, 미술치료에서 두려움은 인식되고, 표현할 수 있고, 두려움의 영향은 축소될 수 있다.

참고문헌

Bion, W. [1967](1993). *Second Thoughts.* London: H. Karnac(Books) Ltd.

De Groeff, J.(1999). 'Mental Handicaps: A Dark Continent', in J. De Groef and E. Heinemann(eds) *Psychoanalysis and Mental Handicap,* Chapter 4. London: Free Association Books.

Department of Health(1983). Mental Health Act.

Department of Health(1990). National Health Service and Community Care Act.

Foster, A.(2001). 'The Duty to Care and the Need to Split', *Journal of Social Work Practice* 15, 1: 81-90.

Gomez, L.(1997). *An introduction to Object Relations.* London: Free Association Books.

Hallam, J.(1984). 'Regression and Ego Integration in Art Therapy with Mentally Handicapped People', in *Conference Proceedings,* Hertfordshire College of Art and Design, 29-30 November 1984, pp. 8-15.

Huet, V.(2011). 'Art Therapy-based Organisational Consultancy: A Session at Tate Britain', *International Journal of Art Therapy:* Formerly Inscape 16, 1: 3-13.

McGee, J., Menolascino, F., Hobbs, D. and Menousek, P.(1987). *Gentle Teaching: A Non Aversive Approach to Helping Persons with Mental Retardation.* New York: Human Sciences Press.

Rees, M.(1998). 'Clinical Supervision in Art Therapy. Is it Really "Super"?', in M. Rees(ed.) *Drawing on Difference: Art Therapy with People who have Learning Difficulties.* London and New York: Routledge.

Schaverien, J.(2007) 'Framing Enchantment: Countertransference in Analytical Art Psychotherapy Supervision', in, J. Schaverien and C. Case(eds) *Supervision of Art Psychotherapy. A Theoretical and Practical Handbook.* London and New York: Routledge.

Segal, H.(1988a). *Introduction to the Work of Melanie Klein.* London: H. Karnac(Books) Ltd. Reprinted in 2008.

Segal, H.(1988b). 'Notes on Symbol Formation', in E. Spillius(ed.) *Melanie Klein Today: Developments in Theory and Practice.* London and New York: Routledge.

Sinason, V.(1992). *Mental Handicap and the Human Condition.* London: Routledge.

Tipple, R.(1992). 'Art Therapy with People Who Have Severe Learning Difficulties', in D. Waller and A. Gilroy(eds) *Art Therapy: A Handbook,* Chapter 6. Buckingham and Bristol: Open University Press.

Tustin, F.(1992). *Autistic States in Children,* Revised Edition. London and New York: Routledge.

Wood, C.(1997). 'Facing Fear with People Who Have a History of Psychosis', *Inscape* 2, 2: 41-48.

제6부

무력감

제8장

'내가 넘어질 때 깜짝 놀라게 돼요'

쿠엔틴 브룩클랜드 Quentin Bruckland

들어가며

이 장에서는 난치성 뇌전증refractory epilepsy을 동반한 발달/학습장애를 갖고 살아가는 한 남성의 심각한 무력감에 대하여 살펴보기로 한다. 첫째, 난치성 뇌전증이 의미하는 바를 찾아보고, 발달/학습장애 측면에서 질병으로 인한 결과와 반복적인 수치심이 미치는 영향에 대해 논의한다. 그리고 개별 미술치료의 과정과 방법적인 측면의 사례를 활용하여 다음과 같이 탐색하고자 한다.

- 현실적인 선택감각과 긍정적인 자기 자각을 향상하도록 돕고, 자기패배self-defeating적인 패턴과 수치심의 파괴적인 영향을 이해한다.
- 난치성 뇌전증과 발달/학습장애의 결과로 발생될 수 있는, 처리되지 않은 위협감과 당혹감을 뛰어넘어 현실적인 의사소통을 인식하도록 촉진한다.
- 해결할 수 없는 취약성을 인정하고 언어화하면서 자기인식의 자각에 임기응변 재주를 기르며, 파괴적이고 말할 수 없었던 수치심을 공유할 수 있도록 한다.

누군가의 자부심self-worth에 영향을 미치는 수치심과 무력감을 우리가 진정으로 대처하기에 앞서서, 만성적인 증상이 지닌 복잡하고 독특한 관점의 임상실제와 대상자가 겪은 심리 사회적인 영향을 심사숙고하여 받아들여야 한다(Espie and Kerr 1997; McGrother *et al.* 2006).

뇌전증

발달/학습장애를 갖고 살아가는 사람들의 약 44%정도는 뇌전증epilepsy으로 인하여 신경계에 심각한 영향을 받고 있다(Boeley and Kerr2000; Morgan *at al.* 2003; Kerr *at al.* 2009). 발달/학습장애의 정도가 심할수록, 뇌전증의 영향력이 미칠 확률은 커진다. 약물처방으로 발작 가능성을 조절하는데, 난치성 뇌전증은 이에 저항하게 되는 것이다. 그 결과, 갑자기 발생하는 발작으로 인하여 불확실한 감각을 남기게 되고, 잠복된 장애증상을 더욱 파악하기 어려워진다(Whitten and Griffiths 2007; Elger and Schmidt 2008). 난치성 뇌전증은 신경학적, 신체적, 심리학적, 사회적 증상들 간에 복잡한 관계로 인하여 복합 장애 및 치명적인 결과를 가져온다(2008). 취약성의 기저에 깔려 있는 수치심을 촉발시키고, 개인의 인생에서 매우 가혹한 발작활동의 증상이 미치는 영향은 폭넓게 펼쳐져 있다(Raty *at al.* 2007, 2009).

나와 함께 미술치료에 참여했던 뇌전증을 가지고 살아가는 한 남성의 속수무책으로 반복되는 감정묘사에 대하여 명료한 설명과 함께, 아래에서 훌륭하게 소개하고 있다.

> 당신은 주변을 돌아 가까운 곳을 벗어나서 빠른 속도로 고속버스 여행을 한다고 상상해보세요. 즉시 그것이 당신을 덮칠 것이란 걸 알고 있지만, 그것을 막을 방법은 당신에게 아무것도 없다는 것이죠. 바로 이것이 발작이 시작되기 직전에 내가 가진 두려움을 설명하는 최선의 방법이에요.

한 사람에게 지적능력의 결핍뿐만 아니라 잦은 발작의 발생빈도는 미래상황에 대한 불확실성, 정서적인 붕괴, 부정적인 자기신뢰self-belief를 가져올 수 있다. 그러므로 상태 자체를 통제하고, 안정감을 느끼고자 하며, 관리하려는 데에 문제를 발생시킬 수 있다(Ring *et al.* 2007, 2009; Elger and Schmidt 2008). 매일의 일상에서 개인의 자신감을 잠식시키며, 불안과 우울을 유도할 수 있다(Ring *et al.* 2007; Whitten and Griffiths 2007). 발작의 빈도와 파괴적인 특성은 일상 생활에서 선택을 하는데, 기본적인 통제기능에, 또는 개인복지에 있어서 질적 독립 수준의 심각한 영향을 미친다(Ring *at al.* 2007, 2009).

이러한 대상자들 중에서도 특히 파괴적으로 취약함을 가진 사람들에게 뇌전증은 무력한 감정을 지속적으로 고조시킬 수 있다(Tedman 1995). 모든 자기 자각을 파괴할 수 있고, 일상 생활 대처기능의 취약한 수준으로 인하여 극심한 스트레스를 불러올 수도 있다. 자기 의존성self-reliability의 결핍과 일상 생활의 만성적인 파괴는 실패로 인한 수치스러운 두려움을 야기할 수 있다(Ring *at al.* 2009). 이는 의존성을 배가 시키고 적절하게 결정할 수 있는 선택능력을 약화시키기 때문에 자원을 다루는 능력에 불충분감과 부담스러운 감정을 증가시키며, 능력수준 이상을 잠재적으로 요구받게 되는 것이다. 특히 생애 초기에 뇌전증 진단을 받은 경우, 간질성 뇌의 기전에 의한 활동(발작)의 직접적인 결과로 기능수준이 떨어질 수 있다(Sillanpaa 2004; Ring *at al.* 2007, 2009). 그러므로 자신감에 영향을 미치고, 정보에 근거한 올바른 가치판단과 독립적인 결정 능력에 영향을 끼친다. 이것은 실제적이고 인식된 자기조절의 신념이 모두 결핍되어 있어서, 대부분 사람들의 삶의 질과 자기신념self-belief에 순차적으로 영향을 미칠 수 있다.

어린시절부터 뇌전증을 갖고 살아간다는 것은 오랜 기간 건강한 상태에 대한 이해와 경험의 결핍으로 성인기까지도 이러한 대상자에게 심각한 장애, 과잉보호, 수치스러운 의존감을 느끼도록 만든다. 결코 완치될 수 없다는 전망은 이미 낮아진 자신감self-confidence에 실제적으로 또는 인식수준에서 보다 위협적이고 부정적인 영향을 가할 수 있다. 만약 공공장소에서 이러한 가혹한 현실을 공개적으로 맞닥뜨리게 된다면, 수치심을 갖게 만드는 발작과 함께 살아간다는 것이 극도로 절망적인 체념을 야기할 수 있는 것이다. 자신의 부끄러운 일부분이 노출되면 그것을 인정하기 어렵고 또는 말로 설명하기에 힘들 것이다. 그래서 뇌전증으로 낙인 찍히는 두려움 때문에 그 사실을 자주 숨기게 된다(Raty *at al.* 2009).

발달/학습장애

복잡한 정서적 정보를 수반하고 있는 경우, 혹은 사람의 욕구와 행복을 고려한 선택을 내릴 경우에 발달/학습장애를 가지고 살아가는 것은 보다 더 개인의 근본적인 취약성을 증가시킨다는 것을 의미한다(Manners and Russ 2006b; Kerr *et al.* 2009). 일상 생활을 영위해 나갈 때 상황에 대해 스스로 그 결과를 파악하거나 통제하기 어렵다는 것과 효과적으로 의사소통의 전환을 할 수 없다는 것을 현실적으로 인식하고 살아간다면, 누구에게나 어려운 일인 것이다. 선택 또는 합의된 기회가 제한되어 살아간다는 것은, 아마도 만족스러운 경험이 적고, 스트레스를 증가시키며, 행동문제와 불충분한 감정을 야기시킬 가능성이 있다(Ring *et al.* 2009). 대부분 개인이 결정을 내릴 가능성이 적었기 때문에 어렵다고 느낄 수도 있거나, 가능한 옵션에 제한이 따라서 좋지 않은 선택을 할 수도 있다. 그러면서 수치감이 깊게 작용하는 것을 알게 된 이후에, 주체적으로 통제권을 갖도록 하는 자기가치self-value와 자발성self-motivation의 자각에 부정적인 결과를 보일 수 있다(Price 2002; Manners and Carruthers 2006a).

인지적 손상으로 인한 삶을 살면서 복잡한 정서적 욕구와 재발되고 충족되지 않은 욕구가 지속되는 것은 압도적인 느낌을 받게 되며, 자기영향self-affecting을 행사하게 만든다(Harris 1993; Kay 2003;). 표현되지 못한 욕구와 이와 같이 풀리지 않은 어려움들은 불충분하고, 부정적인 걱정과 무력한 혼란스러운 감정을 극대화 시킬 수 있다(Scheepers *et al.* 2004; Ring *et al.* 2007, 2009; Whitten and Griffiths 2007). 과거의 욕구와 바람을 의사소통하기, 표현하기, 명명하기에 실패했던 경험과 -자신이 겪은 삶의 패턴을 간단히 설명할 수가 없다- 부정적인 감정은 자주 연관되며, 덧붙여진다.

역사적으로 대다수 서비스의 경우, 현실적인 욕구에 부합하지 못했거나, 또는 발달/학습장애를 가진 사람들의 바람을 충족시켜 주었다(Kay 2003). 오늘날 우리 사회의 속도는 현실인지 또는 인식인지 아닌지 간에, 양쪽 모두 실패에 대한 두려움으로 사람이 감정 조절할 수 없게 만들며, 시간을 보내고, 질적으로 나은 선택을 하는 유익함 역시 거부하게 만든다. 수치스러운 두려움은 드러나지 않고 감춰지거나, 혹은 충족되지 않으면서, 막막한 어려움에 처할 수 있도록 하고, 평범한 자기인식self-perception을 하찮게 여기도록 하며, 혼란스러운 무력감을 나타내게 만든다. 발달/학습장애를 가지고 사는 사람들은 적절히 스스로 활용할 수 있고, 외부의 세상에서 의사소통 하는 방법과 대상을 직접 골라, 언어 사용을 할 필요가 있다. 의사소통 방법을 구별하고 적절하게 활용하기 위해서는 도움을 필요로 할 수 있다. 그 방법은 글이나, 그림, 행동 또는 동작으로 가능할 수 있다. 그들이 세부적으로 결정 내리는 단계를 이해하는 데는 종종 시간이 소요될 것이다. 어려운 감정을 숨기고, 회피하거나, 혹은 단지 폐기되 버리지 않도록 실제로 통제감을 얻는 경험과 선택을 이해하기 위해서 도움을 주어야 한다.

특히 발달/학습장애를 가진 사람들의 일부가 절충된 인생을 잘 영위할 수 없는 수준으로 살아갈 때, 그들이 과잉보호를 받는 듯한 느낌을 받고 외부세상이 너무 복잡하게 느껴진다면, 항상 새로운 또 다른 선택들은 그들에게 불충분한 감정을 유발시킬 수 있을 것이다. 그러한 상황에서 자신의 새로운 선택을 정확하게 의사소통하고 이해하기 위해서 적당한 말을 고르는 데에 따르는 어려움으로 당황하게 만들 수 있다. 이것이 처리되지 못하거나 해결되지 않는다면, 무력한 자기신뢰, 회피 그리고/혹은 자기고립self-isolating 행동을 유발하게 되면서 혼란스러운 '연쇄knock-on' 반응을 일으킬 수 있다(Ring *et al.* 2007, 2009; Elger and Schmidt 2008).

무력감과 수치심

일상 생활에서 사람의 인생과 몸과 마음의 조절감을 갖는 것이 필요한 것은 인간의 기본적인 특징이다. 바람직한 선택을 한다는 것이 사람에게 통제감을 경험하도록 힘을 부여하고 과거의 무력한 상태와 다르게 힘을 자각할 수 있는 회복방법을 제공한다(Lansky 2005; Rustomjee 2009). 사람은 과거와 현재의 경험에서 영향을 받고 상호작용을 계속하면서 지속적인 발달로 자기기능을 수행한다. 이러한 생활 속 이벤트와 경험은 사람을 외부 세상으로 연결될 수 있도록 하고, 그 다음에 자신만의 경험세계가 형성되도록 하는 것이다.

부정적으로 압도된 경험을 뿌리 깊게 내면화 한 뒤, 이를 다시 깨닫게 되는 심리적인 상태를 무력감이라고 한다(Cook 1994; Lansky 2005). 이것은 이전의 경험과 관련된 수치스러운 느낌의 취약성을 야기하고 만성적으로 만들 수 있다(Sullivan 1996). 장기적으로 심각한 상태가 지속되는 삶은 모든 부정적인 감정을 촉발하면서 한 사람의 자아상self-image과 자기가치의 자각에 위협을 가할 수 있다(Kirby 1988; Raty *et al.* 2009). 만약 이러한 경험이(피할 수 없는 특성을 가진) 재발되고, 갑작스럽고, 혼란스러운 변화와 연관된다면 특히 그 경험과 연관된 통제, 예상, 선택이 완전히 상실되는 경우에 빈번하게 재발되는 수치스러운 그 경험은 결국 의식화될 것이다(Kirby 1988; Kaufman 1996; Lansky 2005). 만일 이 상황이 해결되지 않으면, 미래에 빈번하게 재표면화 되는 감정으로 인하여 사람에게 비인간적인 영향을 가하는 경험의 위험성이 증가하게 된다. 만약 그러한 징후를 보인다면, 중요한 관계결속을 유지시키는 사람의 능력을 무너뜨리거나 완전히 파괴하고 견딜 수 없는 혼란을 야기할 수 있기 때문에, 결국 사회적으로 회피하게 만드는 것이다.

하지만, 해결되지 않는 경험을 공유했을 때 숨겼던 문제가 굴욕적인 폭로로 연결되며, 위축된 자기 개념을 받아들이도록 하는, 더욱 취약한 감정을 불러일으킬 수 있음을 인식해야 한다. 수치스러운 경험이 갖는 핵심정서의 역할은 실패에 대하여 불충분한 두려움을 의식적으로 노출시키거나 인식하도록 만들면서 자아와 정체성의 핵심적인 자각에 부정적인 영향을 가하는 것이다. 자기 수용의 정서상태를 압도된 불충분감, 취약함, 타인과 극도로 다른 존재로 받아들이는 경우에는 수치심이 빈번하게 의식화되는 것을 확인할 수 있다. 이러한 감정은 자기지각을 형성하고 영향을 주는 것과 연관 있는 자존감self-esteem에 부정적인 영향을 미치는 데에 극심한 굴욕감을 야기시킨다(Lansky 2005).

자부심과 자기존중에 부정적 영향을 주는 강한 자기패배적 패턴과 감정을 방어하고, 숨기거나, 무시하려 함에 따라서 감춰진 수치심은 종종 보이지 않는 심각한 수준의 곳에서 작동되곤 한다. 이러한 본성에 결함을 의식적으로 인식하는 것을 방해하고 방어하기 위해서 즐겁지 않은 경험은 억압되거나, 우회되고, 은폐될지도 모른다. 전언어적인pre-verbal 무력감의 경험은, 특히 그런 감정을 자각하도록 하는 성인 수준의 언어가 당황스럽게도 부재하기 때문에, 분명하게 표현하기란 매우 힘이 들고 어려운 것이다(Sullivan 1996; Lansky 2005). 이런 경험은 미해결되거나 충족되지 않은 욕구의 실패감과 조절할 수 있는 능력의 결핍과도 연관되어 있을지 모른다. 종종 자기의 질병 또는 부정적인 부분을 무시하고 버리려는 것에 대항하고자 물리적으로 신체화somatic 반응이 나타나게 된다.

종종 사회적으로 수치스럽고 무력감을 불러일으키는 욕구로 인해 속상하고, 지지받지 못하거나, 충족되지 못한 상황을 탓하게 되며, 분노와 공격성 같은 행동의 외현화 반응으로 나타난다(Lansky 2005). 건강한 자아는 한 사람의 특별한 욕구를 충족하는 중요한 타인의 경험으로부터 비롯되며, 이와 다른 모든 경험은 잠재적으로 거부와 수치심을 깨닫도록 활성화되도록 만들 수 있다.

토마스에 대하여

앞으로의 주제는 토마스Thomas라고 불리는 한 남성의 특별한 개별 여정이다. 현재 그는 어린 시절부터 발명된 발달/학습장애와 난치성 뇌전증을 갖고 살아가는 삼십대의 남성이다. 심각한 퇴행행동을 보이고 의사소통을 선호하지 않았고, 낮에는 공격적인 분출 반응을 나타내고 있다는 사유로 미술치료에 의뢰되었다. 그가 방안에 고립되도록 놔두기 보다 모든 다른 방식으로 해 보도록 유도하는 것이 그의 행동을 더욱 과격하게 만들 수 있다. 어떤 활동이든지 간헐적으로 출석하였고 결과적으로는 집 밖의 모든 목적이 있는 의사소통에 결핍을 가질 수밖에 없었다.

토마스와 상담을 통해 나는 퇴행하고, 위축된, 취약한 모습으로 심각하게 낮은 자존감을 보이는 소극적인 남성을 발견하였다. 그에게 현실적이면서 융통성이 있지만 세심하게 일관된 경험이 제공될 필요성을 느꼈다. 치료 회기에서 미술작품을 만드는 그의 접근 방식과 그 자신만이 가진 언어, 행동 또는 적극적인 표현을 강요 또는 강탈하지 않도록 나는 매우 조심하였다. 나는 그의 능력에 대해 진실된 신뢰를 표현할 필요가 있음을 강력하게 느꼈고, 그러면서 그가 통제감을 계발시키고 현실적인 선택에 도움을 받는 경험을 할 수 있었다. 삶에 대한 그의 불충분감을 추가로 인식하도록 바라지 않고, 대신 자기신뢰를 통제하기 어렵다는 자기평가self-appraisal를 깨닫게 된 주요 경험이 눈에띄게 지속되면서, 나는 그를 격려하며 현실적인 관점을 갖기를 바랬다.

토마스가 이 치료 회기에서 감춰진 문제를 파악하는 기회를 얻을 수 있을 것이라고 느꼈다. 그리고 그가 자존감을 향상시키고, 자기지각에 동기부여하며, 목적의식을 목표로 의사소통하고, 선택을 구별하게 된다면 그 감춰진 문제로 다시 돌아가리라 생각하였다. 의뢰가 들어왔을 때 토마스가 가졌던 모든 혼란스러움을 확실히 경감시키려는 기대는 상당히 비현실적이라는 것을 나는 깨닫게 되었다. 토마스가 자신의 상황을 설명하는 것을 바라보면서, 관점은 아직 드러나지 않았고 목소리를 잃어버렸지만, 그가 진정한 정체성을 찾을 수 있을 것이라고 느껴졌다. 그리고 나서, 그가 가진 능력차이에 시각적이면서 언어적으로 연결가능하게 할 수 있었다. 두려움, 파괴적인 장애물, 두려운 인상을 인식하고 있는 그에게 단순하면서, 현실적이고, 성취가능한 이해를 도모할 수 있었다. 희망적이게도, 이후에 일상 생활에서 토마스는 모욕스러움을 보다 효과적으로 자각하고 대처할 수 있게 되었다. 치료 회기들마다 지속되는 상호작용은 자각향상의 욕구에 의미있는 목적과 가치감을 북돋으면서 통제를 수용하도록 하는 동기부여에 도움을 주었다. 성취 가능하고 실질적인 통제감을 참고할 수 있도록 목표를 추가하여 우리는 만남을 시작할 수 있었고, 토마스의 기본적인 자기일관성self-consistency의 결핍 및 이와같은 어려운 감정들이 미치는 영향에 더욱 힘을 쏟을 수 있었다.

미술치료 회기

첫 회기는 봄날 아침에 시작되었다. 토마스는 코트를 단단히 여미고, 단추를 채우고, 지퍼를 얼굴 뺨까지 올린 채 제시간에 도착했다. 그는 미소를 지으며 코트 벗기를 거절했다. 처음으로 입을 뗀 목소리는 작았고 단추와 지퍼가 잘 채워져있고 잠겼는지 지속적으로 확인하였다. 그는 얼굴 일부를 코트로 가리고 있을 정도로, 그의 주변에 불충분하거나 열등한 자기비판적self-critical인 분위기가 깔려 있었다. 그가 잘 알고있는 장소를- 평범한 일상의 공간을 숨기듯- 숨기는 것 같았다. 대부분의 상황이나 질문에 그가 보이던 신체적 존재와 반응은 숨겨진 채로 주변의 일부가 되어, 타인에게 발견되지 않으려는 욕망처럼 보였다. 그의 코트와 신체적인 언어는 그를 둘러싸고 있으며 빈틈없이 방어하고 보호하는 장막을 분명하게 암시하고 있었다. 그는 자세를 약간 뒤로 기대고 있었다. 토마스는 밖으로 나오는 것도, 그에게 들어갈 수 있는 것은 아무것도 없게 된 완전히 밀봉된 상태였다. 그리고 그가 부여잡고 있는 인공적인 보호막에 덮여서, 아무도 그의 과거를 분명하게 볼 수는 없어 보였다.

그는 강렬한 눈빛에 코트는 목까지 잠근 채 조용히 미술실에 도착했다. 마치 외부 세상으로부터 또는 치료 회기에서 보여지는 것을 원하지 않는 것처럼 방어적으로 느껴졌다.

토마스의 첫 번째 미술작품은 눈에 띄는 그래픽적인 이미지의 아기 유모차로 종이 위아래에 이름과 나이를 제외하곤 주변에 아무것도 없이 공중에 떠있는 상태로 보여진다(사진 8.1). 이미지는 총 7회기에 걸쳐 만들어졌다. 그가 만든 작품과 연결된 상징적 추상에 대해 내가 떠올렸던 것들을 그는 종종 표현하였다. 우리는 타인과 함께하는 것과 그들의 신뢰여부를 나타내는 정서들을 탐색했다. 자신의 인생과 연관된 정서에 집중하는 듯한 이미

사진 8.1 토마스: 유모차

지로 인하여 토마스의 의사소통은 갑자기 시작되었다. 분리되고, 안보이며, 들리지 않고, 무력하게 의존적인 정서는 그와 연관된 것이었다. 특히 그 이미지에서는 사람이 보이지 않거나, 심지어 숨어 있지도 않다는 사실에 나는 고착되어 버렸다. 나는 좋거나 나쁜 의도를 가질 수도 있는 타인에 의해 토마스가 평가절하될 때, 직간접적으로 그가 느낄 수 있는 정서에 대해 생각했다. 우리는 또한 도움이 필요한 남성으로 그를 충분히 이해하지 않았던 사람들이 그를 어떻게 인식하고 있는가에 대해서 이야기하였다. 그의 인생경험의 일부를 탐색하였으며, 그 경험으로 인해 어떻게 인생이 복잡하다고 느껴지게 하였는지 파악하였다. 그리고 일상생활에서 거절이나 '아니No'와 연관된 감정을 떠올리도록 하면서 어떻게 그가 아무것도 할 수 없게 내버려 두었는지 살펴보았다. 토마스는 체념하고 혼란스러운 듯 종종 어깨를 움츠렸다. 대부분 그의 인생은 보이지 않거나 수치심으로 침잠되었고, 눈에 띄지 않았으며, 이름이 없었고, 의존성을 방패로 삼아 자신이 드러나지 않도록 하였다. 이미지에 대해 설명할 때 생활방식에서 모든 독립성의 부재를 시각적으로 인식하게 된 것이 갑작스럽게 그가 보인 움직임의 시작이었다.

토마스와 그 이미지는 모두 거리감이 있는 고립감을 확대하여 보여주었고, 그의 연령에 비해서 인생의 굴욕적 측면을 상당히 부적절하게 의사소통 되었다고 느껴졌다. 그는 자신이 인생을 어떻게 느끼는지에 대한 그림이라고 내게 말했다. *'나는 웃기게도 거꾸로인 세상에서 살고 있다'* 고 말했고 빈번한 발작에서 오는 불확실하고, 침해 받고, 유약한 특성으로 인하여 지지적이고, 돌봄을 받는, 사랑받는 느낌이 필요하다고 언급했다. 그는 또한 모든 불편한 감정들과 관계된 모든 것을 감추고 싶은 욕망을 표현했다.

나는 의학적인 질병의 관리와 전문적이며 의학적으로 가장 적합한 모든 수단들이 토마스를 둘러싸고 있다는 사실을 깨닫게 되었다. 이것은 무력감과 실로 정체를 알수 없는, 남아있는 감정으로 느껴지거나, 혹은 사람으로서 자신이 누구인지에 관한 감각을 간접적으로 부여하는 것 같았다. 치료 회기에서 그렇게 움츠러든 어깨는 그의 감정을 나타내는 일반적 징후가 되었고 무력한 수치심을 보여주었다. 그가 이미지를 형상화하는 방법과 불충분한 감정을 설명하는 방식으로 종종 '나약함weak'을 말하곤 하였다. 자신의 이름과 나이는 굵은 글씨체로 모든 이미지에 나타낸다. 이것은 '나와 나의 나이'에 대해 전체적으로 토마스의 바람이 받아들여지는 것으로 느껴졌다. 자신의 연령수준과 상관없이 그가 개인적인 통제력 이상으로 느껴질 수 있는 싸움이었다. 질병의 양상을 멈추기에 무력했던 자신을 효과적으로 의사 소통하며 설명한다고 느껴졌다.

토마스는 치료 회기에 참여할 수 있었으며 임상적으로 바라볼 때, 열정적인 분위기로 미술작품을 창조하려는 빠르고 깊은 몰입을 보였다. 의미있는 선택에 심사숙고를 해야할 필요한 것들에 그는 의도적으로 집중하고, 천천히 실험하면서, 지속적으로 다루는 작업을 하였다. 결코 그가 먼저 대화를 시작하지 않았지만, 자신의 독특한 시각적 단어와 대사를 종이위에 적으면서 그의 작업은 자신의 이미지와 매우 비슷하게 닮아갔다. 토마스는 작품을 만드는 것에서 손을 떼거나 눈을 돌려야만 질문에 대답을 할 수 있었다. 그는 도착해서 치료를 마칠 때까지 작업을 하였다. 펜을 매우 정중하게, 자신만의 방식으로, 가지런히, 조심스럽게 방식으로 한 켠에 두었다.

그가 8회기를 보내면서 한 점 한점 그렸던 딸랑이는 서서히 그 모습을 드러내게 되었다(그림 8.1). 토마스가 완전한 침묵속에서 작업할 때 이미지는 점차 나타나게 되었다. 천천히 그가 작품을 통합해 나가는 동안에 내가 보고, 느끼며, **기다리는***waiting* 경험을 하길 바랬던 것처럼 보였다. 그는 종종 미소 지으며 나를 힐끔보곤 하였다. 이미지를 완성한 후, 그는 유모차와 독립성 사이의 관련성과 딸랑이가 상징하고 있는 것들을 언급했다. 이 이미지를 제작하는 것은 그의 의존성에- 질병 때문에 지연되고, 안전성을 갖고 회복되는 지점에 고착되어- 당황스러움과 그에 따른 경험들이 얼마나 어린아이 같은 느낌을 촉발했

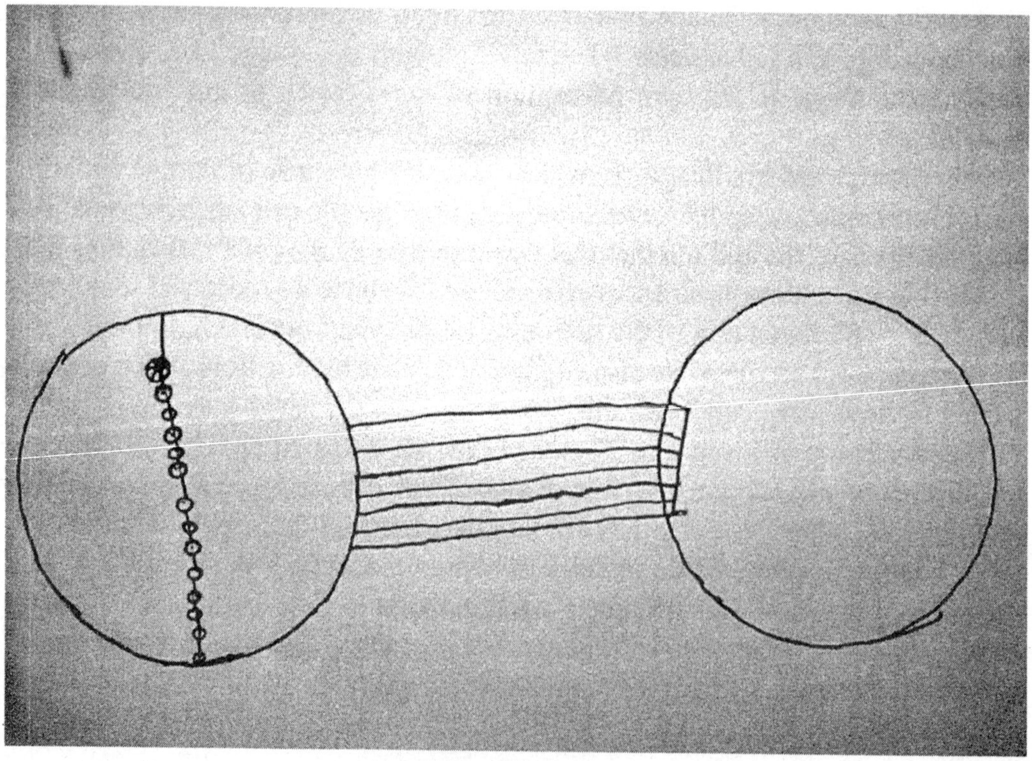

그림 8.1 토마스: 딸랑이

는지 묘사한 듯 느껴졌다. 이는 우리로 하여금 당혹스런 느낌을 감추게 만들었지만, 또한 분명하게 알 수 있도록 이끌었다. 몇 주안에 그는 현실적이고 분명하게 자신의 상황을 반영한 작품을 차분히 제작했으며, 우리는 함께 탐색하였다.

그와 같은 치료의 단계에서 부정적 경험과 믿기 어려운 수준의 감각이 미친 영향으로 인하여 우리가 가졌던 차분하고, 분명한 대화는 자신의 자아상에 초점을 맞추게 되었다. 타인이 그를 바라보고 평가하는 느낌이 어떠한가에 따라서 자기인식에 강한 영향을 받고 있으며, 자신의 자아상을 싫어하는 것과 종종 관련있다는 것을 토마스는 꽤 분명하게 알게 되었다. 미술작품은 우리 모두에게 그의 삶을 시각적으로 연상할 수 있도록 표현되었고, 이들의 연결성을 공유하며 의사소통을 신장시켰다. 스스로를 덜 중요하고, 무가치하며, 경멸하고, 무력하게 바라볼 때 가치감을 느껴야 하는 중요성과 어려운 점들에 관하여 이야기를 나누었다.

토마스는 이와 같은 경험으로 어려움에 대한 반응을 동반한 접근을 다루기 시작하였고, 그의 인생에서 되풀이되는 부정적인 불능감으로 살아가는 느낌을 대처할 수 있도록 도왔다. 치료회기와 이미지는 정서적으로 깊게 이해할 수 있도록 도왔다. 적절하게 표현할 기회가 마련되었고, 더 건강한 안녕감으로의 확장 및 자기자각이 보장된 자기에 대한 신뢰감을 갖게 되었다.

치료 회기에서 '감춰진coated' 접근은 점차 약화되기 시작했다. 이제 치료 회기에서 더 이상 코트를 입지 않는 이유와 변화에 대하여 함께 이야기했다. 그는 치료 회기에서 이곳에 점점 적응하고 싶었다고 말했으며, 코트로 감추지 않는 방식은 그가 좀 더 활동할 수 있고 편안해지는 것을 의미했다. 그가 그림 그리는 것이 코트와 같은 역할이었음을 언급했고 스스로 불편감이 드는 것이 문제처럼 느껴진다고 하였다. 이어서 토마스는 타인들과 같은 공간에서 함께 한지 너무 오래되어 코트로 감출 수밖에 없었던 이유를 설명했다. 토마스 스스로 고립시켰던 상황과 이유, 타인에 대한 회피방식을 논의할 수 있었던 치료 회기의 시작이었다. 그는 어디서나 소속될 수 있도록 상호작용하고, 의사소통하며, 안정감을 갖는 데에 유약하다는 인식의 영향때문에 스스로를 자각하는 실패와 불충분감에 대해서 언급하였다. 우리는 번데기처럼 함께 자신을 부여잡고 있는 대상, 코트의 보호 목적에 관해 논의했다. 이러한 접근을 활용하면서 거절, 무관심, 통제에서 벗어나, 사랑할 수 없는 감정을 인식함으로써 자신을 억제하고 방어하고 있음을 느꼈다. 그의 삶에서 숨겨진 감정과 다양한 의미가 동반된 영향에 대해 통찰을 강조하며 역동에 도움을 주는, 간단하지만 영향력 있는 접근방법을 활용함으로써 우리 모두는 만족스러웠다.

코트를 좀 더 풀어 헤치고 더 이상 감추기를 그만두려는 토마스의 욕구가 지속되는 데에는 이와 같이 심오하고, 복잡하며, 무력한 감정들을 창의적으로 의사소통하면서 본질적이며 적절한 기술로 대체하는 것을 의미한다. 우리의 관찰을 통하여 일단 이러한 경험과 힘을 부정적 영향과 연결짓기 시작하면서, 이름을 붙이고, 깨닫고, 생각하게 되면 다양한 범주의 환경이 덜 두려워지며 더욱 견딜 수 있는 힘이 생기게 된다. 대부분의 치료는 적절한 의미를 바라보고, 인식하고, 의사소통하고, 제작하는 자격을 갖추도록 도왔고 그것은 그가 만들었던 미술작품을 통해서 가능하였다. 특히, 그의 무력한 감정에 관한 의식과 신념은 미술작품과 내 자신 사이에 간단히 적용된 관계를 만들 때 적용되었다. 과거에 만족스럽지 못하고, 발견되지 않은, 무력감과 수치심이 주는 영향을 설명한 색다른 경험의 미술작품에는 새롭게 관찰된 의미가 담겨져있었다. 나는 그가 가치 있는 선택을 갖게 된 것을 깨달았고, 주어진 정보를 신뢰한 경험은 그가 처음으로 무력감을 쉽게 자각하도록 도왔으며, 자기조절과 자기가치를 깨닫게 된 중요성을 깨닫게 도왔다.

딸랑이 이미지 제작 이후에 토마스는 오해 받는 상황에 직면할 때 그가 받는 무력감을 표현할 수 있으면서 중심 욕구, 감정, 열망과 관련한 것에 집중하며, 그의 남성성이 직접적으로 드러난 이미지를 만들었다. 통제불가, 무관심, 직간접적인 거절 경험과 사랑받지 못한 감정을 느끼는 것은 해결되지 못한 수치심으로 살아가는 것처럼 보였다. 그 어떤 자각을 하기 어려울 때, 단순히 언어만으로는 그렇게 섞여 있는 복잡성을 충분하게 설명해주지 못했다. 자기 스스로 준비가 될 때 독특한 의사소통이 나타나고 스스로 이해하도록 우리는 공유하기를 함께 기다렸다. 토마스가 치료과정을 깨닫고 이해하기엔 너무 복잡해서 장애가 된 상태로 무력감을 느끼며 허비한 시간과 함께 깊게 고립감을 느꼈던 순간이 있었다.

그 후의 이미지 중의 하나는 그가 느끼는 감정의 다양성에 대한 진정한 표현으로 나타났고, 무력감과 관련있는 다른 증상의 양상을 표현하는 것처럼 보였다. 다채로운 블록은 전체 페이지로 확장되었다. 모든 강렬한 혼란스러운 감정이 한 장에 담긴 것처럼 전체로 퍼져 나갔다. 그와 같이 복잡한 이미지를 만드는 동안, 침묵이 흘렀다. 나는 분위기를 파악하며 조용히 기다렸고 점차 이미지는 전개되었다. 강렬한 긴장감, 침묵, 불확실감, 알려지지 않은 이미지의 잠재적 본질이 반영된 이미지와 그의 관계가 복잡했다. 미술은 일부 의미를 창조하고 불확실성을 완화하는 분명한 목적을 동반했고 그에 이바지하였다. 감당할 수 없는 감정의 수준을 미술을 통해 서서히 만들어갔다. 이미지를 창조한 이후에 그는 크게 웃고, 색깔 있는 줄을 보고 나서 종이를 반으로 접고, 종이조각이 되도록 빠르게 찢었다. 그는 모든 조각을 천천히 모았고 그것들을 통 안에 차곡차곡 집어넣었다. 그 예측할 수 없었고 기대하지 않았던 커다란 찢는 소리는 조용하고, 강렬하며, 복잡한 사색 이후의 치료 회기를 뚫고 지나가 버렸다. 나는 깜짝 놀랬다. 그는 이내 의식했고, 조용히 미소지으며 *'내가 넘어질 때 깜짝 놀라게 돼요.'* 라고 말했다.

자신의 취약함을 스스로 드러내며 자신과 회기의 가치를 믿도록 한 부분에 있어서 공동 작업의 중요한 지점이었다. 이러한 경험에서 우리 둘 다에게 믿음은 중요한 것이었다. 갑작스럽고 즉각적인 상황을 토마스는 직접적으로 인정할 필요가 있었다. 사전에 얼마나 조용했는지, 회기에서 천천히 차분하게 종이를 접고나서 찢는 소리가 갑자기 크게 들렸다. 이것은 흡사 발작이 일어나기 전에 불확실하고, 강렬하며, 방해되는 감정을 모사하며 종종 막을 수 없는 상황(발작)으로 인한 무력감의 파괴적인 모습과 확실한 발작의 발현처럼 보였다. 우리는 회기에서 있었던 유희적인 충격의 종류에 관하여 언급하였고, 발작에 이어 발생할 수 있는 불확실하고, 두려운, 불안한, 피할 수 없는 스트레스를 인정하였다. 게다가 회기 중에 일어나는 오래된 침묵, 갑작스러운 웃음, 충돌과 찢는 소리 때문에 무력해지는 분명한 감정을 이야기하였다. 종이를 버리는 그의 작업은 오랫동안 지속되어 갔다. 종이조각을 집어드는 것이 실제로 이미지를 만드는 작업만큼이나 중요했다. 조각을 집어 들며 그가 말했다 *'흩어진 다음에 주울 필요가 있어요', '당신은 스스로를 일으킬 수 있어요, 자신의 모든 것을요. 그리고 수행하고, 일어나고, 시작해요.'* 그가 만들어내고 경험해 온 불안정한 행동으로부터 갑자기 토마스의 얼굴 빛에 사실상 단순한 안도감과 자신감이 보였다. 우리 모두 오랜 논의 끝에 그가 자신에 대한 인식을 수용하고 알아차리는 것을 목격했다. 그리고 발작상황에서 무력한 감정의 불확실성에 대하여 나와 공유하였다. 재발되고, 즉각적이며, 감춰지고, 사적인 감정 및 인식을 언급하면서 우리는 무력감과 그 영향, 자기고립의 좋거나 나쁜 이유의 치명적인 부분을 바라볼 수 있게 되었다. 선택경험의 접근가능한 잠재성을 우리가 간단히 이해하도록 하였다.

이것은 이전에 그가 경험했던 숨기고, 독단적이고, 고립된 사고와는 달리 직면한 것이었다. 사고를 품고 있으며 매우 심오하면서 사실적인 감각을 고수하는 것은 무서웠지만, 토마스가 회기에서 통제를 하게되고 다른 결과를 불러오는 새로운 기회를 만들어 주었다. 다양하고, 화가 나도록 극적이면서, 복잡하고, 감동적이며, 당황스럽고, 혼란스러웠지만 모두 겸허히 받아들였다. *'저의 당황스러움이 당신에게 보였어요.'* 라고 토마스는 말했다. 그는 이러한 수행을 나에게 공유하면서 창조적으로 자기 스스로 사고하고, 내게 의사소통하려는 욕구의 강력하고 매우 실제적인 정서를 묘사하였다. 내가 그곳에서 그의 수행에 증인이 되고 인정하는 것이 중요해 보였다. 우리는 모두 무력감을 느꼈었고 지속적으로 통제를 상실했던 그 자신에 대한 표현을 이해했다. 숨길 수 있는 방법이 없었고, 경험을 피할 방법이 없었으며, 그래서 사고할 수밖에 없었다. 토마스가 공유하고, 신뢰감을 쌓고, 창조에 담긴 의미판단이 가능하게 되면서 그가 가진 무력감과 부정적인 자기자각을 엄청나게 경감시켰다. 그가 경험했던 나의 반응은 수치심을 덜어준 것처럼 보였다. 그 수치스러움을 겪은 것을 공유하는 것과는 거리를 두게 되면서 토마스가 그렇게 경험을 할 수 있었다. 이 작업에서 가장 감동적인 측면 중 하나는 토마스가 코트를 벗고 설명을 할 수 있었다는 것이다. 나는 그를 수치감을 제외하고 바라볼 수 있게 되었다. 불이익을 주는, 무력한 수치심 대신 다른 감정 경험을 강조하는 것은 필수적이었다. 의미있는 가치를 통찰하여 간단하게 의사소통하고 중요한 의미를 언어화하면서 창의적 관계의 신뢰감과 잠재적 느낌을 통해 깨닫게 되었다. 이러한 경험으로 그는 단순히 되풀이되는 통제불능으로 좋지 않은 상태에서 멀어져 자각할 수 있게 되었다.

토마스가 강렬한 당황스러움과 불확실한 감정을 느끼는 그 자체로 스스로 통제를 자각하거나 인식한다는 것이 증명되었다. 결과적으로는 끝없는 취약성의 굴레와 불능한 상태가 불안정한 자기자각과 신체상을 통제할 수 없는 상실감을 야기했던 것이다. 통제, 부담, 수치심에 대해 불충분하며 부정적인 자기인식을 낳으면서, 상당한 퇴행과 부정적인 감정으로 반응하는 결과를 가져왔다. 이전 회기에서 다음주 회기까지 계속 이미지에 관해 의사소통하고, 명명하며, 설명할 수 있는 능력은 토마스와 내가 회기에서 연결성을 갖도록 해 주었기 때문이다. 고립된 무력감의 상태 때문에 의사소통을 단절시키기 보다 인생에서 미묘하지만 중요한 감정의 단계와 잠재적인 것들을 갖도록 하였다. 내가 목격한 바로는, 그가 제3자의 존재에 대해 공유하는 것이 눈에 띄게 힘이 있고 매우 자유로워 보였다.

토마스가 심오하고, 당시에 처절하게, 복잡했던 사고의 퍼즐을 연결하기 위해 언어에만 의존하는 것이 부적절할 수 있고 명확한 설명을 방해하게 될 수도 있다. 특히 시간과 기초정보의 방해, 부재, 상실이 반복되는 인생 때문에 문제과정으로 빠지도록 당신이 그의 기억을 방해하게 된다면 이것은 사실이될 수도 있다. 이와 같은 것들은 그가 매일 일상을 기억할 때에 중요한 영향을 주었다. 이것은 그가 상호작용하고, 의사소통하며, 모든 일상에서 포함되는 기본적인 능력에 대하여 불충분하다고 느끼고 부정적인 인식을 갖도록 만들었다. 토마스는 치료 회기와 미술작품과 치료사인 나를 포용하려는 동기를 찾게 되었다. 그러면서 어려운 자신의 감정에 관여하였고, 이차적 장애의 퇴행 상태로 만드는 무력한 두려움에서 벗어나도록 그는 좀 더 현실감각을 지닐 수 있었다.

결론

미술작품, 치료실, 우리의 치료적인 동맹관계가 토마스에게 동기부여 환경을 마련해주었다. 뇌전증이 미치는 부정적인 영향에 대해 의사소통 할 수 있는 능력의 향상을 보였다. 이미지, 신체동작, 용어를 활용하면서 그가 정서를 인식하는 데에 도움을 받았다고 느꼈다. 이것은 제작된 이미지의 반영으로 확대된 무력감과 수치심에 직면하고, 맞서고, 경감시키기 위해 토마스가 현실적이고 적절한 통제감을 갖도록 하였다.

장애가 미치는 영향을 이해하기 위해 토마스는 회기에서 자신의 중심정서 및 능력과 관련된 유용한 정보에 기대어 언어선택을 하며 의사소통 하였다. 자체적으로 의사결정과/또는 듣고자 하는 바를 촉진하도록 용이한 접근으로 동기를 유발하고, 자기통제감을 부여하였다. 따라서 토마스의 퇴행, 자기고립, 비의사소통의 욕구를 완화하는데 도움이 되었음을 느꼈다. 그 대신에 안녕감과 자부심의 향상을 가져왔다. 미술작품 그리고 나와 광범위하게 관련된 특성은 소거되고, 그가 해결되지 않은 영향을 바라보고 나와 의사소통 할 수 있게 되었다. 그가 지닌 특정 능력에 대하여 적절히 언어를 구사함으로써 토마스의 수동적이고, 숨고, 때론 공격적인 경험들은 줄어들었다. 이것은 거슬리도록 심각한 두통을 발생하는 영향, 사건, 경험을 그가 자각하도록 도왔으며, 또한 퇴행하고, 숨고 싶고, 무력하고, 수치스러워 한 사람이 바로 자신이었음을 인지하도록 도모하였다.

참고문헌

Bowley, C. and Kerr, M.(2000). 'Epilepsy and Intellectual Disability', *Journal of Intellectual Disability Research* 44: 529-543.

Cook, D. R.(1994). *Internalised Shame Scale: Professional Manual.* Menomonie, Wisconsin: Channel Press.

Elger, C. E. and Schmidt, D.(2008). 'Modern Management of Epilepsy: A Practical Approach', *Epilepsy & Behaviour* 12: 501-539.

Espie, C. A. and Kerr, M.(1997). "Learning Disability and Epilepsy: A Review of Avilable Outcome Measures and Position Statement on Development Priorities', *Seizure* 6: 337-350.

Harris, P.(1993). "The Nature of Aggressive Behaviour Amongst people with Learning

Disabilities(Mental Handicap) in a Single Health District' *Journal of Intellectual Disabilities Research* 37, 3: 221-242.

Kaufman, G.(1996). *The Psychology of Shame: Theory and Treatment of Shame-Based Syndromes,* Second Edition. New York: Springer.

Kay, B.(2003). 'Changing Philosophy in Learning Disability', in A. Markwick and A. Parish(eds) *Learning Disabilities: Themes and Perspectives.* Edinburgh: Butterworth Heinemann.

Kerr, M., Turky, A. and Huber, B.(2009). 'The Psychological Impact of Epilepsy in Adults with an Intellectual Disability', *Epilepsy & Behaviour* 15, 2: S26-S30.

Kirby, D.(1988). 'Shame and the Use of Health Care Services', *Inscape,* Spring: 11-13.

Lansky, M. R.(2001). 'Hidden Shame, Working Through, and the Problem of Forgiveness in the Tempest', *Journal of the American Psychoanalytic Association* 49: 1005-1033.

Lansky, M. R.(2005). 'Hidden Shame', *Journal of the American Psychoanalytic Association* 53: 865-890.

Manners, P. J. and Carruthers, E.(2006a). 'Living with Learning Difficulties: Emma's Story', *British Journal of Learning Difficulties* 34, 4: 206-210.

Manners, P. J. and Russ, M.(2006b). 'Working Reflexively in Learning Difficulties: What Emma Taught Us', *British Journal of Learning Disabilities* 34, 4: 211-214.

McGrother, C., Bhaumil, S. and Thorp, C.(2006) 'Epilepsy in Adults with Intellectual Disabilities: Prevalence, Associations and Service Implications', *Seizure* 15: 376-386.

Morgan, C. L., Baxter, H. and Kerr, M. P.(2003) 'Prevalence of Epilepsy and Associated Health Service Utilization and Morality Among Patients with Intellectual Disabilities', *American Journal of Mental Retardation* 108, 5: 293-300.

Price, L. A.(2002). 'The Connections Among Psychosocial Issues, Adult Development and Self-Determination', in L. C. Brinkerhoff, J. M. McGuire and S. F. Shaw(eds) *Postsecondary Education and Transition for Students with Learning Difficulties.* Austin, TX: PRO-ED.

Raty, L. K. A., Larsson, G., Stattin, B., Bodil, M. and Larsson, W.(2009). 'Epilepsy Patients' Conception of Epilepsy as a Phenomenon', *Journal of Neuroscience Nursing* 41, 4: 201-210.

Raty, L. K. A., Soderfelt, B. A. and Wilde Larson, B. M.(2007). 'Daily Life in Epilepsy:

Patients' Experiences Described by Emotions', *Epilepsy & Behaviour* 10: 389-396.

Ring, H., Zia, A., Linderman, S. and Himlok, K.(2007). 'Interactions Between Seizure Frequency, Psychopathology, and Severity of Intellectual Disability in a Population with Epilepsy and a Learning Disability', *Epilepsy & Behaviour* 11: 92-97.

Ring, H., Zia, A., Bateman, N., Williams, E., Lindeman, S. and Himlok, K.(2009). 'How is Epilepsy Treated in People with a Learning Disability? A Retrospective Observational Study of 183 Individuals', *Seizure* 18: 264-268.

Rustomjee, S.(2009). 'The Solitude and Agony of Unbearable Shame', *Group Analysis* 42: 143.

Scheepers, B., Salahudeen, S. and Morelli, J.(2004). 'Two-year Outcome Audit in an Adult Learning Disability Population with Refractory Epilepsy', *Seizure* 13: 529-533.

Sillanpaa, M.(2004). 'Learning Disability: Occurrence and Long-term Consequences in Childhood-onset Epilepsy', *Epilepsy & Behaviour* 5: 937-944.

Sullivan, H. S.(1996). 'Internalisation of Shame', in G. Kaufman(ed.) *The Psychology of Shame: Theory and Treatment of Shame-Based Syndromes*, Second Edition. New York: Springer.

Tedman, S.(1995). 'Development of a Scale to Measure Core Beliefs and Perceived Self-efficacy in Adults with Epilepsy', *Seizure* 4: 221-231.

Whitten, E. and Griffiths, A.(2007). 'Implementing Epilepsy Guidelines Within a Learning Disability Service', *Seizure* 16: 471-478.

제7부

자아와 정체성

제9장

'비명을 지르는 야수'

스테파니 불 Stephanie Bull

들어가며

발달/학습장애가 있거나 지적장애를 가지고 있는 사람으로 낙인 찍히게 된다면, 성별, 인종, 종교와 성적 취향과 같은 일반적인 정체성의 모든 측면을 지배당하고 억제당할 것이라는 것이 연구를 통해 밝혀졌다. 이렇게 그들의 기초 정체성이 형성되고, 영원히 피할 수 없는 것이다(Beart 외. 2005).

마지막 장의 사례에서 데이비드 비(가명)David B라고 불리는 한 남성을 도와, 자아와 정체성에 관한 주제를 탐색하였다. 데이비드 비의 다운증후군Down's syndrome 진단받게 된 부담감과, 일상생활의 충격이 자기자각 및 정체성에 미치는 관계와 영향력은 우리의 중심 주제로 함께 다루었다. 사회적 흐름은 그를 정형화되도록 하였지만, 그는 거기에 맞서 자신만의 정체성을 가지려는 투쟁을 하였다. 데이비드 비는 스스로 탈피하고자 하였으며 이제는 자기 자신에 대해서 최초로 동성애 남성이 되고자 하였다.

데이비드 비의 미술치료는 자기발견self-discovery의 과정으로 여기고, 그 길을 따라 세 가지 그가 만든 미술작품을 중점적으로 주목한다. 이 장에서는 인생과 미술작품에 대한 그의 개인적인 사고과정을 공유하고자 한다. 데이비드 비가 직접 말한 문장은 이탤릭체로 나타내었다.

아래의 모든 사람들의 이름과 장소는 나의 선택이 아니라, 데이비드 비가 고른 가명임을 밝힌다.

임상 환경

나는 발달/학습장애를 위한 다학제적multidisciplinary 커뮤니티 팀의 소속으로 근무하였다. 데이비드 비는 그가 불을 지르고 타인과의 과도한 성적 상호작용과 같은 매우 힘들게 만드는 행동들 때문에 그를 돕는 직원이 일상에서 어려움을 겪고 있다는 사유로 우리 팀에 의뢰되었다. 그는 간호사에게 초기 평가를 받은 뒤, 제공가능한 안전한 환경 내에서 정서탐색의 기회를 갖고, 배우기 위하여 미술치료로 의뢰되었다.

데이비드 비를 처음 만나자 마자, 나는 자기소개 하고 어떻게 미술치료가 진행될지 그에게 설명하였다. 그가 얼마나 똑똑하게 말을 했었는지, 내 마음을 즉시 사로잡았고, 그가 겸비한 유머로 즐거웠다. 우리의 작업이 진전을 보이게 되면서, 그는 지속적으로 나를 놀라게 했고, 나의 생각에 발달/학습장애의 굴레라는 한계점을 뛰어 넘게 만들었다. 미술치료 초기에 그는 열정적이었으며, 힘있는 작업을 하고자 하는 잠재성이 발현되었음을 느꼈다. 우리는 그룹보다 개별작업이 그에게 좀 더 도움이 될 것이라는 데에 동의하였고, 그가 집을 나서며 치료실로 향할 때와 치료 회기상황 모두 직원들의 도움을 필요로 할 수 있다는 데에 동의하였다. 나는 대기실에서 매번 치료 회기의 전과 후에 그 직원들을 자주 만날 수 있었다.

초기에 50분, 6회기의 평가를 준비하게 되면서, 우리는 오랜 기간 동안 작품활동을 위한 집중이 필요한 것을 분명하게 깨닫게 되었다. 사실, 우리는 거의 2년 동안 함께 작업해 왔다.

데이브드 비의 초기회기

나의 인생에 관한 짧은 단상

(보호 가정의 매니저인 베브Bev의 보조 하에, 데이비드 비가 작성하였음.)

나의 가족은 엄마인 데어드레Deirdre, 그리고 당연히 내가 있다. 내게는 스티븐Steven과 스튜어트Stuart 두명의 형제와 대부 브라이언Brian, 그리고 유일하게 살아 계시는 조부모 그랜Gran이 있다. 나의 아빠 저스틴Justin과, 사촌들 중 일부는 런던에, 그리고 두 명은 서섹스에 있다. 내가 어렸을 때 매우 열광하였던 개를 기르곤 했다. 그 다음 한 일년 후에, 가정시설로 칼라Carla가 이사했을 때 그녀의 애완용 앵무새를 데리고 왔으나, 불행히도 세상을 떠났다. 이제 내게 두 마리의 고양이가 있다.

내가 매우 어렸을 때, 유치원에 다녔고 이후엔 초등학교에 입학했다. 그리고 나는 이사했고 중학교에 다녔다. 내가 십대가 될 때까지 그곳에 살았었고 나이가 들어서 이사를 해야 할 시간이 되었을 때, 거처를 옮겼다. 소피Sophie라고 하는 정말로 좋은 친구를 두었는데, 또 그 당시에 초등학교와 중학교를 같이 다닌 테드Ted라고 정말 좋은 친구가 있었다. 학교를 정말로 좋아했다 그리고 나는 계속 그곳에 있길 바랬다.

내가 대학을 다닌 후에 정원 가꾸기와 밭일을 배웠다. 나는 대학생활을 즐겼다.

나는 가정시설에서 19살이 되었을 때 이사 나오기로 결심했고 사우스포트가로 가서 살았으며 24살까지 머물렀다. 어느 날 내가 그곳에서 이사 나왔고 초조하다고 느껴졌다, 사우스포트가에서 내 시간을 보냈고 나는 떠나야 한다고 느꼈다 그래서 내가 이사할 수 있었다. 그래서 30번째 9월에 나는 사우스포트가에서 나와 런던 스트리트에 머물렀다. 나는 정말로 이사가 기대되었고 흥분되었다.

여기 런던 스트릿에서 내가 살고 있다, 일주일에 네 번 그리고 미식축구 토너먼트 경기까지 즐기며, 인생을 즐기면서. 나는 금요일 아침에 매니저와 함께 짐을 옮기려고 했다 그

리고 일찍 일어나서 그렇게 했다. 나는 지역 술집에서 맥주 또는 와인 한잔하기 위해 그리고 그 지역에 살고 있는 다른 사람들과 어울리기 위해 시내로 갔다. 나의 가족의 집에 가는 것 때문에 그 집에서 첫번째 크리스마스는 조금 초조했다. 내가 오랫동안 이사를 하지 않아서 그리고 나의 새 거처를 떠나고 싶지 않았지만, 그러나 결국 나는 가족과 함께 크리스마스를 보내기로 결심을 했다.

나는 또한 내가 동성애자라는 사실과 런던 스트릿에서 내 인생을 즐기고 있다고 동성애자 모임에 참여할 것이라는 것을 말하고 싶다.

자아

대부분 사람들은 개별적 존재로서 본질적인 자신에 대하여 독특한 감각을 지니고 있다. 이것은 자주 자아self로 일컬어지며, 나 자신myself, 그 자신himself, 그녀 자신herself, 당신 자신yourself 그리고 자기 자신oneself이란 단어는 매일의 의사소통에 빈번하게 얽혀 있다. 대부분은 자아에 관한 사고를 무언가 고정적이며 단일 개체로 쉽게 착각한다. 하지만, 자아는 결코 완벽하게 형성되지 않고, 인생에 걸쳐 여러 부분으로 끊임없는 변화를 가져야 할 필요가 있다.

융Jung은 '자아는 그 차체만을 의미하는 것이 아니라, 주변부만을 의미하는 것도 아니며, 의식과 무의식 모두를 포함한다'라고 언급한다(Jung 1955: paragraph 44). 그리고 그는 자아를 마치 에고ego와 전체를 구성하는 요소인 페르소나persona로 생각하며, 모두를 아우르고 있는 것으로 인정하였다. 잠재적으로 충돌 가능성을 지니는 부분이 많이 있다. 우리는 개별적인 개체로서 내면의 충돌과 모순의 해결방식을 찾고자 한다. 융은 자기 완성self-realisation의 과정을 설명하기 위해 개별화individuation란 용어를 사용했다. 그리고 '개별의 통합 혹은 완성, 이렇게 하여 전체적으로 접근하지만 완벽하지 않은 사람' 이 되도록 한다고 주장하였다(Jung 1963: paragraph 616). 융은 또한 이러한 필수적인 상태로 향한 여정은 복잡하다고 인식하였다(Hochheimer 1969). 결국 사람은 이상적으로 건강한 긴장속에서 내면의 대립을 견디는 능력을 향상시키면서 융이 언급한 '모든 대립을 초월한' 상태의 지점에 도달하기 위하여 발전을 보이는 것이다.

대부분의 사람들은, 성격에 상처를 얻고나서 고통이 따르게 되는 개별화individuation의 과정이 시작된다(Von Franz 1978: 169). 인생에서 어려운 시기에 데이비드 비는 나와 함께하였다. 몇 해 전, 그의 부모는 이혼을 했고 따라서 커다란 고통과 혼란에 빠지게 되었다. 게다가 가정시설에서 이사를 나왔으며, 발달/학습장애를 가진 네 명의 다른 남성들과 함께 살았다. 이것은 쉽게 적응으로 전환되는 것이 아니기에, 데이비드 비의 행동은 자신을 보호하기 위하여 공격적으로 변해갔다. 나는 미술치료를 시작한 것이 그에게는 자기발전self-development의 과정을 처음으로 시작한 것과 같은 느낌을 받았다. 그리고 데이비드 비로 하여금 내면의 충돌을 탐색할 수 있게 하고 궁극적으로는 자기 일체감에 도달하게 되었다고 생각했다.

'비명을 지르고 싶어요'

초기 몇 번의 치료 회기를 데이비드 비가 카타르시스catharsis적인 형태로 활용하는 것이 필요해 보였다. 커다란 종이 위에 페인트 한 통을 바로 부었다. 물감은 종이의 가장자리 위로 흘러 쏟아질 것 같았으며 책상으로, 그리고는 바닥으로 떨어질 듯 보였다. 미술치료실에서 나는 일반적으로 조용한 '집에' 머물고 있는 내 자신을 생각하곤 하는데, 그런 시도에도 불구하고 내가 물감을 주워 담으려고 노력하고 있다는 것을 깨달았다. 양손에 페이퍼타월 뭉치를 들고 있으면서 나는 평소에 느껴보지 못한 불안 수준을 인식하였다. 이러한 방법으로 데이비드 비의 수행에 점차 나는 관여하게 되었고 이미지만으론 할 수 없는 그의 불안을 담아주는 내 역할은 분명해져 갔다.

데이비드 비가 작품을 끝마치고 나면 항상 내게 그림을 설명하는 글을 써 달라고 요청

그림 9.1 데이비드 비: '비명을 지르고 싶어요'

하였다. 초기작품 중 하나는 그림 9.1이다. *'비명을 지르고 싶어요.'* 는 내게 써 달라고 요청한 문장이다. 다른 작품의 문장들은 *'화가 나면 나는 완전히 침묵해요', '정말 불안해요', '데이비드 비는 속으로 정말 스트레스 받았죠.'* 라고 적었다.

이와 같은 문장들은 자기 내적인 측면을 반영하고 있는 방식으로, 또 각각의 작품을 마무리하는 방식으로 느껴졌다. 당시엔 극도로 억제할 수 없었던 것들이 이런 방식으로 담아주는 감각을 보다 느낄 수 있도록 해주었다.

이 작품에 대해 데이비드 비는 이렇게 말한다.

여기 이것은 내가 속으로 갖고 있는 모든 불안을 제거해 주었다… 음 내가 그렇게 하고 있을 때 알아챘다 점점… 많은 스트레스를 해소하고… 많은 고통과 그런 것들을… 그러면

서, 나는 깨달았다… 점점 모든 긴장을 내려놓고 쓰고 있다 '비명을 지르고 싶어요'… 그 이유는… 그래서 나는 그걸 바라보고 알아차리고… 좋다… 나를 울적하게 만드는 어떤 것이든지… 나오게 할 것이다 검정색 물감을 사용해서. 만일 색칠하지 않으면서 그걸 쏟아붓게 되면, 내가 가진 모든 긴장이 단순하게 해소가 된다 어쨌든 깊이 알게 되었기 때문에 나는 정말 해소가 필요했던 것이다. 이제 그걸 바라보면서 모든 긴장, 모든 분노, 모든 증오를 발산하면서 나는 나를 그냥 지탱하고 있다…

검정 물감은 미술치료를 시작하기 전에 내가 어떻게 느꼈었는지를 표현 해 준다. 내가 치료 회기를 마치고 모두 쏟아 낸 뒤, 나는 안도감과 휴식을 가졌다… 그래서 나는 이젠 생각할 수 있다… 괜찮다고… 모두 해소되어서… 검정 물감과 함께… 좋다… 환상적으로… 이제는 나아갈 시간이다.

극장

그렇게 작품활동으로 여러 주일을 보낸 뒤, 데이비드 비는 내면에 자신이 느낀 것에 집중하기 시작했다. 사인펜과 크레용을 포함한, 보다 좀 더 통제가능한 매체를 활용하게끔 전환되었다. 그는 이제 두 캐릭터 간에 대화 내용을 쓰기 시작했고 이것은 '스크립트 놀이'로 진화하였다. 우리 둘 다 역할을 맡게 하였고 치료 회기는 점차 그의 글과 함께 뒤섞이게 되었다. 나중에는 우리 둘 다 서로 다른 캐릭터를 연기하며 그가 쓴 글을 읽어 내려갔다.

좀 더 완성도를 높이기 위해서 우리는 함께 극장과 일부 인형들을 만들었다(사진 9.1). 그래서 진정으로 그가 만든 연극 대본(글)을 자신의 삶으로 가져올 수 있었다. 그의 연극 대본은 좋은점Good Bit, 나쁜점Bad Bit, 여왕The Queen과 파수꾼The Guard, 이 네 명의 주인공을 다루고 있다. 줄거리는 나쁜점을 포획할 방법을 찾고, 담아주기와 연관이 있었다. 데이비드 비는 나중에 몇 개의 '창살bars'을 작품 앞쪽에 추가했다. 그래서 극장은 나쁜점이 감금되어 있는 감옥이 되어버렸다.

사진 9.1 데이비드 비: 극장

이와 같은 방식으로 작업한 데이비드 비의 생각은 다음과 같다.

극장을 만드는 것은 내가 깨닫게 만들었다…음… 내 일부는 그걸 표현하고 싶었고 다른 부분은 괜찮다고 말했지… 이것들은 깊게 가라앉은 감정으로 유지될 것이다. 내가 해야 할 것들 모두는 극장으로 만들어졌고 우리는 좋은점과 나쁜점과 여왕과 파수꾼을 갖게 될 것이다. 나에게 최고점은 그런 가라앉는 감정들을 연기하면서 열어젖히고 내보내는 것이다. 나쁜점은 무언가 잘못되어도 괜찮다고 만들어버리는 나를 표현한다… 좋은점은 반면

에… 이 좋은점은 나를 깨닫게 만든다… 좋아 내가 내 삶을 나아가고자 하는 것과 삶에서 좋은 것을 하길 바라는 것이다. 그 파수꾼은 나쁜점을 감옥에 가두도록 생각하는 것이다 이유는 나쁜점이 나를 바보같은 것을 하도록 만들기 때문에… 그리고 자살시도와 같은 것… 그래서 나쁜점은 감금되어야 할지도 모르겠다… 나를 깨닫게 하는데… 내가 나아갈 수 있도록 그리고 파수꾼은 결심했다 좋아 내가 나쁜점을 감금할 것이다 그리고 나는 내가 가지고 싶은 삶을 계속 살수 있을 것이다. 그리고 음… 나쁜점은 나를 문제에 처하도록 확실하게 만들고 나쁜점은 나를 경찰에게 체포되도록 만든다. 나는 경찰에게 체포당하고 싶지 않아… 그래서 좋은점이 들어오게 되고 '좋아 이것이 아니고 이제 움직일 시간이야' 라고 말한다. 그리고 나쁜점은 '아니야' 라고 말하지… 이제 나쁜점이 감옥에 있었냐믄 나쁜점은, 알다시피, 통제가 안되, 내 삶을 참혹하게 만들고, 내 기분을 망쳐버려. 나는 결심했다 만약 네가 나쁜점을 감옥에 보낸다면, 나는 나의 소소한 삶을 영위하면서 살 수 있어… 문제를 만들고 아수라장이 되도록 하는 대신에.

정체성

해를 거듭하면서, 정체성이란 용어는 다양한 방식으로 정의하게 되었다. 예를 들면 일각에서는 부모님이나, 의사, 또는 선생님 같은 사회적인 역할을 강조하는 반면에, 또 다른 정체성은 내적인 품성과 외적인 모습을 담은 개인적 특징으로 정의한다. 게다가 사람의 정체성은 사회적인 상호작용에 의해서 발달을 거듭한다는 것, 따라서 정체성은 모두 사회적이라는 것에 아직 논란의 여지가 있다(Beart *et al.* 2005).

우리 자신을 타인에게 표현하는 방법, 그리고 우리가 만드는 인상과 타인이 우리를 바라보는 관점은 우리의 정체감을 이루는 모든 부분이다. 이는 자기 스스로를 자각하는 것과 다르다. 융은 페르소나(가면이란 라틴어에서 유래)가 우리 스스로의 묘사를 타인에게 설명 가능하게 하기 때문에 정신적인 건강유지에 중요한 역할을 **페르소나***Persona*가 참여한다고 주장한다. 자아는 사회적인 상황에서 살아남기 위해 페르소나를 필요로 한다.

페르소나의 발달은 개별화 과정과 다르다고 인식하는 것이 중요하다. 일부 사람들은, 자아가 페르소나를 제거할 수도 있으며, 따라서 스스로를 그릇되는 방향으로 인도하게 되어서 그것이 진정한 자아라고 믿게 된다면, 위험의 소지가 따르게 된다(Hochheimer 1969).

발달/학습장애를 가진 사람들은 부과된 집단 페르소나의 일부로서 자신을 인식하고 있다는 것을 자주 깨닫게 된다. 이것은 타인이 고유하며 분리된 정체성을 가진 개별적 주체로 인식할 가능성을 매우 어렵게 만든다. 데이비드 비는 자신의 다운증후군을 뛰어넘어서 사람들이 자신을 동성애자 남성으로 바라보도록 그리고 그를 받아들이도록 하는 데에 매우 열성을 보였다.

치료과정의 중반에, 데이비드 비는 청년들의 성적 정체성을 탐색하도록 돕는 서비스를 받기 시작했다. 그것은 발달/학습장애를 위한 그룹 서비스는 아니었지만, 데이비드 비에게 정체성의 또 다른 부분에 집중할 기회를 마련하고 지원하기 때문에, 참여하는 자체로도 매우 중요해 보였다.

자기에 대한 타인의 인식을 변화시키려고 노력했기 때문에 그가 직원들에게 받았던 지원은 매우 소중한 것이었다. 그는 도심 속에서 '동성애 장면gay scene'의 일부가 되길 희망하는 점을 표현했고, 데이비드 비는 적당한 수준의 지원과 슈퍼비전을 통하여 마침내 그 희망을 자각하게 되었다.

다운증후군

다운증후군(혹은 21삼염색체증Trisomy 21)은 염색체의 이상을 보이고 일반적으로 쌍으로 존재하는 21번 염색체 세 개가 수정란에 포함되는 경우에 발생한다. 추가된 염색체가 개인의 신체적 발달에 미치는 영향은 실로 거대하며, 심장결함과 갑상선 장애와 같은 의학적 상태가 따르는 경향은 일반적이다. 인생의 기회, 관계, 개인의 정서상태에 주는 영향 역시도 두드러진다.

데이비드 비의 미술치료 종결이 가까워졌을 때, 자신이 다운증후군으로 진단받은 영향에 대해서 막 언급을 시작했다. 크고 하얀 종이 위에 자신의 생각을 일부분 적었으며, 다음과 같이 재현되었다.

모든 사람들은 친구가 필요하다. 나는 학교에서 너무 힘들다(그리고) 이젠 일터에서 친구를 사귀는 것이 너무 힘들다. 가끔씩 나는 친구가 없다고 생각한다 그리고 그들이 누구지? 가끔씩 나는 그가 내 남자친구라고 말하면서 선을 넘는다. 가끔씩 아무도 나를 존중하지 않아서 화가 난다. 나는 아무도 다운증후군을 갖고 있는 것을 존중해 주지않는 주된 점bit을 생각한다. 나를 정말로 슬프게 한다. 가끔씩 친구가 한 명도 없는 이유는 내가 다운증후군을 갖고 있기 때문이라고 말한다. 내가 기억하고 있는 이유는 기분을 나쁘게 하고 상처를 주기 때문이다. 다운증후군을 가지고 있다는 것이 나를 너무 화나게 하기 때문에 친구 사귀는 게 잘 안된다.

다음은 사실이며 오로지 [다운증후군에 관한] 진실이다

그건 짜증나 .... 사실
나는 그걸 이해 못하지 .... 사실
내 기록에 적혀 있는 것 .... 거짓(누군가의)
친구 사귀는 걸 방해해 .... 사실
내가 동성애자가 되는 걸 방해해, 나를 아주아주아주아주아주아주아주아주

계속

아주아주 화나게 해. 그래도 난 동성애자야 ……………………………… 사실

왜 모두들 내가 그걸 이해한다는 말을 하지? ……………………. 거짓(그들이 [내가]화내는 것을 보고 싶기 때문에)

가족들은 그걸 증오해 …………………… 사실(아빠 쪽 가계에서 결코 발생하지 않아)

왜 검사는 부정적인 것 빼고 긍정적으로 말하지? ……... 거짓(검사 받지 않음)

내 기록은 복잡하지 ……………………………….. 사실

내가 그걸 이해했다고 말한 제3자의 기록을 갖고있지 ………………… 사실

데이비드 비가 느꼈던 극도로 고통스럽고 커다란 불평등은 우리가 함께했던 작업의 그 지점에서 절실하게 전달되기 시작했다. 하지만 이것은 다운증후군을 '직면confrontation' 하고 있는 사고로 여겨지면서, 역시 변화를 불러일으키도록 돕고 있었다. 그리고 자신의 미래를 진단받는 것이 지배하지 않도록 할 것이라는 데이비드 비의 결심을 나타내고 있다.

야수

데이비드 비는 '야수The Beast'라 부르는(사진 9.2) 작품을 제작하는데 진흙을 사용하였다. 이것은 그가 여러 해 동안 부담이 되었다고 언급한 부정적인 정서의 형태를 갖는 욕구와 마음정화cathersis를 위한 욕구가 다소 결합된 것처럼 보였다. 데이비드 비에게 야수는 견딜 수 없는 감정을 구체적인 형태로 나타나면서 자신을 지탱할 수 있게 도왔으며, 그것을 형성한 것으로서 그를 자유롭게 해 주었다. 데이비드 비는 혼란스럽고 형태가 없었던 과거를 미술재료를 활용하여 자신만의 방식으로 감당할 수 있고, 형상으로 표현하게 되었다.

그는 말한다…

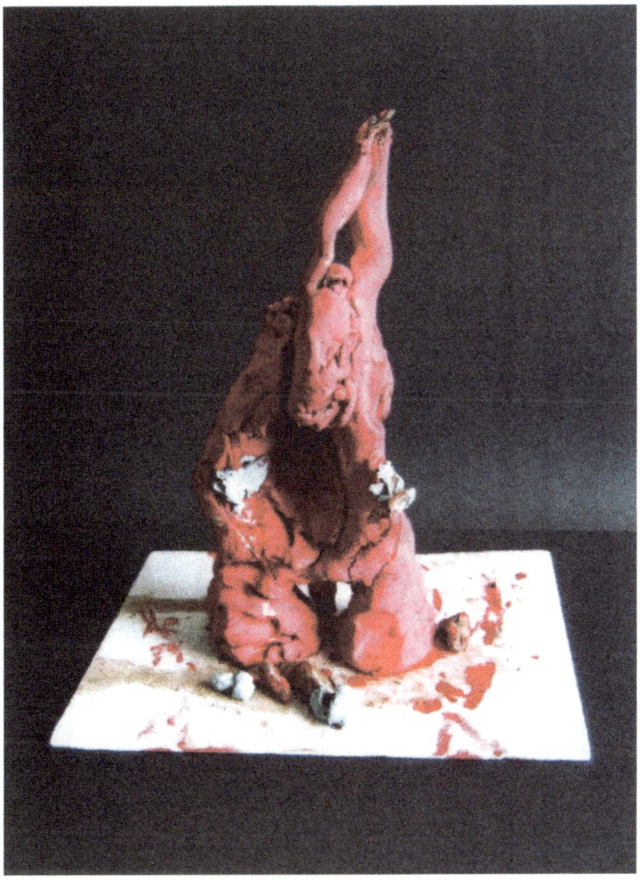

사진 9.2 데이비드 비: 야수

소리질러서 상황을 끝내기 보다는 그냥 열 받은 것을 조금 내보내려고 했다. 나는 야수를 만들어 보기로 결심했다. 야수를 형성하는 것은 음 내가 가진 모든 것이 나오도록 확실하게 만들었다…. 열 받은 상태를 폭발하는 것 보다도… 그래서 나는 야수를 만들기 위해 클레이를 활용해보자고 결심했다… 그리고 모든 긴장과, 나의 저 깊은 곳의 모든 불안을 내려놓고서… 그래서 내가 그 불안을 내보일 수 있었다 그리고 음… 나는 어떻게 느꼈는지 그리고 음 야수를 만들어야만 했던 방식을 나타내었다…. 그래서 내가 원하지 않는 모든 내면의 감정들을 처리했다… 그래서 나는 내면의 감정들을 밖으로 꺼내 놓았다.

그 야수가 만들어지고 나서, 나는 편안해졌고 안심이 되었으며 삶을 지속할 수 있었다.

완성하고 나서, 야수를 바라보며, 깨닫게 되었다, 긴장과 스트레스는 오픈 되어 밖으로 나왔다. 내가 그렇게 하는 대신 야수는 비명을 지를 수 있었다, 야수를 위해서.

꿈의 실현

치료가 종결된 지 몇 년 후가 지나고, 내가 데이비드 비를 만나서 이 책을 쓰기위해 상의하러 갔을 때, 다음 달에 브링톤에 있을 게이 프라이드Gay Pride(성소수자 권익신장을 위한 운동)에 갈 계획이라고 그는 내게 말했다. 이것은 매우 오랜 기간동안 그의 꿈이었다. 우리는 그에게 그곳의 경험을 공유할 수 있도록 그 행사가 있고 난 뒤, 곧 다시 만나기로 약속했다.

스: 게이 프라이드는 어땠나요?

데: 정말 흥분되었죠… 모두 굉장히 친절하고… 무얼 하든지 정말 재미있었었죠. 나는 그것을 꽤 오랜 동안 기다렸어요… 내가 소년이었을 때부터.

스: 그래서 오랫동안 당신이 참여하길 원했던 것이라고 느껴졌나요?

데: 물론이지요, 네… 정말로… 모두는 잘 차려 입었어요. 나는 군중속에서 심지어 내 눈을 사로잡는 뭔가를 발견했죠 음… 네 그건 마치 당신이 리틀 브리튼Little Britain(영국의 유명한 시트콤)을 본적이 있다면… 리틀 브리튼에 나오는 에밀리Emily(여장을 좋아하는 남자)같아요, 오 그들은 정말 환상적이었어요.

스: 매우 이미지처럼 들리고, 많은 것들을 볼 때… 다채롭고…

데: 그날은 매우 다채로운 날이었죠… 나는 아무튼 정말 즐겼죠… 모두 잘 차려 입고… 정말로 퍼레이드 행렬에 있었어요… 환상적이었죠…

스: 그래서 당신은 정말로 그 행사에 참여했나요?

데: 네… 동성애 커뮤니티가 안전하다고 느껴졌죠… 그리고 데이비드 베컴David Beckham이 레알 마드리드에 입단했을 때랑 마찬가지죠… 그가 '레알 마드리드라는 꿈이 실현된 것이다' 라고 했어요, 뭐 저 한테는 게이 프라이드에 참여한 것이지죠… 나는 말하고 싶어요 꿈이 현실이 되었다고… 왜냐하면 나는 오랜 동안 계속 생각했었잖아요… 나는 진정으로 즐겼죠 그리고 좀 더 앞쪽에 서서 다시 참여할 수 있다는 걸, 앞으로 몇 년을 난 못 기다리겠어요.

나는 게다가 모자와 깃발을 가져왔어요…

스: 그날의 기념품인가요?

데: 네 [분홍색 카우보이 모자와 커다란 무지개색의 깃발]… 이건 내가 토요일에 내가 가져온 것이예요. 정말 대단한 날이었죠… 사랑스러웠던 날이에요… 그래서 나는 기꺼이 참여하였어요 그래서 내가 동성애 커뮤니티의 일원이 된 것 같았어요 오랫동안 그렇게 가입하려고 했던 것 처럼… 뭐 어쨌든 그것은 나에게 있어서 올해의 하이라이트였지요 그리고 다녀와서 정말 기뻐요… 그래서 이듬해에 우리가 또 실행할 수 있기를 행운을 빌고 기대 해 주세요.

게이 프라이드에 참여한 경험에 대해 데이비드 비와 내가 이야기 나누었을 때 전체적으로 그의 얼굴은 흥분으로 가득하며 좋아 보였고, 이 행사는 그에게 있어서 자신이 누구인지 확인하는 매우 중요한 증거가 되었다.

결론

데이비드 비를 처음 만났을 때, 나는 다소 놀라웠으며, 다운증후군을 가진 사람에 대한 나의 선입견을 그 즉시 바꿔 놓았다. 내가 그에 대해 알기 시작했을 때, 그는 정말 나의 생각을 도모하고 영감을 주었다. 내가 생각했던 이미지 만들기는 통제할 수 없는 혼돈의 어지러운 것에서 시작되었다가, 결국 적절한 긴장속에 모든 내면의 충돌을 담아주기 할 수 있는 형태로 전환되었다는 것이다.

데이비드 비는 그의 말 대로 여러 해 동안 자신을 부담스럽게 했던 **페르소나***persona*로부터 거리두기가 필요했다는 것이 명백해졌다. 치료에서 진정한 **자아***self*와 정체성을 발견한 것은 그의 성과였다. 그는 개별적으로 인정받고 싶었고, 다운증후군을 가진 남성에 대한 타인의 추측을 뒤집고자 하였다. 자신의 **개별화***individuation* 과정을 통해서 나는 그가 진정한 자기 자각을 시작했으며, 많은 자질을 가진 남성으로서 자신을 드러내는 데에 자신감을 보였고, 다운증후군을 넘어서 타인이 자신의 정체성을 바로 볼 수 있도록 했다고 느껴졌다.

참고문헌

Beart, S., Hardy, G. and Buchan, L.(2005). 'How People with Intellectual Disabilities View their Social Identity: A Review of the Literature'. *Journal of Applied Research in Intellectual Disabilities* 18(1): 47-56.

Hochheimer, W.(1969). *The Psychotherapy of C.G. Jung.* New York: C. G. Jung Foundation for Analytical Psychology Inc.

Jung, C. G.(1955). 'Psychology and Alchemy. Paragraph 44', in *Collected Works.* London: Routledge and Kegan Paul.

Jung, C. G.(1963). 'Mysterium Coniunctionis. Paragraph 616', in *Collected Works.* London: Routledge and Kegan Paul.

Von Franz, M. L.(1978). 'The Process of Individuation', in C. G. Jung(ed.) *Man and his Symbols,* pp. 157-254. London: Picador.

사진에 대해 말하기

윌리엄 William

… 내가 정말 좋아하는 한 가지… 내 취미… 사진… 자격증을 갖길 원했어… 자격을 갖춘 사진사가 되고 싶었어… 사진 찍고… 음… … 지난번에 사진을 찍었고 공기중에 있는 공을 찍었지… 날아가고 있는 새를 찍었던 것처럼… 재빠르게 찍었어… 꽤 좋은 사진을 얻었지. 나는 무얼 할지 알았어. 스스로 배웠어. 조리개-다른 조리개들에 대해 알았지. 화이트발란스에 대해서도 알았지. 사랑하는 작업 중 하나는 석양… 석양은… 조리개 80번과 잘 맞고 석양의 발란스를 낮추고 석양을 높이고… 예리하게 조절하지. 배우는 기술이야.

음 배움과 기술과 활동이 매우 좋은 것 중 하나는. 당신이 좋은 안목을 가져야만 한다는 것이지… 그걸 빨리. 당신이 하고 있는 것을 알아채야만 하는 것이야.

그래서 당신이 공기중의 공을 포착하거나 날아가고 있는 새를 포착하고 나중에 그 사진을 보게 된다면, 당신이 그걸 본다면 어떤 느낌을 받을까?

와우!

결론

케빈 오파렐 Kevin O'Farrell

이 책은 '간단히' 라는 개념과 함께 시작되었다. 오늘날 발달/학습장애를 조망하는데 좋은 본보기가 되어주고, 미술치료의 역할에 대한 통찰을 돕는 책을 만들고자 역점을 두었다. 우리의 목표는 임상 실무와 관련되고 동시에 광범위한 독자들에게 쉽게 다가갈 수 있도록 하는 데에 있다. 이 책을 결론 맺으며 우리는 수련생, 새내기 임상가, 보호자, 다른 분야 전문가와 단지 호기심에 이끌려 이 임상 분야를 알고자 하는 독자층을 마음속에 그려보았다. 임상가들에게 가장 복잡하고 난처할 수 있는 보편적인 주제에 새로운 조망을 갖도록 하는데 주력하였다. 그 예로, 자폐적인 특성이나 이중진단(즉, 정신병리와 발달/학습장애)에 대해서 자세하게 탐색하지 않았다. 750여 가지로 알려진 발달/학습장애의 유전적 요인들을 다루고자 한다면, 초임 미술치료사들에게는 다소 벅차다고 느낄 수도 있다. 하지만, 보편적인 주제를 이해하는 것은 성공적인 치료 결과의 초석이라고 생각된다.

함께 초안을 읽어보고 여러가지 부분을 맞춰가면서, 우리는 서로 연관되어 풍부해지고 다양해진 자원의 매력에 빠지게 되었다. 책 표지의 이미지를 포함해서 대다수의 풍부한 자원들은 발달/학습장애를 돕는 데에 이바지하였다. 이 이미지는 '창문들' 이라는 적절한 이름을 달았고, 이것은 다양한 측면에서 기여하는 것들을 포착해 내는 것을 의미했다. 그리고 그 순간에 전체적인 하나의 스냅샷처럼 보여질 수 있다. 그건 바로, 우리가 사람들의 인생과 감정에 관한 책이라고 느끼게 한다. '생각하고, 기억하고, 말하거나 쓰기 어려운 사람들이 있다면, 다른 사람이 대리기능을 수행하는 것이 필요하다'(Sinason 1992: 3). 이 책은 그렇게 하고 있다고 믿고 있다. 그리고 협력을 통해서 틀림없이, 말하는 것은 가능하지만 우리가 들을 기회가 거의 없었던 그들의 목소리를 직접적으로 신장시켜 왔다는 것을 우리는 믿어 의심치 않는다.

이러한 그들의 '목소리' 의 측면에서 바라볼 때, 우리들의 전문성을 폄하하지 않으면서도 '권리 수혜자champion of rights'를 위해 조심해야만 한다. 우리는 개인적인 차원에서 스스로 답을 구하고 질문해야 한다. '왜 이 시점에 이 사람들과 우리가 여기서 그룹으로 함께하고 있는가?' 치료사로서(혹은 정규 직원으로서) 우리의 삶에서 모든 해결되지 않은 차이, 수치심, 불평등에 대한 고통이 깔려 있다는 사실을 모든 치료적 관계로부터 구별해 내기란 어려울 수도 있다. 타인의 마음을 대신해서 우리가 화를 내는 것은 너무나 쉽지만, 그렇게 되면 우리가 그들이 똑바로 볼 수 없도록 방해할 수 있고, 우리의 도움을 필요로 하는 사람들에게 본질적으로 매우 쓸모 없게 되어버리는 것이다.

게다가 이 책은 신규 자격을 부여받은 자부터 숙련된 미술치료사까지 폭넓은 범주의 이야기를 담고 있다. 첫 내담자와 면담을 가진 장면과 그에 대한 설명은 타피스트리(다양한 색상의 실로 직조한 회화적인 작품)로 완성되도록 이바지하였다. 그것은 이 책에 어려움이 있었던 '학계academia'에 도움을 주게 되었고, 학계 사람들은 실무자를 지켜보며 경험했던 부분이 확인되었으며, 그러므로 다른 영역에도 유익하다는 것이 입증되었다.

이 책은 온전하게 학구적이지 않으며, 결코 그러길 바라고 의도하지 않았다. 치료과정 중에, 이해하기에 난해한 문헌자료를 끝까지 검토하지 않은 채, 치료사 스스로 사고하는 것은 힘들 수밖에 없다. 우리는 이미 발달/학습장애 영역에서 서로의 차이를 연결하기가 어려울 수밖에 없다는 것을 알았고, 게다가 지속적으로 다른 방향으로 가려는 희망이 없는 것도 잘 알고 있다. 하지만, 그 생각을 유념하면서, 이 글의 마무리에 더욱 이해를 풍부하게 도와줄 수 있는 추천도서를 제공하였다. 여기에 배타적인 의도는 전혀 담기지 않았다.

특정한 일부 치료만을 고집하지 않고, 성공적인 결과를 불러오는 기본적인 치료 구성 요소들을 이해하려는 움직임이 존재한다는 것을 글을 쓰며 깨달았다. 애착과 관련된 담론과 신경과학적 연구를 제공하며 효과적이면서도 성공적인 개입의 성격을 이해하기 쉽도록 하였고, 그 결과로 우리는 사람들의 행복에 관여하는 정신화의 담론을 받아들였다.

풍부한 우리의 타피스트리(이 책의 작업방식을 시각적인 미술작품에 비유)를 살펴보면서, 쟈넷을 제외하고, 부모님, 조력자, 보호인 또는 돌봄 직원일 수 있는 보호자들의 목소리가 부족했다는 것을 깨달았다. 어쩌면 이점은 매우 중요하다고 의도적으로 강조할 수밖에 없다. 성인 커뮤니티 팀의 '정상화normalisation' 관점의 영향때문에 그들을 마치 독립적인 성인처럼 대우한다고 생각하게 된 것이다. 그런 좋은 의도가 충분한 반면에, 상당수의 발달/학습장애를 가진 성인들은 정규 직원들과 지배적이며 종속적인 관계를 맺고 있는 것이 현재의 실정이다. 실제로 내게는 미술치료실과 치료실 밖의 인생 사이에 받아들여지는 '차이gap'를 줄여가는 것이 필요하였다. 이것은 비밀을 보장해야 하는 직업적인 특성 때문에 미술치료사에게 고된 일이 될 수도 있다. 이 책은 다소 이 차이를 줄여 보기 위한 노력의 일환으로 탄생했고, 고전적인 미술치료사의 역할에서 혁신적으로 한 걸음 더 나아가, 모든 장에 걸쳐서 보다 효과적인 치료사의 사례를 다루게 되었다.

사회적으로는 보호인과 돌봄 직원들에게도 지원이 필요하다는 이해와 인식의 성장을 보였다. 최근의 연구에서 직원들 인식의 역할과 직원들의 교육 및 지원의 필요성을 강조하였다. 그 결과로 돌봄 직원들이 '업무를 보장받고 좋은 현장을 유지하기 위해서'는 커뮤니티팀과 '친밀한 업무관계'가 필요하다고 느끼고 있다고 보고하였다(Windley and Chapman 2010: 317). 우리는 미술치료사로서 이 책이 보호인들에게 좋은 토대를 제공하면서, 보다 친밀하게 업무에 임할 수 있는 가능성을 열어주기를 희망한다.

그래서 *'내 행복을 함부로 추측하지 말아요!'* 라는 것은? 내게는 꽤 또렷하면서도 극도로 당혹스러움이 포착된, 도전적인 문장이었다. 하지만, 아담은 어느 누구도 그가 가진 불행에 대해 바라보려하거나 수용하지 않는 것 때문에 가장 확실하게 불만을 나타낸 것이었다. 치료사에게는 치료 과정의 일부로 기대하게 되는, 단계상의 한 지점인 것이다. 우리의 작업과 특징에 누군가의 불행은 포함되지 않는다. 우리는 그 누군가가 더 나아지도록 하기 위해서 차이를 만들려는 충동을 지연시키고, 비로소 그들이 스스로 해결책을 생각해보는 기회를 마련하고자 하는 것이다. 이렇게 유보된 장소에서 상상은 활성화되고, 내담자는 지지받고 있다는 것을 느끼며, 자신을 위해서 무언가 배우고 있고 탐색하고 있다는 것을 깨닫게 된다. 질 좋은 친선관계는 되는being 것 이라기 보다, 대부분 관계 맺기를 하는doing 것으로 그 장소가 되는 치료실에서, 가장 기본적인 경청의 공간에서 시작하여 외부로 발전을 갖는 방법은 가장 큰 도전이 된다. 성인의 정신건강을 회복하는 데에 친선관계가 결정적인 역할을 한다고 알려져 있지만, 발달/학습장애를 가진 사람들에게 자신을 경청해 주는 사람을 만난다는 것은 무척이나 귀중한 것이 된다.

참고문헌

Sinason, V.(1992). *Mental Handicap and the Human Condition.* London: Free Association Books.

Windley, D. and Chapman, M.(2010). '" Support Workers" within Learning/Intellectual Disability Services: Perception of their Role, Training and Support Needs', *British Journal of Learning Disabilities* 38:310-318.

추천도서

책

De Groef, J. and Heinemann, E.(1999). *Psychoanalysis and Mental Handicap.* London: Free Association Books.

Rees, M.(ed.)(1988). *Drawing on Difference.* London: Routledge.

Sinason, V.(1992). *Mental Handicap and the Human Condition.* London: Free Association Books.

Oswin, M.(1991). Am I Allowed to Cry? A Study of Bereavement Amongst People Who Have Learning Disabilities. London: Souvenir Press(E&A) Ltd.

학술지 논문

모든 참고문서는 *International Journal of Art Therapy: Inscape*에서 발췌.

'Substance and Structure in the Art Therapeutic Process: Working with Mental Handicap', Anna Goldsmith, 1986, Issue 1.

'Transitional Phenomena and the Potential Space in Art Therapy with Mentally Handicapped People', Rose Hughes, 1988, Summer: 4-8.

'Challenging Assumptions: The Importance of Transference Processes in Work with People with Learning Difficulties', Robin Tipple, 1993, Summer: 2-9.

'Communication and Interpretation in Art Therapy with People Who Have a Learning Disability', Robin Tipple, 1994, Vol. 2: 31-35.

'Hmpty Dumpty had a Great Fall', Margaret Stack, 1996, Vol. 2, No. 1: 1-13.

'Just Forging, or Seeking Love and Approval? An Investigation into the Phenomenon of the Forged Art Object and the Copied Picture in Art Therapy Involving People with Learning Disability', Barrie Damarell, 1999, Vol. 4, No. 2: 44-50.

'Working with Sex Offenders who have a Learning Disability', Karen MacKenzie, Duncan Chisholm and George Murray, 2000, Vol. 5, No2.

'The Interpretation of Children's Artwork in a Paediatric Disability Setting', Robin Tipple, 2003, Vol. 8, No. 2: 48-59.

'Examination of the Changes that Take Place During an Art Therapy Intervention', Hillary Pounsett, Karen Parker, Alison Hawtin and Suzanne Collins, 2006, Vol. 11, No. 2: 79-101.

'Wrapping Things Up: Ending Art Therapy with Two Adults with Learning Disabilities', Stephanie Bull, 2008, Vol. 13, No. 2: 74-78.

기타 학술지

'Isobel's Images: One Woman's Experience of Art Therapy', Isobel White, Stephanie Bull and Mary Beavis, 2008, *British Journal of Learning Disabilities* 37: 103-109.

'Counteracting Isolation: Group Art Therapy for People with Learning Difficulties', Sue Strand, 1990, *Group Analysis* 23: 255-263.

찾아보기

- 한글 -

(ㄱ)

(ㄴ)

(ㄷ)

(ㄹ)

(ㅁ)

(ㅂ)

(ㅇ)

(ㅈ)

(ㅊ)

(ㅌ)

(ㅍ)

(ㅎ)

(인 명)

(ㄹ)

(ㅁ)

(ㅂ)

(ㅅ)

(ㅇ)

(ㅋ)

(ㅌ)

(ㅎ)

필자 소개

엘리자베스 애쉬비 Elizabeth Ashby는 미술치료사로서 지난 13년간 발달/학습장애를 가진 사람들과 함께 하고 있다. 영국 중부 국가보건의료서비스 트러스트 소속으로 근무하고 있으며, 그녀의 임상경험을 바탕으로 박사학위를 받았다. 또한 영국 미술치료협회British Association of Art Therapists(BAAT)의 발달/학습장애 옹호단체Art Therapy and Learning Disability Special Interest Group(ATLD SIG)에서 활동하며, 발달/학습장애 내담자를 돕는 미술치료사의 가이드라인 수립을 위한 그룹에 참여하고 있다.

쿠엔틴 브룩클랜드 Quentin Bruckland는 1996년 브루넬 대학Brunel University에서 직물과 평면장식 학사학위를 받았다. 이후, 그는 여러 직물 공방과 디자인 사무실에서 경력을 쌓으며 일본과 이탈리아 및 호주 시장에 성공적으로 진출하였다. 2000년 허트포드셔 대학Hertfordshire University에서 미술치료 석사과정을 밟았고, 2003년부터는 뇌전증 학회the Epilepsy Society의 선임 미술치료사로 근무하고 있다. 학회에 소속된 관내 거주시설 지원을 도우며 뇌전증, 발달/학습장애, 중복 장애 등 도움을 필요로 하는 사람과 함께하고 있다. 또한, 신경학 및 신경외과학 국립병원 the National Hospital for Neurology and Neurosurgery(NHNN)의 협력 하에 윌리엄 고월스 경Sir William Gowers(병원 산하의 권역센터 규모)의 평가 및 진단 파트 소속으로 일하고 있으며, 입원환자 중심 미술치료 세션을 운영하며 발작의 진단 및 치료에 관여하고 있다.

스테파니 불 Stephanie Bull은 웨스트 수리 미술 디자인 대학West Surrey College of Art and Design의 도자전공 학사학위를 수여 받았으며, 1993년 성 알반스 미술대학St Albans School of Art(허트포드셔 대학)에서 교육과정을 이수하고, 미술치료사 자격을 받았다. 그 후로 15년 이상 발달/학습장애를 가진 사람들과 만나고 있으며, 지역의 석사과정 학생의 슈퍼비전을 담당하고, 로햄튼 대학Roehampton University의 객원교수로 출강하고 있다.

제인 캐번 Jane Caven은 성 알반스 미술대학에서 수련을 받았고, 1991년 미술치료사 자격을 받았다. 이후, 그녀는 런던 동부 국가보건의료서비스 재단 트러스트East London NHS Foundation Trust에서 일하고 있으며, 성인정신건강서비스(1991-1998)와 발달/학습장애를 위한 특별 커뮤니티팀(1998-현재)에 소속되어 일하고 있다. 그녀는 개별과 집단 미술치료를 제공하며 자폐성 장애가 있거나, 복합장애가 동반된 중증장애 수준을 가지고 있고, 또는 정신과적 어려움을 지니고 있는 넓은 범주의 발달/학습장애인들을 만나고 있다. 또한, 자폐성 장애, 여성,(학교와) 연계된 어린이/청소년 발달/학습장애 지원하는 사업의 파트너로서 집단 미술치료를 제공하고 있다. 2005년 골드스미스Goldsmith 미술심리치료전공 석사학위 연구를 마쳤고, 발달/학습장애를 가진 사람들을 위한 미술치료에서 대중문화의 특성과 이야기의 활용을 연구하였다. 영국 미술치료협회 개업의private practice 인가를 받았다.

킴 디 Kim Dee는 성 알반스 미술대학 미술치료 수련 후, 1994년 졸업했다. 20여년 이상 발달/학습장애를 가진 사람들과 함께하고 있는데, 그녀의 경력 대부분은 런던 극동지역에서 보냈다. 그녀는 급성기 정신건강서비스와 발달/학습장애 서비스를 제공하고 있으며, 현재 타워 햄릿Tower Hamlets 지역의 발달/학습장애인서비스 커뮤니티의 회원으로 활약하고 있다. 그리고 골드스미스와 영국미술치료협회 객원교수로서 미술치료사를 위한 기본과정 교육프로그램을 담당하고 있다. 영국미술치료협회의 발달/학습장애를 위한 그룹에 소속되어 있다. 그녀는 필름, 애니메이션, 사진 등의 멀티미디어를 활용한 치료에 특히 관심을 갖고 있다. 또한 타워 햄릿 지역의 발달/학습장애를 가진 사람들의 지지그룹을 포함한 미술치료 프로젝트를 이끌며, DVD 영상을 촬영, 제작, 출판하고 서비스에 적절히 대응하는 방법에 대해서, 'Would You Complain?(주장 해 볼까요?)'라는 제목의 교육 책자에서 다루고 있다. 게다가 대중매체 보건사업계획에 참여하여, 보건의료직원들의 발달/학습장애인을 위한 업무에 참고할 수 있도록 조력자 역할을 맡고 있다.

산드라 구디 Sandra Goody는 조각가로서 수학하였고, 지난 6년간 정신과적인 어려움을 겪는 성인들을 위한 다양한 미술프로젝트에 참여하였다. 2000년 셰필트Sheffield 지역의 노던 프로그램 수료 후, 미술심리치료사 자격을 취득했다. 이후, 아동청소년 발달/학습장애 정신건강서비스에서 -당시 Tees, Esk and Wear NHS Valleys Trust(국가보건의료서비스 트러스트 소속 기관)에 속한 성인들을 위한 법의학적 서비스를 제공하는 새로운 프로젝트를- 담당하였다. 지난 2년간, 그녀는 영국미술치료협회 내 발달/학습장애를 위한 그룹 코디네이터로서 임상전문가의 현장지원 가이드라인을 정립하였다.

케빈 오파렐 Kevin O'Farrell은 1992년 허트포드셔 대학Hertfordshire University에서 역사학/사회학 전공으로 졸업하였고, 1999년 미술치료사 자격을 받았다. 그는 10

여 년 간 영국 국가보건의료서비스 햄프셔Hampshire지역에서 일하며, 최근 4년 간 발달/학습장애인들의 지역거주시설 사회복지 서비스를 제공하는 업무에 몸담고 있다. 보건전문가위원회 Health Professions Council에 등록된 미술치료사이자 영국미술치료협회 정회원이다.

엠마 쉘크로스 Emma Shallcross는 2000년 회화/조각 전공으로 맨체스터 메트로폴리탄 대학Manchester Metropolitan University 미술학사졸업, 2006년 런던 골드스미스 대학에서 미술심리치료 석사학위를 받았다. 엠마는 특수교육과 발달/학습장애를 위한 분야의 다양한 임상과 그 외 환경에서 일하고 있다. 2007년 사회복지서비스 환경에서 학대로부터 고통받은 발달/학습장애를 가진 여성들을 위해 안전한 환경을 마련하며, 미술치료 서비스를 제공하였다. 또한, 발달/학습장애인을 돕는 담당 복지사와 직원들의 이별이란 주제를 설명하기 위해 그녀는 '종결하기Saying Goodbye'라는 주제로, E1 London 지역 그룹(영국미술치료협회 산하)에서 강연을 하였다. 최근에는 미술치료 외에도, 청력손실, 발달/학습장애를 갖거나 또는 정신건강에 어려움이 있는 성인들을 돕기 위해 노력하고 있다.

산드라 스토리 Sandra Storey는 1983년 회화전공 졸업, 1985년 셔필드 대학 졸업 후, 미술치료사 자격을 받았다. 그녀는 영국 보건복지전문가위원회 소속 미술치료사로, 25년 넘게 전문적으로 의료서비스에서 활동하고 있다. 초기에 정신건강의 어려움을 지닌 성인을 담당하였고, 이후 어린이/청소년과 그들의 가족 및 발달/학습장애를 가진 성인과 만나고 있다. 지난 18년간 그녀는 발달/학습장애를 가진 내담자를 돕고자 매진해 왔으며, 미술심리치료사의 수련을 돕고 있다. 영국 미술치료협회의 공인된 임상 슈퍼바이저supervisor이자 개업의이며, 1992년부터는 선임 미술심리치료사로서 헤로게이트Harrogate 지역의 보건의료전문센터 산하 발달/학습장애 보건전문팀에 소속되어 있다.

역자 소개

주 하 나

홍익대학교 미술대학 학사를 졸업하고, 미국 호프스트라대학교Hofstra University 상담 및 정신건강 전문대학원Counseling & Mental Health Professions 창의적 예술치료Creative Arts Therapy(현 Creative Arts Therapy Counseling) 전공 석사 학위를 받았습니다.

현재 푸르메재단 넥슨어린이재활병원 미술치료사/슈퍼바이저로서 정신건강의학과 소속으로 근무하고 있으며, 이전에는 국립현대미술관 교육문화과 내 장애인 대상 문화향유권 향상을 위한 교육을 담당하여, '공유·공감' 프로그램을 기획하였고, 미국의 뉴욕 퀸즈미술관 아트액세스팀Queens Museum ArtAccess Team 미술치료사/교육학예사로 근무하여 '자폐아동을 둔 가족을 위한 미술치료 프로그램'을 담당하였습니다. 롱아일랜드지역 내 브런스윅 병원의 정신건강의학과Brunswick Hospital Psychiatric Center와 뇌성마비재단 아동발달학습센터UCPN Children's Learning Center에서 각각 미술치료 임상수련을 받았습니다.

미국미술치료위원회Art Therapy Credentials Board 공인미술치료사(ATR-BC) 자격을 받았으며, 미국미술치료학회American Art Therapy Association 정회원, 미국심리학회American Psychological Association 국제회원으로 소속되어 있습니다. 기타로는 국내 박물관·미술관 교육학예사 자격을 부여받았습니다.

몇 해 전, 미술치료사들의 그룹 전시회로 '내 마음의 주치의: 처방전'을 갤러리AG에서 오픈하였으며, 다수의 미술치료 전시경력과 슈퍼비전, 강의와 워크숍을 진행하여 다양한 방식으로 미술치료를 알리고자 노력하고 있습니다.

인간중심적 관점의

발달/학습장애 미술치료

초판인쇄일 2019년 7월 30일
초판발행일 2019년 8월 07일

편 저 스테파니 불 · 케빈 오파렐
옮 긴 이 주 하 나
펴 낸 이 소 정 영

펴 낸 곳 하나醫學社
출 판 신 고 제 25100-2013-000061호(1988. 4. 1)
주 소 서울시 서대문구 거북골로 7-7(홍은동) 하나빌딩 1층

전 화 번 호 (02)730-2555, 2556
팩 스 (02)730-2557
홈 페 이 지 www.hanampc.co.kr
이 메 일 hanampc1@naver.com

가격 20,000원

ISBN 979-11-85696-73-7 93180